W0206540

Les plus beaux CHEVAUX du monde

Les plus beaux CHEVAUX du monde

EDITIONS ATLAS

Édité par :
Éditions Glénat
© Éditions Atlas, MCMXCVII – MMII.
© Éditions Glénat, pour l'adaptation, MMV
© Literary Rights International, Inc, MCMXCVII – MMII.

Services éditoriaux et commerciaux :
Éditions Glénat – 31-33, rue Ernest Renan
92130 Issy-les-Moulineaux

Cet ouvrage est une édition partielle de l'encyclopédie « Équitation, la passion du cheval», publiée par les Éditions Atlas et dirigée par Emmanuelle Hubrecht.

Maquette de couverture : Les Quatre Lunes
Crédit de la photo de couverture : Alejandro DIAZ DIEZ/AGE/HOA-QUI

Tous droits réservés pour tous pays
Imprimé en Italie par Eurografica, Via del progresso, 125 - 36035 Marano, Vicenza
Achevé d'imprimer : Février 2007
Dépôt légal : avril 2005
ISBN : 978-2-7234-5140-6

INTRODUCTION

Ce titre de la collection *Atlas nature* propose un tour d'horizon complet des races de chevaux et de poney du monde entier : du pur-sang arabe, ce fougueux cheval qui séduit avant tout par sa grâce et la noblesse de son maintien, au barbe, moins célèbre mais tout aussi élégant, en passant par le cheval de la Caspienne, aujourd'hui protégé et considéré comme l'une des plus anciennes races de chevaux, aucune race ne sera oubliée ! Vous allez ainsi apprendre à connaître les races communes, et d'autres plus rares ; pour chacune sont présentés les origines, le type et le tempérament, le caractère, la robe, la taille, etc. Un chapitre consacré aux chevaux dans l'histoire clot cet ouvrage de référence, superbement illustré, qui plaira à tous les amateurs de chevaux et de poneys !

L'éditeur

S O M M

Sunset

Lacz/Sunset

A I R E

Bob langrish

Dagli Orti/Musée du Louvre, Paris

Sunset

LES CHEVAUX LÉGERS

Le mustang
Le lipizzan
Le carmaguais
L'appaloosa
Le pur-sang arabe
Le paint horse
Le pur-sang anglais
Le hanovrien
L'andalou ou cheval de pure race espagnole
Le morgan
Le barbe
Le trotteur français
Le sorraïa
Le hackney
L'anglo-arabe
Le holstein
Le trakehner
Le lusitanien
L'akhal téké
Le cheval de Przewalski
Le selle américain ou américain saddlebred
Le missouri fox-trotter
Le curly american horse
Le hollandais sang-chaud ou KWPN
Le trotteur d'Orlov
Le quarter horse
Le hunter
La grande famille des ânes
Le nonius et le furioso
Le don
Le westphalien
Le rhénan et wurtemberg
Le paso péruvien
Le poney de polo
Les chevaux d'Inde : kathiawari et marwari
Le cheval de Merens
L'oldenboug
L'alter real
Le trotteur américain
Le tennessee walking horse
Le tarpan
Le criollo
Les arabes sahgya et gidran
Le maremmano
Le groningen
Les chevaux australiens
Le murgese
Le cheval de la Caspienne
Le sang-chaux danois
L'einsiedler
Le tchécoslovaque sang-chaud
Les chevaux de selle de Russie
Le hack
Le choktaw

Le mustang

Le mustang a une origine européenne : il est en effet le descendant des chevaux espagnols emmenés en Amérique il y a quatre siècles par les conquistadores. Dernier cheval sauvage du continent américain, il a donné un peu de son sang à de nombreuses races.

L'HISTOIRE DU MUSTANG

Le mustang descend directement des chevaux espagnols (barbes et andalous) des conquistadores. Ces mercenaires débarquèrent au Mexique au XVIe siècle avec leurs montures, puis s'installèrent dans l'Ouest des États-Unis, où ils implantèrent des élevages.

RETOUR À LA NATURE

Les Indiens, qui vivaient sur le continent américain bien avant les Européens, ne connaissaient pas le cheval et en eurent d'abord très peur. Mais ils comprirent assez rapidement qu'il pouvait être un atout décisif, que ce soit pour la chasse ou la guerre.

LA VIE DU TROUPEAU

Les mustangs vivent en groupes d'une quinzaine d'individus, parfois plus. Chaque troupeau comporte des juments et des poulains, ainsi que de jeunes mâles de moins de deux ans. Un seul étalon dirige le groupe.

Les jeunes mâles chassés du troupeau forment de petits groupes, mais à partir de trois ans ils vivent en solitaires et provoquent les étalons en combat pour leur prendre leur troupeau.

L'étalon est toujours sur le qui-vive. Il guette à la fois les autres mâles et les prédateurs qui menacent les poulains – coyote, cougar, ours… Il harcèle sans cesse son troupeau, rassemblant les juments à coups de dents. Il assure ainsi la sécurité du groupe tout en maintenant sa domination.

Il arrive qu'une jument lui déplaise. Elle se fait alors chasser et doit chercher à s'intégrer dans un autre troupeau. Les jeunes mâles constituent parfois leur premier troupeau avec les « rebuts » des autres étalons.

Stock/Sunset

Les guerriers possédaient plusieurs chevaux, certains chefs plusieurs dizaines. Ils se procuraient facilement de nouvelles montures par le troc et le vol, et relâchaient les sujets qui les intéressaient moins.

C'est ainsi que de nombreux chevaux retournèrent à la liberté, constituant des troupeaux dont le territoire s'étendit progressivement jusqu'aux frontières du Canada.

UNE DESTRUCTION MASSIVE

Au XIXe siècle, les Américains entreprirent de conquérir l'Ouest en chassant les Indiens de leur territoire.

Les hommes du gouvernement comprirent que l'un des meilleurs moyens de briser la résistance des Indiens consistait à les priver de leurs montures. Les chevaux des tribus furent confisqués et les troupeaux sauvages massacrés.

LE MUSTANG AUJOURD'HUI

Dans les années 1960, une journaliste américaine passionnée de chevaux s'intéressa de près aux mustangs.

Elle découvrit le massacre systématique de cette espèce et alerta l'opinion.

Extérieur

Le mustang est petit et vigoureux. L'avant-main n'est ni très importante ni très éclatée. L'encolure est courte et souvent un peu creuse, le garrot effacé, le dos assez bref et la croupe basse et inclinée. Les membres sont secs et durs, les sabots solides avec une corne noire. Le mustang a une tête plutôt petite et bien faite, avec des yeux expressifs, des naseaux ouverts et un chanfrein rectiligne.

Taille

de 1,35 à 1,55 m.

Robe

Les robes varient d'une région d'origine à l'autre, mais le type principal comporte beaucoup de louvet, de rouan, de gris souris et d'isabelle. La queue, les crins et les extrémités sont noirs.

Caractère

Rapide, fort, très adaptable, le mustang est parvenu à survivre dans des régions arides et montagneuses, où il se contente parfois de plantes ligneuses et de buissons épineux. Il boit peu et résiste aussi bien aux chaleurs sèches qu'aux grands froids. Sa résistance et son pied sûr en font un cheval adapté à l'extérieur et au travail de gardiennage du bétail.

Un « vagabond »

Le nom de « mustang » vient d'un ancien mot espagnol signifiant « sans maître » ou « vagabond ».

Sunset

Le gris souris, dans toutes ses nuances, est une robe courante chez le mustang. On distingue bien ici la raie de mulet, particularité que l'on retrouve chez beaucoup de races archaïques.

LA CAPTURE N'EST PAS UNE PROTECTION

Le gouvernement américain entreprit alors de lancer un programme de protection sur le thème « adoptez un mustang ». Hélas, cela eut pour résultat principal de légaliser la capture des chevaux sauvages et de réduire encore les troupeaux.

Sunset

LA VRAIE PROTECTION : LA LIBERTÉ

De nombreuses associations se sont depuis constituées pour étudier et protéger les mustangs. Un standard de la race a été établi et le mustang est désormais protégé.

Des protecteurs se battent pour obtenir l'installation des quelque 40 000 mustangs sauvages qui vivent encore librement dans des réserves naturelles de l'Ouest américain, entre l'Idaho et la Californie.

TYPE ET TEMPÉRAMENT

Retourné à l'état sauvage, le mustang s'éparpilla dans tout l'Ouest américain, remontant vers le nord jusqu'au Montana.

Au cours de ces longs déplacements, il se croisa avec diverses races, si bien qu'il n'existe pas de profil ou de couleur types du mustang. Toutefois, vu ses conditions de vie difficiles, c'est un cheval petit, au corps trapu et nerveux. Il est enregistré dans les livres généalogiques de certains élevages.

Les mustangs se sont réfugiés dans les régions les plus désertiques, montagnes et plaines arides. Leur régime est largement constitué de plantes buissonnantes, parfois épineuses.

Sunset

Le lipizzan

Cette race fut sélectionnée au XVIe siècle pour servir l'élite de l'empire austro-hongrois. Sa puissance et sa grâce s'expriment aujourd'hui dans les difficiles figures de la haute école. Mais le lipizzan accepte volontiers des tâches plus humbles.

L'HISTOIRE DU LIPIZZAN

Quand on dit lipizzan, on pense aux puissants étalons blancs comme neige des écuyers de l'École espagnole de Vienne. Ces chevaux, qui peuvent être bais ou bai-brun, sont pourtant élevés à divers endroits en Autriche, Hongrie, Slovénie et Roumanie, et ils servent aussi bien à l'attelage que sous la selle.

UN VILLAGE NOMMÉ LIPIZZA…

En 1580, le petit village nommé Lipizza (ou Lipica), alors sur le territoire de l'empire austro-hongrois (aujourd'hui en Slovénie), fut aménagé en haras impérial. Il devait fournir les écuries royales en montures d'élite.

À l'époque, la race des genets d'Espagne était la plus prisée. Sur l'ordre de Charles II d'Autriche, on importa d'Espagne neuf étalons et vingt-quatre poulinières. Le haras se développa et fut agrandi à plusieurs reprises.

G. Lacz/Sunset

UN PEU DE SANG NEUF

On continua d'importer des chevaux espagnols pendant deux siècles, mais des croisements furent réalisés avec des chevaux italiens, allemands et danois. Cependant, la race espagnole avait si bien dominé depuis le XVIe siècle que ces chevaux portaient eux-mêmes beaucoup de sang espagnol.

L'ÉCOLE ESPAGNOLE DE VIENNE

Les écuyers de l'école espagnole de Vienne comptent parmi les plus prestigieux représentants de la haute école. Ils doivent faire preuve d'un engagement sans faille. Ils suivent une formation de dix à quinze ans avant d'être consacrés bereiter, c'est-à-dire qualifiés pour faire travailler un étalon. Leur vie, comme celle des étalons, est entièrement consacrée à la recherche de la perfection dans une équitation classique harmonieuse et équilibrée.

G. Lacz/Sunset

Au XIXe siècle, on tenta d'améliorer encore la race avec du sang arabe, dont on appréciait beaucoup l'ardeur et la beauté. L'étalon blanc Siglavy arriva au haras de Lipizza en 1816, âgé de 6 ans. Ce qui lui laissa de nombreuses années pour se reproduire.

EXILS

Lors des guerres napoléoniennes, les chevaux furent à plusieurs reprises envoyés en Hongrie pour y être mis en sécurité. C'est la raison pour laquelle on trouve aujourd'hui encore des élevages de lipizzans dans ce pays.

Plus tard, lors de la Première Guerre mondiale, la région de Lipizza fut disputée par l'Italie et la Tchécoslovaquie. Une fois la guerre achevée, la question de l'appartenance des chevaux de Lipizza fut âprement discutée. Finalement, la moitié du cheptel revint à l'Autriche.

TERRE D'ACCUEIL

Il fallut alors trouver un nouveau territoire adapté à cette race particulière. Il paraissait nécessaire de retrouver, au moins en partie, les conditions de la région du Karst, si pro-

Extérieur

Le lipizzan est un animal puissant qui a conservé beaucoup de traits de ses ancêtres espagnols : une tête assez importante et bien plantée, au chanfrein généralement busqué ; une encolure ronde et généreuse, un corps ramassé avec un garrot effacé et une croupe assez basse. L'encolure et l'arrière-main sont remarquablement puissantes. Les membres sont bien proportionnés, avec des canons courts et des sabots ronds à corne dure. Le jarret est plutôt droit et l'avant-bras long et puissant. L'ensemble donne un cheval très équilibré, puissant mais léger, parfaitement adapté à la haute école.

Taille

Le type Piber est plutôt petit, avoisinant 1,50m. Mais d'autres lignées de lipizzans atteignent 1,65 m.

Robe

Les lipizzans sont blancs ou bais. Les poulains, qui deviennent presque tous blancs, naissent bais, bai-brun ou noirs.

Caractère

Depuis toujours, le haras de Lipizza, puis celui de Piber, ont pris soin de préserver le tempérament du lipizzan : intelligent, doté d'une mémoire exceptionnelle, docile et facile à dresser malgré sa fougue.

Aussi intelligent que gracieux, il se prête aux exercices les plus acrobatiques comme aux simples travaux d'attelage.

G. Lacz/Sunset

Le chanfrein busqué de ce jeune lipizzan est une caractéristique fréquente, souvenir des ancêtres ibères de la race.

pices au développement de la race. On opta finalement pour le petit village de Piber (situé dans le sud de l'Autriche). Malgré un aspect plus riant, moins aride, cette région présente beaucoup de similitudes avec les environs de Lipizza. Le foin récolté dans les alpages, notamment, est très semblable à celui du Karst.

LA GUERRE, ENCORE

Les lipizzans s'adaptèrent fort bien à Piber, se reproduisant de manière remarquable – on atteignit même une année un taux de fécondité de 100 %, ce qui signifie que toutes les juments poulinèrent. Hélas, la Seconde Guerre mondiale imposa un nouveau transfert des chevaux, cette fois vers Hostau, en Bohème. Les lipizzans regagnèrent Piber après la guerre et s'y développèrent fort bien jusqu'en 1983, quand une terrible épidémie d'herpès causa des pertes considérables. Le danger semble désormais écarté.

TYPE ET TEMPÉRAMENT

C'est à Lipizza, en Slovénie, qu'est née cette race prestigieuse. Cette région du Karst se distingue par un sol rocailleux, un climat éprouvant, froid l'hiver et aride l'été. Ces conditions difficiles semblent convenir particulièrement bien aux lipizzans, qui en ont tiré leurs qualités de longévité et de vigueur : de nombreux étalons de 20 ans et plus présentent encore des figures très difficiles. Ils vivent facilement jusqu'à 30 ans – l'équivalent de 90 ans pour un homme !

Le haras de Lipizza a toujours cherché à privilégier les chevaux blancs. Cependant, jusqu'au XVIIIe siècle, d'autres robes furent admises. Aujourd'hui, au haras de Piber, les quelques bais qui naissent encore sont écartés de la reproduction, et seuls les mâles blancs sont destinés à l'école de Vienne.

Mais il existe de nombreux élevages, notamment en Autriche, en Roumanie, en Hongrie et en Slovénie, qui développent d'autres lignées et où subsistent différentes robes. Les lipizzans qui ne viennent pas de Piber sont utilisés comme chevaux de selle, d'attelage ou même de travail.

Maier/Sunset

G. Lacz/Sunset

Jusqu'à trois ans, les jeunes lipizzans destinés à la haute école sont élevés en semi-liberté. Ceux qui sont destinés à l'école de Vienne sont à Piber. Ils passent l'été dans les alpages du haras, à plus de 1500 m d'altitude.

Le camarguais

Le camarguais, c'est Crin-Blanc, ce fier petit cheval blanc qui vit libre et sauvage dans le delta du Rhône, au bord de la Méditerranée. Il n'est plus tout à fait sauvage ni tout à fait libre, mais il mène encore une existence assez naturelle dans sa Camargue d'origine.

L'HISTOIRE DU CAMARGUAIS

Le camarguais est un cheval résistant et habile qui s'est adapté depuis des milliers d'années au climat difficile et à la nourriture pauvre du delta du Rhône, où un vent violent chargé de sel fouette à longueur d'année l'herbe dure, les roseaux et la salicorne.

Maier/Sunset

Les gardians continuent d'utiliser les chevaux pour garder les troupeaux de taureaux élevés en liberté et lors des courses de taureaux. Les bottes en cuir et le chapeau traditionnels sont surtout portés les jours de fête, mais les techniques et les harnais n'ont guère changé.

UNE ORIGINE LOINTAINE

L'origine du camarguais est difficile à définir, mais il vivait sans doute dans la région il y a plusieurs milliers d'années. Les peintures rupestres des grottes de Lascaux et de Niaux (15 000 ans avant notre ère) nous montrent des silhouettes très semblables à la sienne. Le camarguais porte sans doute le sang des montures asiatiques et mongoles des Ostrogoths qui écumèrent le sud de la France il y a plus de 2000 ans. Aux VIIe et VIIIe siècles, les vigoureux barbes des Sarrasins vinrent se croiser avec les petits chevaux locaux.

Maier/Sunset

UNE RACE PRÉSERVÉE

Depuis, les troupeaux de camarguais, appelés manades, n'ont plus subi d'influences extérieures. Le camarguais est ainsi l'une des rares races européennes qui n'a pratiquement pas été modifiée depuis plus de 1000 ans.

Maier/Sunset

Extérieur

Sa tête est lourde, son encolure courte est plantée sur une épaule verticale. Son dos relativement bref s'achève par une croupe inclinée, parfois en pupitre. Cependant, sa poitrine est profonde, ses membres sont bien formés avec des articulations solides et ses sabots sont si durs qu'on ne les ferre pratiquement jamais. Son pas relevé et très vif est assez ample, mais on ne pratique guère son trot court et sautillant, car il est aussi inconfortable qu'il est laid ! En revanche, le camarguais tient très longtemps un canter (petit galop) régulier et souple.

Maier/Sunset

Taille

Le camarguais est petit : 1,40 m en moyenne et parfois moins (on parle alors de poney de Camargue).

Robe

Gris-blanc à l'âge adulte. Les poulains naissent avec une robe noire, brune ou gris foncé.

Caractère

Le camarguais est avant tout un cheval extraordinairement résistant, adapté à la vie des régions marécageuses et salines. Il se contente de peu et convient bien comme cheval d'extérieur car il est très agile et a un pied remarquablement sûr. Son caractère facile et son courage en font un compagnon agréable.

Cependant, la race doit avant tout rester attachée à sa région d'origine, car c'est là que ce petit cheval donne le meilleur de lui-même. De longues années de cohabitation l'ont habitué au taureau, qu'il côtoie avec le même naturel qu'un chien veille sur ses moutons.

LE CAMARGUAIS AUJOURD'HUI

La race camarguaise n'a été reconnue officiellement qu'en 1968. Depuis, des éleveurs ont créé une association et le Haras national d'Uzès contrôle les étalons.

Les manades ne vivent plus aussi librement qu'avant, mais plusieurs troupeaux repeuplent la région et les gardians utilisent toujours les chevaux pour conduire et garder les troupeaux de bétail. Avec le développement du tourisme autour de la réserve naturelle de l'étang de Vaccarès, le camarguais a de beaux jours devant lui comme cheval de loisir.

Maier/Sunset

La Camargue est une région magnifique, désormais protégée. On peut y admirer de nombreux oiseaux, dont les fameux flamants roses. Ci-dessous : des hérons garde-bœufs perchés sur la croupe des chevaux.

TYPE ET TEMPÉRAMENT

La Camargue est une vaste zone plate et marécageuse située dans le delta du Rhône – là où le fleuve se jette dans la Méditerranée. On a beaucoup asséché et drainé cette région pour y cultiver le riz ou la vigne. Elle est aujourd'hui en partie protégée et les chevaux continuent d'y vivre.

Maier/Sunset

Il n'y a plus vraiment de troupeaux sauvages en Camargue. Mais les chevaux sont encore élevés en semi-liberté et broutent en manades dans les marais. Ils sont rassemblés et contrôlés régulièrement.

À SAVOIR

Le camarguais s'est étonnamment bien adapté aux marais. Il broute les roseaux, l'herbe dure et saumâtre, ainsi que la salicorne, plante semblable à une petite algue. Le mistral qui cingle sans cesse le marais ne semble pas le déranger, pas plus que la canicule ou l'eau salée et glacée qui recouvre le marais en hiver. Ses sabots durs et sains résistent bien aux longs séjours dans la vase.

L'appaloosa

De ses origines indiennes, l'appaloosa a gardé robustesse et sûreté de pied. Bien adapté aux disciplines d'extérieur, ce cheval à la surprenante beauté se distingue aux États-Unis dans toutes les disciplines.

L'HISTOIRE DE L'APPALOOSA

Dans les livres, l'appaloosa est le cheval emblématique des Indiens d'Amérique. Il doit sa robe tachetée si particulière à de lointains ancêtres espagnols. En effet, lorsque les conquistadores débarquèrent en Amérique du Sud et au Mexique, le cheval y était inconnu. Il avait disparu depuis plus de 8000 ans de ce vaste continent!

Kit Houghton

APRÈS DIEU...

L'Espagnol Cortez parvint au Mexique en 1519 avec de nombreux soldats et... seize chevaux. Cela semble bien peu : pourtant, ces quelques animaux semèrent la terreur chez les Indiens, qui ne les connaissaient pas. Les charges des cavaliers contribuèrent largement à la victoire des Espagnols. Cortez déclara même : « Après Dieu, nous dûmes notre victoire aux chevaux. »

ILS EURENT BEAUCOUP D'ENFANTS...

La petite troupe équine de Cortez comportait cinq juments et onze étalons, dont deux pies et un tacheté. Voilà d'où tant de chevaux indiens ont tiré leur robe!

Ces quelques animaux se reproduisirent et s'éparpillèrent, remontant sensiblement vers les régions plus riches en herbages de l'Ouest et du Nord-Ouest. Au XVIIe siècle, on comptait déjà de nombreuses hordes de chevaux sauvages. Les Espagnols fondèrent des élevages dans le Sud-Ouest américain. Peu à peu, chevaux d'élevage et chevaux sauvages se répandirent sur tout le continent américain.

F. Stock/Sunset

UN COMPAGNON IDÉAL

Les Indiens furent d'abord effrayés par ce puissant animal. Mais ils comprirent rapidement l'aide précieuse qu'il pouvait leur apporter pour chasser le bison, à la guerre ou lors de leurs nombreux déplacements. Ils capturèrent des chevaux sauvages, mais en obtinrent aussi auprès des Espagnols par le troc ou parfois le vol. Dans la seconde moi-

Photobank USA/Sunset

L'appaloosa est un compagnon agréable et d'une remarquable docilité.

tié du XVIIIe siècle, les Indiens des Plaines possédaient environ 160 000 chevaux.

DES ÉLEVEURS EXIGEANTS

Les Indiens Nez-Percés, qui peuplaient le Nord-Ouest de l'Amérique, avaient la réputation d'être les plus habiles éleveurs. Dès 1750, ils développèrent la race appaloosa de manière très sélective. Ils castraient les mâles qui ne répondaient pas à leurs attentes et échangeaient les juments imparfaites. L'apparence avait beaucoup d'importance, mais les Nez-Percés recherchaient avant tout des montures rapides et robustes, aussi performantes à la guerre qu'à la chasse.

LE MASSACRE

La race faillit être exterminée lorsque les Américains s'emparèrent des terres des Indiens. Après une longue résistance et une fuite éperdue de plus de 2000 km vers le Canada, les Nez-Percés virent leurs biens confisqués et leurs troupeaux massacrés.

LA RENAISSANCE

Au début du XXe siècle, la race appaloosa commença à renaître à partir des quelques descendants des chevaux indiens. L'Appaloosa Club fut créé dans l'Idaho. On compte aujourd'hui plus de 400 000 chevaux appaloosas aux États-Unis.

TYPE ET TEMPÉRAMENT

Cheval de western, comme le quarter-horse, l'appaloosa fut élevé à l'origine par les Espagnols dans le sud-ouest des Etats-Unis et, surtout, par une tribu indienne du Nord, dans l'État de Washington.

Extérieur

L'appaloosa le plus recherché est compact, avec des membres forts et bien faits. Il doit avoir une encolure assez longue, un poitrail profond, un corps compact et un dos plutôt court avec une croupe haute. L'épaule oblique et le garrot bien marqué sont les indices de l'étendue et de la fluidité de ses allures. Les crins sont fins et clairsemés – on dit que cela lui évitait de se prendre dans les buissons épineux de ses régions d'origine.
Le chanfrein est droit, le nez arrondi, les oreilles plutôt longues, plantées sur un front ouvert et plat : mais ce qui distingue surtout l'appaloosa, c'est son iris entouré de blanc et ses naseaux marbrés.

Taille

Moyenne (de 1,47 m à 1,60 m).

Robes

Cinq robes principales sont admises pour la race. Toutes comportent un mélange de poil blanc et sombre (du rouge au brun ou au brun-noir).

- Léopard (tigré) : poil blanc parsemé de taches sombres en forme d'œuf sur tout ou partie du corps.
- Snowflake (floconneux) : poil rouge à brun couvert de taches blanches plus concentrées sur les hanches.
- Blanket (dos blanc) : poil brun, dos blanc plus ou moins tacheté.
- Marbleized (marbré) : cheval couvert de marbrures.
- Frost (givré) : neigeures sur un fond sombre.

Caractère

L'appaloosa est un cheval très sensible, très maniable, agile et athlétique. Étant donné son bon caractère, il est utilisé, aux États-Unis, dans toutes les disciplines : course, obstacle, dressage. Il est aussi largement employé comme cheval de travail ou de loisir. Il est très prisé pour la randonnée, où sa robustesse et la sûreté de son pied font merveille et, bien sûr, pour la monte américaine, qui exploite sa maniabilité et sa rapidité.

Kit Houghton

La sclérotique de l'œil (région qui entoure l'iris) blanche, comme chez les hommes, est un signe distinctif des appaloosas. Les marbrures des naseaux sont également caractéristiques.

L'appaloosa jouit d'un caractère calme et équilibré. C'est un remarquable cheval d'extérieur, discipline dans laquelle il se distingue particulièrement.

Photobank USA/Sunset

Kit Houghton

Un superbe exemple d'appaloosa léopard.

Le pur-sang arabe

Rapide, maniable, courageux et résistant, le pur-sang arabe séduit avant tout par sa grâce et la noblesse de son maintien. Son énergie parfois fougueuse s'accompagne d'une grande docilité – mais il faut savoir le manier avec doigté.

LE COMPAGNON DES NOMADES

Avec son encolure haute, incurvée et sa tête particulièrement expressive, le pur-sang arabe est très séduisant. Mais, malgré ses nombreuses qualités, il n'est pas adapté à toutes les disciplines.

DES ORIGINES GUERRIÈRES

La race du pur-sang arabe a été développée par les peuples du Moyen-Orient à partir de diverses souches.

Parcourant sans cesse les contrées désertiques, partageant à l'occasion le fourrage indigeste, pour lui, des chameaux, ce cheval a acquis une énergie et une résistance particulières. Nomades et guerriers ont sélectionné un cheval au pied sûr, rapide, endurant, capable de supporter sa charge longtemps à vive allure, et n'ayant que de maigres exigences.

L'image typique du PSA le montre avec un chanfrein creux, parfois de manière exagérée. En fait, ce n'est pas forcément une caractéristique de la race. En revanche, la largeur du front, le dessin incurvé des oreilles, la finesse du nez et l'importance des naseaux sont des traits distinctifs.

Sorrel

LE COIN DU PRO

Le pur-sang arabe a une peau très fine et se montre à l'occasion un peu chatouilleux : pour le pansage, choisissez une étrille en caoutchouc plutôt qu'en métal, et passez le bouchon en douceur sur les points sensibles – hanches, ventre, face interne des cuisses, tête.

DEPUIS LA NUIT DES TEMPS

La présence du cheval arabe dans les contrées du Moyen-Orient semble remonter à la nuit des temps. De ces régions, il se

Sunset

G. Lacz/Sunset

On trouvait à l'origine le barbe en Algérie, au Maroc et en Tunisie. Son sang s'est beaucoup mélangé à celui du pur-sang arabe, auquel il a apporté sa sobriété légendaire. Plus rustique – et plus hirsute – il jouit d'un caractère gai et facile qui en a fait l'ami inséparable de nombreux cavaliers dans le monde entier.

Kit Houghton

Lors des fantasias, au Maroc, les pur-sang arabes montrent toute la rapidité et la force dont ils sont capables.

répandit dans les pays du Maghreb, puis en Espagne et en France lors des invasions arabes. Au moment des croisades, de nombreux sujets furent ramenés en Europe. Dès lors, des chevaux arabes furent introduits dans les différents pays d'Europe tout au long des siècles. Les différents croisements donnèrent naissance au pur-sang arabe moderne.

PÈRE DE TOUTES LES RACES ?

Le sang vif de ces glorieux ancêtres coule dans les veines de presque toutes les races de chevaux légers. La pureté génétique de la race est telle que le pur-sang arabe est remarquablement dominant. Il a été utilisé à travers les âges pour affiner et améliorer de nombreuses races. Trois grands étalons arabes furent importés en France et en Angleterre aux XVIIe et XVIIIe siècles : Byerley Turk, venu de Turquie, Godolphin Arabian, en réalité un barbe-arabe, et le fameux Darley Arabian. Ils furent croisés avec des centaines de juments. Certains de leurs poulains devinrent eux-mêmes des étalons très célèbres. On peut dire que ces trois étalons sont les ancêtres de tous les pur-sang. Avec le développement du pur-sang anglais, l'élevage de la race se mit à stagner en Europe. Heureusement, des éleveurs passionnés importèrent de nouvelles lignées et relancèrent son élevage. Ce cheval a aujourd'hui beaucoup d'adeptes.

TYPE ET TEMPÉRAMENT

On situe l'origine du pur-sang arabe au Turkestan. On retrouve ensuite la race en Afrique du Nord et en Égypte. C'est vers 150 après J.-C. que les Bédouins commencèrent son élevage dans la péninsule Arabique.

Extérieur

Il se distingue par son poil soyeux et la finesse de ses attaches, son encolure arquée, une tête particulièrement expressive et un port de queue élégant. Il a une poitrine profonde et ouverte, un dos plutôt court et large, une croupe haute et généralement horizontale. L'attache de la queue, haute, et le port de queue relevé sont caractéristiques de la race. Ses membres sont fins et solides, avec des jarrets longs et droits.

La tête du pur-sang arabe est sèche : l'ossature est nettement marquée, les veines se devinent sous la peau. Le front large est surmonté de deux oreilles bien écartées et joliment dessinées. Les yeux ronds et gros, brillants, sont toujours en mouvement. Le chanfrein court, souvent concave, s'achève par un nez fin aux naseaux très ouverts.

Taille

1,42 à 1,50 m en moyenne.

Robe

Toutes les robes sont admises.

Caractère

Malgré son tempérament plutôt vif, il est assez docile et facile à dresser, mais il demande une main subtile. Il ne faut pas employer avec lui d'embouchures lourdes ou sévères.

Le pur-sang arabe est un cheval résistant et très maniable, remarquable par son énergie et la promptitude de ses réactions. Ses allures souvent rasantes ne le destinent guère au dressage.

Très rapide – il est employé pour les courses au Moyen-Orient, en Russie et, désormais, aux États-Unis – il n'est pas toujours bon sauteur, car il manque de puissance. En revanche, il s'en sort merveilleusement bien dans toutes les disciplines d'extérieur.

Le pur-sang arabe excelle en extérieur, et c'est ainsi qu'on l'utilise beaucoup en Europe. Mais, dans d'autres pays, il brille dans diverses disciplines, des courses au dressage.

Kit Houghton

Kit Houghton

Dans les présentations, le pur-sang arabe doit être très « nature » : crins libres et longs, sans apprêt. Un bon shampooing et un démêlage soigneux mettront en valeur le caractère soyeux de ses crins et l'élégance de son port de queue.

Le paint horse

Il ne faut pas confondre le pinto, simple cheval pie, et le paint, quarter horse pie, dont l'ancêtre était un cheval des Indiens d'Amérique. Puissant et agile à la fois, il doit répondre à des critères bien précis en matière de robe et de particularités.

ESPAGNOL OU AMÉRICAIN ?

« Pinto » signifie peint en espagnol et désigne de nos jours tous les chevaux pies. « Paint » a le même sens, mais en américain. La nuance semble mince, pourtant elle est de taille : le pinto est une robe, le paint est une race !

LES INDIENS ÉLEVEURS

Un cheval pie est un cheval marqué de larges taches blanches quand sa robe est d'une autre couleur ou, à l'inverse, un cheval blanc marqué de taches de couleur : pie alezan, pie bai, pie noir, mais aussi pie aubère ou pie palomino…

Les robes pies sont communes dans le monde entier, mais elles ont connu un développement particulier aux États-Unis.

Il y a à cela deux raisons : parmi les premiers chevaux importés dans ce pays par les conquérants espagnols se trouvaient deux étalons pies, qui engendrèrent une nombreuse progéniture ; les Indiens, qui furent d'excellents éleveurs, accordaient beaucoup de valeur aux ornements de la robe de leurs chevaux. Taches et marques étaient très recherchées et revêtaient un sens particulier pour certaines tribus.

LE SAVIEZ-VOUS ?

Largement répandu aux États-Unis, le paint n'est pas encore commun en Europe. Il est très recherché et, à performances égales, un paint peut coûter deux fois plus cher qu'un quarter alezan ou bai…

REJETÉ

Le gène tobiano étant dominant, on ne peut s'étonner qu'il se soit répandu parmi les chevaux américains. Toutefois, vers le milieu de notre siècle, les éleveurs d'outre-Atlantique cherchèrent à éliminer cette robe, jugée trop folklorique – le racisme n'étant sans doute pas étranger à cette attitude. Les éleveurs de quarters décidèrent d'écarter du stud-book de la race tous les chevaux pies. Quelques années plus tard, en 1965, les amateurs de cette robe fondèrent l'association du Paint horse pour rassembler les chevaux exclus et établir les types de robe admis.

Bob Langrish

Le tobiano est un caractère génétique dominant. Il est plus courant que l'overo, dont le gène est récessif.

Lacz / Sunset

DES DISTINCTIONS SUBTILES

Vous avez sûrement déjà vu un tobiano. Mais, si vous l'aviez vu, auriez-vous reconnu un tovero ? Voici quelques indications pour identifier les trois grands types de paint.

LE TOBIANO

Le tobiano a marché dans le blanc : il porte toujours quatre grandes balzanes (au moins jusqu'à mi-canon). Il s'y est aussi roulé : le blanc lui a coulé sur le dos en faisant de

BON POUR LE MORAL

La nature conciliante et sociable du quarter peut être contrariée par la vie en captivité. L'idéal est de lui offrir, comme dans sa région d'origine, un hébergement en paddock ou en stabulation libre avec des congénères.

Langrish

Le quarter horse paint est une monture merveilleuse en extérieur.

larges taches verticales aux contours nets… En revanche, il n'y a pas trempé son nez : il arbore les mêmes marques en tête que les autres robes : étoile, pelote, liste.

Sa crinière et sa queue comportent des crins des deux couleurs mélangés.

L'OVERO

L'overo est souvent généreusement maquillé de blanc en tête : liste large, boit-dans-son-blanc, belle-face… Sa tête est parfois entièrement blanche. Les yeux peuvent être marron, impairs (un bleu, un marron), ou bleus.

Bob Langrish

Le tovero, courant dans les compétitions d'équitation western sur le continent américain, est assez rare en Europe (ici sous la selle de Spruce Meadows).

Sur le corps, l'overo porte des zones blanches irrégulières, plutôt disposées horizontalement. Ces taches s'étendent sur les flancs et le ventre sans jamais remonter sur le dos. Il possède au moins une jambe (et souvent les quatre) sombre. La queue est soit blanche, soit colorée, rarement bicolore.

LE TOVERO

Le tovero peut passer à première vue pour un cheval blanc avec quelques taches. Ces pigmentations apparaissent en général autour des oreilles, sur les flancs et le dos, à la base de la queue.

Le tovero a souvent un ou deux yeux bleus. Mais le standard du tovero est difficile à définir et il existe même des sujets avec très peu de blanc.

UNE VIEILLE FAMILLE

Le paint appartient à la famille des quarter horses. C'est l'une des plus anciennes races américaines, qui trouve ses lointaines origines au XVIIe siècle, en Virginie et dans les États voisins.

Caractéristiques

Le quarter horse était jadis employé à toutes sortes de tâches : travail à la ferme, rassemblement du bétail, attelage et selle. Le paint a de la force et un tempérament équilibré.

Modèle

Le paint est un cheval compact, doté d'une arrière-main massive, puissante et musclée, d'un dos court et d'un poitrail ouvert et généreux. Tout en lui respire la force et l'équilibre. Ses membres sont secs, ses articulations solides et larges et ses canons courts.

L'encolure, plutôt longue, porte une tête expressive et élégante, assez brève.

Les allures sont rasantes, avec un trot souvent un peu étriqué que compense un galop ample et régulier. Le paint est très rapide sur de courtes distances.

Bob Langrish

Taille

Le quarter horse mesure entre 1,52m et 1,60m.

Robes

Tous les paints sont pies – le plus souvent sur une base noire, alezan, baie ou palomino. La répartition des taches détermine le type du paint : tobiano, overo ou tovero.

Caractère

Le paint est un cheval fiable et équilibré. Facile et agréable à manipuler, il se révèle énergique sous la selle. Il donnera toute la mesure de son talent dans les disciplines de l'équitation western où son équilibre et son intelligence font merveille.

Le pur-sang anglais

Le pur-sang anglais est le cheval de course par excellence. Rapide et léger, il a influencé beaucoup de races dans le monde entier en leur apportant un peu de sa vivacité. Les amateurs ne jurent que par lui mais, à cause de sa relative fragilité et de son tempérament parfois ombrageux, il ne convient pas à tous les cavaliers.

LA VITESSE AVANT TOUT

Les Anglais se soucièrent les premiers de développer un cheval rapide et courageux, capable de se distinguer sur les champs de courses. En croisant de grands étalons arabes avec leurs juments, ils donnèrent naissance au merveilleux pur-sang.

LE SPORT DES ROIS

En Angleterre, la tradition des courses de chevaux remonte au XVIe siècle. Henri VIII, le premier, encouragea l'importation des meilleurs chevaux orientaux depuis l'Espagne et l'Italie. Ils furent croisés avec les races britanniques les plus rapides, notamment le galloway et le hobby irlandais. Les monarchies suivantes poursuivirent avec passion l'élevage des chevaux de course.

Kit Houghton

Le pur-sang se distingue en concours complet. Son souffle et sa rapidité en font un excellent cheval de fond. Il est plus rare de le voir, comme ici, sur le rectangle de dressage (Ici, David O'Connor monte Custom Made).

TOUJOURS PLUS VITE

La race du pur-sang fut établie dès le XVIIIe siècle. On cessa à cette période d'utiliser le sang arabe, qui avait permis d'améliorer et de stabiliser la race mais ne contribuait pas à augmenter sa rapidité. On obtenait de meilleurs résultats en croisant entre eux des sujets anglais. La vitesse des pur-sang augmenta au fur et à mesure que les éleveurs sélectionnaient des sujets plus légers et plus puissants.

UN SUCCÈS MONDIAL

Peu à peu, l'élevage du pur-sang se répandit dans tous les pays développés des régions tempérées. D'abord passion des rois et des nantis, les courses devinrent un sport très populaire. Elles représentent aujourd'hui une véritable industrie mondiale, que soutient le système des paris.

Lacz / Sunset

Kit Houghton

TROIS GRANDES LIGNÉES

On fait en général remonter l'origine du pur-sang à trois célèbres étalons orientaux : Byerley Turk, Darley Arabian et Godolphin Arabian. En apportant un sang neuf et dominant, ils permirent de stabiliser le type du cheval de course.

CHEVAL DE BATAILLE

Byerley Turc, après avoir servi comme cheval de bataille, devint étalon au haras de Durham à la fin du XVIIe siècle. Il fut le fondateur de la première lignée de pur-sang, qui compte dans ses rangs le fameux Hérold, dont les poulains remportèrent plus de mille victoires.

UNE DESCENDANCE ÉBLOUISSANTE

Darley Arabian, plus grand que les pur-sang de l'époque avec son 1,52 m, fut croisé dans les premières années du XVIIIe avec la jument Betty Leedes. Flying Childers, le poulain né de ce croisement, devint le premier véritable « crack » des champs de course. Il frappait par son extraordinaire légèreté.

C'est dans la descendance de son cousin qu'apparut le célèbre Éclipse, imbattable sur les champs de course et chef de la seconde lignée.

ÉCHANGES INTERCONTINENTAUX

Godolphin Arabian, fondateur de la troisième lignée, fut utilisé comme étalon dès 1728. Il produisit les grands étalons Lath et Cade, dont la descendance se distingua.

Par la suite, d'autres pays, notamment la France et les États-Unis, créèrent de nouvelles lignées en important des sujets anglais qu'ils croisaient avec les races locales. Des descendants furent à leur tour envoyés en Angleterre où de nombreuses nouvelles lignées se développèrent.

TYPE ET TEMPÉRAMENT

Le pur-sang anglais est né dans les îles Britanniques. Ce cheval délicat à la robe soyeuse n'est pas adapté aux climats rigoureux. Ni le froid ni les grosses chaleurs ne lui conviennent : on l'élève dans des régions tempérées où l'herbe est grasse et l'avoine abondante.

Bob Langrish

Ce bébé aux longues jambes a déjà tous les atouts d'un grand galopeur !

Caractéristiques

Il n'est pas évident de dégager un standard du pur-sang. On trouve des pur-sang très ardents, avec un physique sec et nerveux. D'autres sont d'une nature plus froide, voire lymphatique. Ses allures sont en général élastiques et gracieuses, mais son trot peut manquer d'amplitude. Bref : un pur-sang se juge sous la selle !

Modèle

Le trait le plus caractéristique du pur-sang reste la légèreté de son modèle longiligne, marqué par une épaule longue et oblique et une arrière-main puissante. La longueur des os de la hanche et de la cuisse favorise l'amplitude de l'action au galop. La poitrine, ovale, profonde, loge un appareil respiratoire d'une grande capacité. Le garrot est saillant et descend bas sur le dos. L'encolure plutôt svelte porte une tête alerte, dont l'élégance varie selon les lignées.
La peau est très fine, le pelage et les crins soyeux.

Taille

Variable selon les lignées. La moyenne se situe autour de 1,57 m.

Robes

Les robes dominantes sont le bai-brun, le bai et l'alezan, mais certaines lignées comportent beaucoup de gris.

Caractère

«Délicat» est sans doute le terme qui caractérise le mieux le pur-sang. Plutôt nerveux, il peut se montrer instable. Vif, souvent gai, il est sensible à son environnement et à ses conditions de travail : un entraînement soutenu risque de l'écœurer, une existence routinière de le déprimer. Ce cheval capable des meilleures performances a besoin d'une main experte et patiente.

Souvent irrésistible par sa beauté et sa personnalité, le pur-sang peut réserver le meilleur et le pire.

Lacz/Sunset

Kit Houghton

C'est d'abord sur les champs de courses que le pur-sang s'est fait connaître. Mais il a influencé la plupart des chevaux de sport et a véritablement modifié les sports équestres.

Le hanovrien

Puissant, solide et performant, le hanovrien est l'un des plus brillants demi-sang de l'élevage moderne. Son passé de cheval lourd lui a laissé une solidité et une fiabilité qui en font un compagnon sûr et une monture généreuse.

UN CHEVAL HISTORIQUE

On peut retracer l'histoire et les origines du hanovrien avec précision, car ce cheval entama sa carrière sous l'égide d'un roi et la poursuivit de façon toujours officielle.

AU SERVICE DES ROIS

Les chevaux blancs de la région du Hanovre était très prisés au XVIIe siècle. Ils ornaient les armoiries de l'électeur Ernest-Auguste (1629-1698). En 1714, George-Louis, électeur du Hanovre, devint George 1er d'Angleterre. Il importa des chevaux café au lait du Hanovre, qui furent attelés aux carrosses royaux. Les « crèmes du Hanovre » conservèrent cet emploi jusqu'au règne de George V, dont ils tirèrent le carrosse doré lors de la cérémonie du couronnement en 1910.

Sorrel

GROS PLAN

Une arrière-main puissante, un corps harmonieux et équilibré planté sur des membres solides aux articulations fortes, une expression tranquille et néanmoins éveillée : ce poulain hanovrien promet d'honorer sa race !

Bob Langrish

LE HARAS DE CELLE

En 1735, George II, roi de Grande-Bretagne et duc de Brunswick-Lunebourg, fonda dans l'État du Hanovre le haras de Celle dans le but de développer une race hanovrienne « pour le profit de ses sujets ». Le haras, riche de plusieurs holsteins noirs et de chevaux venus de Prusse, du Danemark, d'Italie et d'Espagne, s'efforça de créer un solide sang-chaud surtout destiné à l'agriculture.

VERS UN TYPE PLUS LÉGER

L'apport de pur-sang vint par la suite alléger le hanovrien, qui put servir sous la selle et à l'attelage tout en restant assez fort pour convenir au travail de la terre.

Les guerres napoléoniennes décimèrent le cheptel allemand. Le haras de Celle, fort de cent étalons avant ce triste épisode, n'en comptait plus qu'une trentaine en 1816.

Bob Langrish

Champion en dressage et en saut, le hanovrien n'excelle pas en complet, n'ayant ni le fond ni la vitesse requis. Mais l'étendue et la liberté de son geste en font néanmoins un cheval rapide sur les parcours de CSO.

L'élevage fut relancé avec un nouvel apport de pur-sang et de mecklenbourgs. Au milieu du XIXe siècle, le hanovrien avait changé : plein d'allant, beaucoup plus léger, il était plaisant sous la selle mais ne convenait plus au travail sous le collier. On s'efforça donc de rétablir un type plus lourd pour répondre à la demande des paysans.

Sorrel

Type et tempérament

Aujourd'hui, le hanovrien fait partie des meilleurs chevaux de sport. Il brille dans les compétitions internationales de dressage et de saut d'obstacles. Son tempérament complaisant a contribué, autant que ses allures élastiques et son coup de saut remarquable, à sa réputation.

Modèle

Le hanovrien frappe d'abord par son allure athlétique. Plutôt grand, avec une encolure longue portée haut et de fortes épaules inclinées, il possède un poitrail éclaté et un garrot saillant. Sa tête légère, de taille moyenne, avec un front large et un regard calme, exprime tout l'équilibre de sa personnalité.

Le dos est d'une longueur moyenne, l'arrière-main puissante et musculeuse, avec une queue attachée haut sur une croupe plutôt horizontale.

Les os des membres sont épais et solides, les articulations prononcées, les pieds bien conformés.

Taille

1,60 m à 1,68 m.

Robes

Toutes les robes sont admises sauf le pie. Le noir et le bai-brun sont fréquents, souvent mis en valeur par de généreuses marques blanches sur la tête et les membres.

Caractère

Égalité de l'humeur, bonne volonté et courage: le hanovrien est un compagnon facile et agréable à manipuler, une monture généreuse qui se prête bien au dressage. S'il n'a pas la vivacité de l'anglo-arabe ou le charme trouble du pur-sang, le hanovrien cache sous son apparente placidité la trempe d'un champion.

UN CHEVAL DE SPORT

Après la Seconde Guerre mondiale, l'élevage des hanovriens subit, comme bien d'autres, le contrecoup de la mécanisation de l'agriculture. Les 539 reproducteurs que comptait le haras de Celle en 1948 n'étaient plus que 149 en 1963 ! Il était temps d'amorcer une reconversion vers les sports équestres.

Pour produire un cheval de qualité destiné aux loisirs et à la compétition, on procéda à de nombreux croisements avec des pur-sang, des trakehners, des pur-sang arabes et de nombreux reproducteurs récemment venus de Prusse orientale.

Ces différents apports permirent d'affiner le lourd hanovrien, de lui apporter ardeur, envergure et liberté du geste, tandis qu'il conservait la solidité et la force de son type d'origine.

LE HANOVRIEN AUJOURD'HUI

L'élevage allemand, très sélectif, écarte de la reproduction les sujets qui ne sont pas conformes aux exigences du stud-book. Chaque année, une commission d'experts juge les étalons et leurs produits. Les jeunes étalons doivent passer une série d'épreuves qui permettent de déterminer leurs qualités dans tous les domaines : modèle, allure, endurance, performances et tempérament. En fonction des résultats, les étalons sont répartis dans trois catégories ou écartés de la monte. Cette politique d'élevage a produit un type régulier et compétitif.

grish

Le hanovrien a beaucoup de présence sur le rectangle de dressage, où ses allures athlétiques et précises ainsi que sa puissance harmonieuse lui valent d'innombrables médailles.

UN CHEVAL DE PRIX

Le hanovrien est originaire de l'ancien État du Hanovre, en Allemagne. Il est toujours produit et sélectionné dans sa région d'origine, mais il existe des élevages très importants aux États-Unis, en Amérique du Sud et en Australie. Les hanovriens sont des chevaux chers, mais leur prix est justifié.

Bob Langrish

Louise Nathhorst sur Walk on Top.

L'andalou ou cheval de pure race espagnole

Le cheval de pure race espagnole s'est toujours signalé, au cours de son glorieux passé, par une grande force physique et mentale. «Équilibre» est sans doute le mot qui lui convient le mieux, tant pour désigner sa morphologie particulière que pour qualifier son caractère à la fois ardent et docile.

UNE RACE MÈRE

De la Renaissance à la fin du XVIIIe siècle, le cheval espagnol, présent dans les meilleures écuries, a dominé l'équitation et l'élevage. Il a été croisé avec toutes les races d'Europe et d'ailleurs. Peu de lignées de chevaux de sport peuvent prétendre avoir échappé à son influence.

BON À SAVOIR
Andalou ?

Beaucoup de cavaliers connaissent encore le cheval de pure race espagnole (P.R.E.) sous le nom d'andalou, qui regroupait autrefois celui-ci et le lusitanien. Aujourd'hui, ces deux races ont chacune leur stud-book.

Le saviez-vous ?

Lorsque Cortez arriva au Mexique en 1519, il débarqua, en même temps que ses hommes, 16 chevaux qui semèrent la terreur parmi les indigènes. Ceux-ci ne connaissaient pas cet animal qui avait disparu de leur continent depuis très longtemps. Le sang ibère constitue la souche du peuplement équin de l'Amérique.

DE ROME À LA COUR DES ROIS

Le cheval de pure race espagnole est l'une des plus anciennes races équines. Les auteurs romains louaient la dextérité et la maniabilité de ce cheval de bataille inégalable.

Souple, fort, ardent et docile, ce petit cheval poursuivit son chemin glorieux au fil des siècles. Sa réputation, déjà assise dans toute l'Europe à la Renaissance, atteignit son apogée aux XVIIe et XVIIIe siècles. À cette époque, aucune cour d'Europe ne pouvait se passer de cette agile monture.

On trouvait tant de qualités au « genet d'Espagne » qu'on l'employa pour améliorer presque toutes les races.

UN MAUVAIS MOMENT À PASSER

Au XIXe siècle, le cheval espagnol souffrit d'un désintérêt progressif. Ses qualités guerrières perdirent peu à peu leur importance, la tauromachie à cheval, abandonnée au XVIIIe siècle, ne devait reprendre qu'en 1925 ; enfin, l'engouement pour les courses et les pur-sang métamorphosait peu à peu les sports équestres.

GROS PLAN

Aux XVIIe et XVIIIe siècles, le cheval espagnol devait faire ses preuves à la guerre, en tauromachie et en haute école. Ces disciplines très exigeantes en ont fait un cheval d'une grande force ainsi que d'une maniabilité et d'un courage exceptionnels.

Sorrel

Sorrel

Sorrel

SAUVÉ PAR DES MOINES

Les éleveurs espagnols, comme beaucoup d'autres éleveurs dans le monde, sensibles à la mode, voulurent « améliorer » la race en la croisant avec des pur-sang arabes et anglais. Heureusement pour cette race exceptionnelle, quelques moines chartreux, installés à Jerez de la Frontera, s'obstinèrent à ignorer les modes et préservèrent la très pure lignée des « cartujanos » (chartreux). Cette lignée désormais légendaire a permis à l'élevage espagnol de faire renaître ce cheval aux qualités si particulières.

Sorrel

RENAISSANCE

Longtemps éclipsé par les pur-sang et les demi-sang quand les courses puis la compétition se sont développées, le cheval de pure race espagnole suscite un regain d'intérêt depuis les années 70.

L'ART ÉQUESTRE

Le développement de l'équitation de loisir n'est pas étranger au succès renouvelé du cheval espagnol, car ce dernier excelle en extérieur. Mais le travail de certains écuyers, et notamment du portugais Nuno Oliveira, a aussi montré ce dont les chevaux ibères étaient capables en matière de haute école, attirant de nombreux cavaliers vers cette race et vers cet art.

Le cheval de pure race espagnole est un remarquable cheval d'extérieur. Les cavaliers apprécient son confort, son intelligence, la sûreté de son pied et… celle de son caractère !

Type et tempérament

Ce cheval est remarquable en dressage, où ses facilités naturelles pour le rassembler et son extraordinaire souplesse en font une monture légère et maniable. Sa capacité d'apprentissage presque infinie est aussi un atout puissant dans le domaine du cirque et du spectacle, où il domine. Il réussit également à l'attelage et, bien sûr, en tauromachie.

Sorrel

Modèle

Le cheval de pure race espagnole est tout en rondeur, mais avec des membres fins et élégants. Sa croupe est inclinée et son rein large et relativement long. Il est long jointé. Cette particularité, associée à des jarrets parfaitement d'aplomb et à sa conformation générale, lui permettent une grande amplitude de flexion et confèrent à ses allures leur « moelleux » caractéristique. C'est un cheval qui semble destiné au rassembler et aux allures relevées.

La tête est assez importante, noble et expressive, avec de beaux yeux en amande. Le standard de la race impose un profil rectiligne, mais le chanfrein est fréquemment légèrement convexe.

Taille

Minimum : 1,52 m pour les mâles, 1,50 m pour les femelles ; on trouve des chevaux dépassant 1,65 m.

Robe

Le gris domine, mais le noir et le bai sont courants.

Caractère

En or! Doux et toujours aimable à pied, souple et plein d'énergie monté ou attelé ; intelligent, ardent, mais d'une docilité naturelle. Il faut encore ajouter un courage qui inspire le respect !

Bob Langrish

Le cheval de pure race espagnole est particulièrement doué pour les allures relevées.

Le morgan

Ce cheval américain est un véritable phénomène. Gentil, frugal, puissant et endurant, il est apte à la selle, quel que soit le service auquel on le destine, tout comme à l'attelage. Son allure hiératique, très élégante, lui vaut de nombreux amateurs dans le monde entier.

LE MORGAN : IL FAIT TOUT ET IL LE FAIT BIEN

Les Américains, on le sait, recherchent l'efficacité, donc la spécialisation. On ne les imagine pas, d'un bout à l'autre de leur immense pays, s'entichant d'une même race de chevaux pour pratiquer les activités équestres les plus diverses. Pourtant cette race existe bien : c'est le morgan.

LE FABULEUX ANCÊTRE

Il était une fois... Oui, l'histoire du morgan peut commencer comme un conte de fée. Donc, il était une fois dans le Massachusetts un étalon merveilleux né en 1793. Il remportait toutes les courses auxquelles il participait, monté ou attelé, et se montrait le meilleur dans les épreuves de traction, dont certaines ont été qualifiées de « démentes ».

NOM D'UN HOMME !

Il avait pour nom Figure, mais il ne fut bientôt plus connu que comme « le cheval de Justin Morgan », puis comme Justin Morgan, enfin comme Morgan tout court. Un nom qui lui resta, bien qu'il ait changé plusieurs fois de maître (nul se sait pourquoi cet animal d'exception fut vendu à plusieurs reprises).

ORIGINE MYSTÉRIEUSE

De nombreuses personnes ont cherché à connaître l'origine de ce phénomène. Se basant sur la prédominance des familles galloises dans la région où il vécut, certains affirment qu'il était de race welsh (« gallois » en anglais). D'autres pensent qu'il était le fils d'un étalon pur-sang nommé True Briton. D'autres encore jurent qu'il s'agissait

Kit Houghton

Kit Houghton

Les allures relevées et pleines d'aisance du morgan sont l'une des ses caractéristiques les plus frappantes. On remarque ici le mouvement particulier du genou, qui s'élève fortement.

d'un étalon allemand. Où est la vérité ? Qu'importe !

UN EXTRAORDINAIRE GÉNITEUR

Ce cheval hors pair ne se contentait pas de faire gagner quantité de paris à son propriétaire du moment. Il était doté d'une telle puissance génétique qu'il transmettait à sa progéniture sa morphologie, sa taille, sa bonne nature ainsi que toutes ses qualités. Pour les propriétaires des juments qu'il couvrait, c'était une bénédiction!

CRÉATION D'UNE RACE

Les descendants de Justin Morgan étaient de si bons chevaux que, bientôt, leurs propriétaires eurent l'idée de les croiser entre eux dans l'espoir de voir naître des produits dotés des mêmes qualités que leur grand-père. Leurs espoirs s'avérèrent. C'est ainsi qu'en quelques décennies fut constituée la race morgan. Quand Justin Morgan, fonda-

GROS PLAN

Il est une activité équestre où les fans dédaignent le morgan : les épreuves de rodéo. Car, pour y participer avec efficacité, il faut à un cheval une des rares qualités qui manquent au morgan : des démarrages fulgurants.

teur de la race, mourut, on lui érigea une statue à l'entrée de la ferme de Middlebury, dans le Vermont, premier grand élevage de morgans.

Kit Houghton

Type et tempérament

Le on-dit voudrait que le morgan actuel soit plus grand et meilleur encore que Justin Morgan. Ce qui le ferait plus qu'excellent! Et n'est nullement prouvé... Cependant, par sa gentillesse et ses qualités de force physique et d'endurance, il demeure un cheval de grande valeur.

Modèle

Il a la tête courte et large, les oreilles petites et l'œil intelligent (sinon malin!). Son encolure musclée est couverte d'une épaisse crinière qui laisse presque toujours déborder un large toupet sur son chanfrein. Généralement court, il a souvent un garrot presque noyé. Son arrière-main est puissante et balayée par une queue fournie. Ses membres sont bien charpentés sans être gros pour autant. Tous ses mouvements sont empreints d'une grande aisance.

Taille

Entre 1,40 m et 1,52 m.

Robe

Elle peut être alezane, alezan brûlé, baie ou noire.

Caractère

Courageux et aimant le travail, le morgan est indépendant, un peu comme un chat mais un chat adorable qui ferait tout pour plaire à son maître. À condition toutefois que celui-ci le mérite, c'est-à-dire qu'il le comprenne et le prenne dans le sens du poil. C'est donc un cheval difficile ? Nullement! Un animal fier et intelligent, voilà tout !

UNE PERLE PEU COMMUNE

Parce qu'il est doté de qualités fort diverses et apte à de nombreux services, le morgan n'est pas vraiment très répandu aux États-Unis. Seuls les gens de cheval avisés l'apprécient pleinement. Les amoureux du morgan le montent en saut d'obstacle, en endurance, en équitation western, en dressage, pour trier et déplacer les vaches ou, encore, le mettent aux brancards pour des épreuves d'attelage. Bref, on le voit presque partout.

La prestance et la grâce du morgan sont très prisées des amazones.

Kit Houghton

LES ÉTATS-UNIS POUR BERCEAU

Élevé un peu partout aux États-Unis, le morgan n'a pas de véritable berceau, terme par lequel on désigne l'environnement qui détermine la morphologie et le caractère d'une race.

IL EST LE MÊME PARTOUT

On trouve le même morgan dans le chaud et aride Arizona et dans les grasses prairies du Tennessee. À quoi cela tient-il ? Aux constants achats et ventes entre éleveurs, qui font sans cesse passer les chevaux d'une région à une autre. L'étalon fondateur, Figure, est sans doute né dans le Massachusetts.

Kit Houghton

Le barbe

Il est moins célèbre et il a sans doute moins de panache que l'arabe. Mais ce cheval vif et élégant a participé lui aussi à l'élaboration de bien des races de valeur.

LE BARBE : UN « BARBARE » VENU DU DÉSERT

Le barbe est originaire d'Afrique du Nord et, plus précisément, de ce qu'on appelait autrefois les États barbaresques, d'où son nom.

DES POULAINS CHÉRIS

Durant des siècles, ce cheval du désert a surtout été utilisé et, bien sûr, apprécié par les Bédouins, qui vivaient en lisière du Sahara. Pour ces guerriers, un cheval vif, endurant et frugal était un auxiliaire sans prix. Ils l'élevaient donc avec le plus grand soin. Ils appelaient leurs juments leurs «filles» et laissaient les poulains pénétrer sous leur grande tente pour qu'ils profitent de la fraîcheur. Leurs chevaux faisaient quasiment partie de leur famille.

Sorrel

Les barbes sont des chevaux solides et résistants. Nombre d'entre eux vivent très vieux.

Le saviez-vous ?

Le pape et le barbe

Au XVe siècle, le pape Paul II était amoureux des chevaux barbes, au point qu'il organisa des courses qui leur étaient réservées. Elles se disputaient sous les fenêtres de son palais Venezia nouvellement construit, sur la via del Corso, qui leur doit son nom.

UN DES ANCÊTRES DE L'ANDALOU...

Selon certains auteurs, les Romains auraient déjà utilisé des barbes, en particulier pour les courses de chars dans les arènes. Il est donc possible que les amateurs de jeux du cirque en aient importés à cette époque, mais cela n'a jamais été prouvé. Plus tard, au VIIIe siècle, les Maures envahirent l'Es-

Sorrel

À SAVOIR

Adapté au régime pauvre des régions arides, le barbe s'empâte facilement lorsqu'il profite d'une alimentation trop riche. Ce qui n'est pas bon pour ses membres ; il faut donc éviter de lui donner trop d'aliments concentrés.

Kit Houghton

Sorrel

pagne et amenèrent avec eux quantité de chevaux barbes. Comme souvent en pareil cas, certains s'échappèrent et vécurent en liberté. Leur croisement avec les juments locales produisit l'amorce de la race andalouse (que d'autres sangs ont contribué par la suite à fixer).

... ET DU PUR-SANG ANGLAIS

En 1662, Charles II d'Angleterre, passionné de courses de chevaux, reçut dans la dot de sa femme le port marocain de Tanger. Durant les vingt et un ans où la ville demeura sous sa domination, on expédia vers la Grande-Bretagne, à partir d'elle, une grande quantité de chevaux barbes. Ceux-ci furent utilisés pour améliorer la vitesse et la vigueur des premiers chevaux de course britanniques. Le barbe a donc été, avant l'arabe, un ancêtre du pur-sang.

Type et tempérament

Élevé dans un pays semi-aride, à la végétation pauvre, le barbe est pour le moins rustique. Habitué à évoluer sur les terrains rocailleux et pentus des monts de l'Atlas, il a le pied très sûr. Ces qualités, et bien d'autres, en font une monture résistante, agréable, assez polyvalente.

Modèle

La tête est plutôt longue, avec un profil rectiligne, de larges naseaux et des ganaches prononcées. L'encolure est forte et rouée et le garrot haut placé. L'épaule est longue et plus ou moins inclinée, la croupe avalée et la queue portée bas. Le poitrail est parfois étroit. Les membres sont longs et forts, bien musclés, avec des canons relativement longs.

Taille

Elle varie de 1,40 m à 1,57 m.

Robe

Alezane, alezan brûlé, bai foncé, noire ou grise.

Caractère

Ce n'est pas sans raisons que les guerriers Bédouins chérissaient le barbe. Ce cheval courageux affrontait vaillamment aussi bien le tohu-bohu des combats que les longues retraites. Au cours de ces chevauchées, qui étaient parfois longues, la rapidité des barbes a bien souvent sauvé la vie de leur maître. En outre, il est intelligent, parfois un peu malicieux, avec une personnalité généralement prononcée. Et, s'il n'a pas toujours bon caractère, sa gentillesse est bien réelle.

COLONISATION ET CHEVAUX

La domination française en Afrique du Nord a duré du XIXe au milieu du XXe siècle. La remonte de la cavalerie, au Maroc et en Algérie, pour les spahis par exemple, et même en métropole, était alors constituée, pour une bonne part, de barbes. En effet, ces chevaux possèdent toutes les qualités nécessaires au cheval d'arme : ils sont rapides, maniables, rustiques et endurants – donc « économiques ».

ORIGINE INCONNUE

Si l'on connaît l'origine géographique du barbe, en revanche, nul ne peut dire quand il est apparu en Afrique du Nord. Si l'on s'en tient aux récits et aux légendes, il semble que ce cheval ait toujours été présent aux côtés des hommes de sa région d'origine.

Pied sûr, frugalité et résistance font du barbe un excellent cheval de randonnée, particulièrement adapté aux contrées chaudes et désertiques.

Sorrel

Kit Houghton

Dans les splendides fantasias, le barbe donne toute la mesure de son talent.

Le trotteur français

Ce cheval de course est unique au monde ! Parce qu'il est beau et qu'il a du panache ? Parce qu'il trotte très rapidement ? Parce qu'il est la vedette d'épreuves mondialement connues ? Oui, pour toutes ces raisons, mais aussi parce qu'il a deux cordes à son arc !

LE TROTTEUR FRANÇAIS : UNE NOUVELLE RACE POUR UNE NOUVELLE DISCIPLINE

Au début du XIXe siècle, les courses de galop étaient déjà populaires dans bien des pays. Mais ce n'est qu'en 1836, en France, que sont apparues les épreuves de trot.

Et il a suffi de quelques décennies pour qu'elles deviennent à leur tour fort en vogue, entraînant la mise au point d'une nouvelle race.

Bob Langrish

Un profil caractéristique, élégant mais avec une forte ossature. Le bout du nez plutôt carré et les oreilles assez grandes sont d'autres traits typiques, avec l'expression à la fois douce et inquiète du regard.

LE COIN DU PRO

Le trotteur a une action régulière et ample au trot, mais c'est aussi un cheval très équilibré au galop s'il n'a pas été déformé par les courses. Il peut devenir un excellent cheval d'instruction et permettre à de jeunes cavaliers de démarrer en concours hippique et en concours complet, où son courage vaut de l'or. Jappeloup, l'un des plus grands chevaux de CSO de ce siècle, était à moitié trotteur !

Maier/Sunset

UNE PREMIÈRE ET UN SUCCÈS

C'est donc en 1836, à l'occasion de l'ouverture de l'hippodrome de Cherbourg, que se sont déroulées les premières courses de trot attelé. Cela grâce aux efforts et à la clairvoyance d'Ephrem Houel, inspecteur général des Haras nationaux. Cette première fut imitée ici et là et, peu à peu, les épreuves de trot firent l'objet d'un engouement à la fois rapide et inattendu.

LA COURSE EN ÉQUIPE !

Certaines des premières courses de trot étaient réservées à des chevaux attelés par paires, comme chez les Romains ! Autant dire que les sulkys n'avaient pas encore la forme que nous leur connaissons aujourd'hui.

LES NORMANDS D'ABORD

Pour trouver des chevaux aptes à disputer ce nouveau genre de compétition, on se tourna tout naturellement vers les élevages de Normandie. D'abord parce que la nouvelle discipline était apparue dans cette région ; ensuite parce que les chevaux normands semblaient les meilleurs. Quelles

Bob Langrish

Le saviez-vous ?

Une spécialité française

Sur les trois hippodromes français organisant des réunions de trot – Vincennes, Enghien et Cagnes-sur-Mer – on a l'habitude de voir les chevaux courir attelés à un sulky. Mais certaines courses se disputent aussi au trot monté, ce qui est inconnu partout ailleurs dans le monde. C'est la seconde corde du trotteur français !

Kit Houghton

Aux États-Unis, les trotteurs trottent à l'amble! En France, ils doivent trotter par bipèdes diagonaux... mais il arrive à tout le monde de se désunir, dans la hâte!

étaient leurs origines? On ne le sait qu'assez vaguement... Depuis le XVIIe siècle, et jusqu'au début des courses de trot, de lourdes juments normandes ont sans cesse été croisées avec des étalons allemands, scandinaves, mais aussi barbes et arabes. Petit à petit, leurs produits ont curieusement été appelés anglo-normands.

NAISSANCE DE LA RACE

Jusqu'au début du XXe siècle, bien que les éleveurs aient déjà sélectionné leurs anglo-normands pour ces courses, il n'existait aucune race spécialisée dans le trot. Le temps passant, on constata à quel point quelques étalons engendraient des trotteurs de qualité (les plus célèbres de ces géniteurs étant Lavater, Fuschia, Normand et Young Ritter). Une véritable race commençait à se dessiner : on ouvrit le stud-book des trotteurs français en 1922.

DES PERFORMANCES POUR UNE INSCRIPTION

Pour pouvoir être inscrits dans ce stud-book, les anglo-normands devaient courir le kilomètre en 1,42 mn dans une course publique. Voilà qui limitait les candidatures ! En 1941, ce livre des origines fut fermé. Depuis cette date, tous les descendants des trotteurs sont, quel que soit leur rapidité au trot, des trotteurs français à leur tour.

DE LA COURSE AU MANÈGE

Les trotteurs français ne sont pas uniquement des chevaux de course. Lorsqu'ils arrivent en fin de carrière, ou qu'ils se montrent peu performants, ils deviennent souvent de bons chevaux d'instruction.

BON À SAVOIR
Le trot en chiffres

La vitesse d'un cheval au trot normal est d'environ 15 km/h, soit un kilomètre couvert en 4 minutes. Mais, au trot de course, nous sommes désormais loin des 1,42 mn au kilomètre imposées autrefois pour postuler à une inscription dans le stud-book. En 1966 déjà, Noble Victory avait établi le record du monde en 1,11 mn !

Bob Langrish

IL SAIT S'ADAPTER

Les trotteurs de réforme font généralement de bons chevaux de club. Au début, ils sont peu agréables à monter, à cause de l'éducation qu'ils ont reçue : impossible de leur faire prendre le galop ! Mais si l'on sait s'y prendre, ils prouvent rapidement qu'ils savent parfaitement galoper. Et il n'est pas rare de les voir figurer en bonne place dans des concours moyens de saut d'obstacles, démontrant ainsi qu'ils peuvent assez facilement changer de « métier ».

Type et tempérament
Sa prestance, sa taille non négligeable, mais surtout son bon vouloir presque permanent sont les signes distinctifs de notre trotteur. À voir son expression intelligente et parfois malicieuse, on peut se demander s'il n'est pas conscient de ces atouts!

Modèle
Ce grand cheval étonne au premier abord par son élégance. Sa tête vive et nette prolonge une encolure assez légère. Autrefois presque droites, ses épaules fortes ont gagné en inclinaison et permettent une action longue. Son garrot, assez saillant mais arrondi, est plat sur le dessus. Son dos, puissant et droit, est prolongé par une arrière-main musclée à la croupe avalée. Fines, ses jambes sont longues et sèches, dotées de canons courts.

Taille
Taille moyenne entre 1,60 m et 1,65 m.

Robes
Les robes les plus communes sont le bai, le bai-brun et l'alezan.

Caractère
Cheval relativement près du sang, le trotteur français est vif, sinon nerveux. Cependant, plein de bonne volonté et de courage, il est le plus souvent facile à manier – à moins que son expérience sur les terrains de course ne l'ait rendu intraitable. Atout maître pour le service auquel il est destiné : il est combatif! Lorsqu'il perd, c'est parce qu'il n'a vraiment pas pu gagner. Ou qu'il a été mal mené...

Bob Langrish

Le sorraïa

On ne trouve cet étrange petit cheval qu'au Portugal. Avec son allure primitive et sa robe si particulière, on le remarque facilement parmi les alter real du haras d'Alter.

LE SORRAÏA : LE ZÈBRE DU PORTUGAL

Originaire d'une vallée du haut Alentejo, le sorraïa est un rescapé. C'est le docteur d'Andrade qui l'a fait renaître en sélectionnant les caractéristiques de la race chez divers bâtards.

DISPARU, PUIS RÉINVENTÉ

Le sorraïa était un cheval primitif qui vivait à moitié libre dans la vallée d'un affluent du Tage. Il a disparu au milieu du XIXe siècle. C'est le Dr Ruy d'Andrade, un éleveur renommé de chevaux lusitaniens, qui a entrepris de réinventer le sorraïa à partir des chevaux de la région du haut Alentejo qui arboraient encore la fameuse robe souris et les zébrures.

En 1937, à partir d'un petit noyau de chevaux possédant encore quelques caractéristiques du défunt poney, il tenta de fixer

GROS PLAN

D'un point de vue génétique, la robe souris est en fait la robe noire délavée par le gène de dilution Sauvage. Parfois, les sorraïas sont isabelle, toujours avec une raie de mulet, comme les fjords. Cette robe résulte de la dilution de la robe baie par le même gène. Si l'on observe un poil de sorraïa souris au microscope, on constate que tous les pigments sont concentrés sur un axe central.

Sorrel

Bien qu'il ait la taille d'un poney (1,45 m en moyenne), l'allure générale du sorraïa est plutôt celle d'un cheval.

Sorrel

Bob Langrish

Les robes souris ou isabelle des sorraïas sont caractérisées par un patron de robe très particulier qui inclut une raie de mulet, parfois une croix de saint André et des rayures sur les jambes. La crinière est également souvent bicolore, délavée sur les côtés.

Type et tempérament

Bien qu'il ait été reconstruit de toutes pièces à partir d'individus divers, le sorraïa est relativement homogène. Il a la chance d'être élevé dans les magnifiques vallées du Tage et de bénéficier de l'expérience des éleveurs de chevaux lusitaniens.

C'est le type même du cheval primitif. Sa robe comme sa morphologie évoquent les derniers chevaux sauvages.

Modèle

Il a le profil un peu busqué des vrais ibériques. Son rein est court. Son dos est droit. Sa croupe est courte et très inclinée. La queue s'insère assez bas. Les aplombs sont bien sûr droits et ses membres assez charpentés.

Taille

Le sorraïa est un petit cheval qui peut aussi entrer dans la catégorie poney, puisqu'il toise en moyenne entre 1,43 m et 1,45 m.

Robes

Il est le plus souvent souris, parfois isabelle. Le poil des sorraïas est uniformément gris, couleur ardoise. Il n'y a pas de poils blancs mélangés. Les crins et le bas des jambes sont noirs. Une raie de mulet plus foncée court sur le dos. On observe fréquemment des zébrures sur les jarrets et les avant-bras. Le nez est souvent cavecé de maure. Il arrive que la crinière ne soit noire qu'en son centre et lavée sur les côtés.

Caractère

Le courage et l'endurance sont les deux qualités maîtresses du sorraïa. En fonction de ces vertus, les campinos portugais l'utilisent pour le travail du bétail. Il possède également la gentillesse et la soumission propres aux chevaux ibériques.

Sorrel

de nouveau les traits dominants de la race. Grâce à la consanguinité, le Dr d'Andrade est parvenu à « réinventer » un petit cheval tout à fait original.

L'ANCÊTRE DU LUSITANIEN

Pour certains éleveurs portugais, le sorraïa est le type pur de l'ancien cheval ibérique au profil légèrement busqué. Sa robe et ses rayures témoignent du caractère primitif de la race. On est également frappé de la ressemblance qui rapproche le sorraïa du « marismeño », originaire du delta du Guadalquivir, ou bien encore de certains criollos sud-américains. Les historiens portugais ont d'ailleurs retrouvé la trace d'un équidé sauvage qui, au Moyen Age, portait le nom de « Zebra ». Certains lieux portent encore des noms qui font référence à cet animal, comme la « Vale de Zebro ».

Sorrel

NI SANG ORIENTAL, NI SANG NORDIQUE

Les éleveurs portugais accordent beaucoup d'importance au fait que le sorraïa soit vierge de tout apport de sang oriental ou nordique. Il se pose donc comme authentique descendant de l'ancien cheval ibérique, celui qui existait avant l'arrivée des Maures et de leurs chevaux barbes et arabes. On prétend aussi que le sorraïa aurait joué un rôle plus important que le lusitanien dans la formation de la race du criollo argentin.

UNE SURVIE PRÉCAIRE

Partie de quelques membres fondateurs, la communauté du sorraïa ne compte encore qu'une centaine d'individus répartis en seulement trois élevages. Par ailleurs, la pauvreté génétique du sorraïa, due à la forte consanguinité qui a permis sa renaissance, constitue une fragilité. L'avenir de la race est donc encore incertain.

LE CHEVAL DU FLEUVE

Dans l'Alentejo, une belle vallée est délimitée par deux cours d'eau : le Sor et le Raïa. C'est là que notre petit cheval s'est reproduit à l'état semi-sauvage jusqu'au XIXe siècle. En aval de cette vallée, les deux rivières fusionnent pour former le plus grand affluent du Tage : le Sor-Raïa auquel notre petit souris doit son nom.

Le hackney

Ce cheval anglais est presque uniquement destiné à l'attelage. Mais pas n'importe lequel. En effet, on ne le met jamais aux brancards d'un tombereau ! Car sa légèreté et son panache sont tels qu'il est réservé aux voitures de luxe.

UN CHEVAL SPECTACULAIRE VENU DE LOIN

C'est un étrange cheval que le hackney. Son modèle élégant est aussi frappant que ses allures brillantes, « électriques », très particulières. Il est apprécié en Angleterre et aux États-Unis. Et il est tantôt cheval, tantôt poney !

UNE IDENTITÉ CONFUSE

Ici, on affirme que le nom de notre cheval anglais vient du français « haquenée ». Ailleurs, on jure qu'il est emprunté à celui de la petite ville anglaise de Hackney, dans le comté de Londres. En Angleterre, le mot « hackney » semble avoir été utilisé dès le Moyen-Âge pour désigner les chevaux de selle. Bref, il faut se contenter d'hypothèses, ce qui ne change rien à la valeur de la race !

DE LOINTAINS ANCÊTRES

Vers l'an 1000, les Danois du roi Knut-le-Grand envahirent l'Angleterre, amenant avec eux des chevaux de leur pays. Ces animaux avaient déjà en ce temps la réputation d'être d'excellents trotteurs, aux allures relevées. Par la suite, cette race scandinave fut élevée dans la région de Norfolk. Bien évidemment, elle y fut croisée avec des juments locales. Le résultat fut la formation de la race du trotteur norfolk, l'ancêtre du hackney.

Une belle allure, peu « économique »

Le trot du hackney est élégant et rapide, mais il n'a rien d'économique. Si on le compare avec celui des trotteurs de course, on constate qu'à cette allure, l'animal gaspille beaucoup d'énergie pour brasser du vent. Mais c'est ce qui plaît à ses amateurs !

Sorrel

QUELS GRANDS-PARENTS ?

Quels croisements spécifiques ont ensuite permis la création de la race hackney ? On cite des étalons d'origines diverses qui y auraient participé. Et puis d'autres encore ! Si bien qu'à moins d'être un spécialiste fort minutieux, on éprouve d'immenses difficultés à établir la généalogie de notre trotteur. Une seule certitude : la beauté de son trot est inégalée.

L'ÉLÉGANCE AU TROT

Le trot du hackney est à la fois relevé et très ample. Tandis que ses postérieurs assurent une poussée puissante, il porte haut ses antérieurs, fléchissant les membres à chaque battue au point que ses sabots lui effleurent le coude. L'action à la fois aérienne et puissante donne presque l'impression que le cheval vole au-dessus du sol.

Kit Houghton

UN CHEVAL DE PARADE

Avant l'ère des chevaux-vapeur, le hackney était très réputé pour son panache à l'attelage. La valeur de cet animal de prestige, principalement recherché par les gens aisés soucieux de mettre en évidence leur prospérité, dépendait plus de sa prestance que de ses performances. On aurait pu penser

AIDE-MÉMOIRE

L'anglaisage est une opération qui consiste à sectionner les muscles abaisseurs de la queue. À la suite de cette opération, le cheval porte en permanence la queue très relevée. Cette intervention, autrefois destinée à éviter que la queue ne gêne l'action des postérieurs, est heureusement de moins en moins pratiquée. En revanche, pour la présentation, on utilise souvent une croupière spéciale qui bloque la queue en position haute.

Kit Houghton

que l'apparition de l'automobile allait le faire disparaître. Mais il n'en fut rien. Le nombre de hackneys diminua, certes, mais les meilleurs sujets furent conservés dans les élevages.

Kit Houghton

Un entraînement long, parfois contraignant et un peu artificiel, exploite et développe des allures naturelles du cheval, qui peuvent être extraordinairement rapides.

DES DEUX CÔTÉS DE L'ATLANTIQUE

Le hackney n'est plus élevé dans une région précise. Ce sont généralement de petits éleveurs, propriétaires de deux ou trois juments, qui produisent les sujets de la race.

Longtemps tenu en haute estime tant dans son pays d'origine (le Norfolk et le Yorkshire, en Angleterre) que sur le continent, le hackney ne se trouve plus guère qu'en Angleterre et aux États-Unis.

Type et tempérament

Aux États-Unis comme en Grande-Bretagne, le trot du hackney, fier pour certains, amusant pour d'autres, lui vaut bien des partisans. Quelle que soit sa taille! Car elle peut sérieusement varier, sans que sa morphologie générale en soit affectée : aux États-Unis, le stud-book de la race ne fait nulle distinction entre chevaux et poneys. Nain ou géant, un hackney est toujours un hackney !

Dans l'ensemble, le hackney se présente comme un cheval robuste et élégant à la fois, de bonne stature et d'une longévité souvent étonnante.

Bob Langrish

Modèle

De grands yeux intelligents éclairent la tête harmonieuse et fine, au profil rectiligne ou légèrement convexe. Les oreilles, plutôt petites, ont un dessin élégant. L'encolure est musclée, les épaules fortes. Le garrot saillant descend bas sur le dos, contrairement à celui des chevaux de sport d'aujourd'hui. Le thorax est large et profond, la croupe ronde. Fortes et droites, les jambes longues sont terminées par des pieds bien ronds. La queue est portée haute, ce qui a été accentué par l'anglaisage.

Taille

De 1,25 m à 1,55 m : la race est constituée de chevaux et de poneys, ce qui est une exception.

Robes

La robe est le plus souvent alezane, alezan brûlé, baie ou noire.

Caractère

Le hackney est actif, toujours sur le qui-vive, sans cependant faire preuve d'une excessive nervosité. Son courage et sa franchise sont remarquables.

L'anglo-arabe

Il est anglais et arabe. On pourrait donc en déduire qu'il s'agit d'un bâtard ! Au contraire, ce cheval de sport, très prisé des cavaliers de concours dans toutes les disciplines (ci-dessous, en bas, J. Loriston-Clarke sur Prince-Consort), est le résultat de croisements très sélectifs.

Kit Houghton

Quand ils possèdent les allures requises, les anglo-arabes se distinguent en dressage par leur élégance et leur charme.

NI ANGLAIS, NI ARABE

L'anglo-arabe est-il d'origine anglaise ou arabe ? Ni l'une ni l'autre ! Créée au Royaume-Uni, la race s'est véritablement développée en France au début du XIXe siècle.

DES HARAS POUR UN NOUVEL ÉLEVAGE

Les Anglais s'efforcèrent, les premiers, d'obtenir un bon cheval de course en croisant des pur-sang anglais et arabes. Mais c'est en France que la race fut véritablement élaborée. Les premiers tâtonnements eurent lieu dès la fin du XVIIIe siècle, sous l'égide des Haras nationaux. En 1806, les armées de Napoléon avaient grand besoin d'une quantité de chevaux : pour en favoriser la remonte dans le Sud-Ouest, l'empereur créa cette année-là le haras de Tarbes puis, l'année suivante, celui de Pau. Des étalons barbes, arabes et andalous furent affectés à ces deux établissements. Cela donna des idées à quelques éleveurs privés qui, grâce à cet échantillonnage de géniteurs de valeur, se lancèrent dans une série de croisements.

Kit Houghton

LE COIN DU PRO

Sa résistance, sa vitesse, son courage et son coup de saut font de l'anglo-arabe une monture très recherchée par les cavaliers de concours complet, où il remporte de nombreuses médailles. Ici Twist-la-Beige, championne internationale, sous la selle de Jean-Lou Bigot.

Kit Houghton

APRÈS DE NOMBREUX CROISEMENTS

L'accouplement de juments arabes avec des étalons pur-sang – ou l'inverse – donna des résultats mitigés ; on entreprit alors d'ef-

Le saviez-vous ?

Rempart, le cheval d'école du général Wattel, était un anglo-arabe. Le général, écuyer en chef à Saumur, poussa l'éducation de ce cheval à un degré rarement atteint.

Type et tempérament
Solide et harmonieux, l'anglo-arabe est le modèle du bon cheval de selle. Il convient à presque tous les cavaliers et on pourrait quasiment dire qu'il est une monture «universelle»! Il est généralement très doué pour le saut ; cependant, en fonction de la conformation particulière des sujets, on le monte aussi en dressage, en extérieur, pour la promenade ou la grande randonnée, voire en endurance.

Modèle
L'anglo-arabe est un cheval léger, élégant, avec une tête délicate aux yeux expressifs. Son encolure est longue et bien attachée, son passage de sangle profond, son dos court derrière un garrot allongé. L'épaule inclinée, comme celle des pur-sang, lui donne une grande vitesse. En dépit de leur longueur et de leur finesse apparente, ses jambes possèdent une excellente ossature.

Taille
La taille moyenne est de 1,65 m, mais elle est très variable.

Robes
Les plus courantes sont le bai ou l'alezan, fréquemment ornées de marques blanches.

Caractère
Vif et intelligent, l'anglo-arabe a une nature généreuse. Son courage naturel le porte à faire l'impossible pour satisfaire le cavalier qui a su conquérir son estime. Parfois fantaisiste, voire capricieux, souvent sensible, il doit être monté et manipulé avec tact et finesse.

fectuer des croisements avec des sujets locaux, principalement les fameux navarins du Sud-Ouest de la France, qui fournissaient d'excellentes montures de dressage, très recherchées par les militaires.

Tous ces essais auraient pu mener à bien des errements. Mais, en 1833, M. Gayot, alors directeur des haras, rationalisa ces croisements pour obtenir une race nouvelle. Le résultat allait être, au bout de quelques décennies d'une sélection rigoureuse fondée sur les performances, la vigueur et la conformation, un remarquable cheval de selle, doué tant pour la course que pour le saut.

GROS PLAN

Le pur-sang a donné à l'anglo-arabe sa grande taille, son coffre et l'extraordinaire amplitude de son geste au galop. L'arabe a apporté son tempérament plus équilibré et plus docile, des membres solides, une vigueur et une endurance qui manquaient au pur-sang, et beaucoup d'intelligence !

Kit Houghton

LE PUR-SANG ARABE EN PLUS

Une fois les caractères de la race fixés, on admit les croisements entre un étalon de pur sang arabe et des juments sélectionnées anglo-arabes. Depuis 1942, tous les anglo-arabes nés de parents de la race, ou d'un père arabe et d'une mère anglo-arabe, sont enregistrés dans le même stud-book. Mais seuls les chevaux comptant au moins 25 % de sang arabe portent l'appellation anglo-arabe.

Bob Langrish

Un étalon français pose devant le haras de Pau, l'un des berceaux de la race.

L'ANGLO-ARABE : UN VRAI SPORTIF

De nos jours, l'anglo-arabe est toujours largement produit en France, surtout dans les haras de Tarbes, de Pompadour et de Pau. L'anglo-arabe français, un peu moins élégant que les produits britanniques, est un cheval de sport très performant que l'on retrouve sur les terrains internationaux dans toutes les disciplines.

L'anglo-arabe, quoique très rapide, ne peut rivaliser en vitesse avec le pur-sang. Mais il saute beaucoup mieux que lui.

Lacz/Sunset

Le holstein

Le holstein fait partie de la famille des surdoués du sport allemand. Puissant, solide, mais aussi élégant et délié, il possède un geste généreux qui lui réussit aussi bien en dressage qu'à l'obstacle.

UN GRAND CHAMPION

Le holstein est vraiment taillé pour le saut d'obstacles, mais cela ne l'empêche pas de réussir aussi en dressage et en concours complet, où on le retrouve souvent au niveau olympique.

LES ORIGINES

Au Moyen-Âge, les moines cisterciens avaient déjà développé un important élevage de chevaux dans la région du Holstein. À la Renaissance, des étalons espagnols et napolitains se mêlèrent à cette souche locale. Le produit de ces unions fit la remonte aux haras de Celle et de Dillenbourg. À cette époque, le holstein était un excellent cheval d'attelage et de guerre. Louis XIV lui-même utilisa cette race pour améliorer sa cavalerie lourde. La Guérinière vantait alors les belles allures du holstein.

Au XIXe siècle, on croisa ce cheval allemand avec des yorkshires afin de lui donner de l'os, du modèle et des allures relevées. Le haras de Traventhal fut fondé à cette époque, sous l'influence de l'armée prussienne, qui avait repris en main l'élevage du holstein.

LE HOLSTEIN AUJOURD'HUI

C'est maintenant à Elmshorn que siège l'association d'éleveurs qui gère la race. Le holstein fut souvent croisé avec des pur-sang anglais dans les années soixante-dix. Plus récemment, des étalons selle français furent

Bob Langrish

Kit Houghton

LE SAVIEZ-VOUS?
Les stars de la race

En saut d'obstacles, les vedettes des années 1990 se nomment Calvaro V (le géant gris du Suisse Willy Melliger, quatrième au Championnat du monde de Rome, en 1998), Nissan Calvaro Z (le bai monté par le Néerlandais Jos Lansink) ou San Patrigniano Cassini (la monture de l'Allemand Franke Sloothaak).

En dressage, Corlandus, le cheval de Margitt Otto Crépin, fut longtemps le meilleur ambassadeur de la race. Ce véritable «Schwarzenegger» des chevaux décrocha la médaille d'argent à Séoul en 1988. Avant lui, Granat, le cheval de la Suissesse Christine Stückelberger, avait déjà fait flotter le drapeau du holstein à la tête du dressage mondial.

En concours complet, Brilliante, le bai de Inken Johannsen, défendait les couleurs de l'Allemagne aux Championnats du monde de Rome, en 1998.

Avec son modèle particulièrement puissant, le holstein est le prototype du cheval de dressage allemand. Ici Granat, qui fut Champion du monde de cette discipline sous la selle de Christine Stuckelberger.

Kit Houghton

Bob Langrish

Ces jeunes holstein semblent déjà très athlétiques! Remarquez la solidité des aplombs, la beauté du port de tête, due à une encolure bien sortie et portée haut, et l'impression générale d'équilibre et de force qu'ils dégagent!

aussi utilisés. Le plus célèbre d'entre eux est sans aucun doute le fameux Cor de la Bruyère (par le pur sang Rantzau). De nos jours, le livre généalogique du holstein reste ouvert aux étalons performers (seux qui continuent à sortir en compétition) étrangers (sur décision du syndicat) et aux pur-sang.

La sélection est toutefois très sévère puisque sur 400 candidats annuels, seuls 90 sont agréés comme étalons. Bien que le Holstein soit la plus petite région d'élevage allemande, il naît tout de même environ 3400 poulains holstein chaque année.

UN SOLIDE ATHLÈTE

Le holstein semble aussi solide psychologiquement que physiquement. Rien ne semble devoir perturber les performances de cet athlète.

Type et tempérament

Cheval de sport polyvalent, le holstein ressemble un peu au hunter irlandais. Il est solide, il a de l'os, mais en étant tout de même plus léger que beaucoup de demi-sang. Les Allemands le considèrent toutefois comme moins léger que le hanovrien, son concurrent. Sa conformation lui donne beaucoup d'envergure et sa parenté avec les pur-sang lui confère allant et hardiesse. Toutes ces qualités font du holstein un excellent cheval de jumping surtout, ce qui ne l'empêche pas de briller dans les deux autres disciplines olympiques.

Modèle

Le holstein a perdu le profil busqué de ses ancêtres pour adopter une tête très proche de celle du pur-sang anglais. Son garrot est bien sorti et son épaule longue et oblique. Il a du coffre. Ses membres sont élégants, avec des canons plutôt courts. L'ensemble de son corps est relativement fin et évoque celui d'un athlète.

Taille

Comme tous les chevaux de sport, le holstein est plutôt grand. Sa taille oscille entre 1,63 et 1,73 mètre.

Robe

Le plus souvent bai ou gris, le holstein est parfois alezan ou noir. Sur 200 étalons agréés en Allemagne, il n'y a que deux alezans. La moitié des reproducteurs sont bais, bai foncé ou bai brun. L'autre moitié est de couleur grise.

Caractère

Venu du monde de l'attelage, le holstein a toujours eu un caractère plutôt docile. Cette race prouve par son tempérament équilibré et complaisant qu'il est possible de sélectionner un animal pour ses qualités sportives tout en privilégiant les individus de nature soumise par rapport aux sujets caractériels.

Bob Langrish

Bob Langrish

La moitié des reproducteurs holstein sont gris.

Le trakehner

Le trakehner est un cheval élégant et intelligent, qui a su prendre les qualités du pur-sang sans s'encombrer de ses défauts. C'est l'un des chevaux les plus appréciés sur les terrains de compétition, où son coup de saut et ses allures déliées lui permettent de se classer parmi les champions.

UN DEMI-SANG DE GRANDE CLASSE

Le trakehner est considéré comme l'un des « demi-sang » les plus équilibrés – et les plus performants – dans le monde du cheval de sport.

IL Y A BIEN LONGTEMPS...

On peut faire remonter les origines du trakehner fort loin – jusqu'au XIIIe siècle, où l'on trouvait au nord de la Prusse un poney fort rustique, le schweiken, descendant du tarpan. Mais les gènes de cet ancêtre très lointain se mêlèrent au fil des siècles à de multiples autres souches. Ils ont probablement contribué à l'endurance et à la vigueur de la race. La grande rusticité de la souche d'origine a sans doute permis au trakehner d'absorber l'héritage des pur-sang sans perdre sa résistance et sa personnalité propre.

LE SAVIEZ-VOUS ?
Les horreurs de la guerre

Les chevaux durent être évacués du haras de Trakehnen quatre fois, la région étant menacée par des armées ennemies. Ils réintégrèrent leurs écuries sans encombre les trois premières fois, mais la dernière évacuation, pendant la Seconde Guerre mondiale, fut catastrophique. Plusieurs milliers de chevaux périrent au cours de la longue marche de 1400 km qui devait les mettre à l'abri en Allemagne de l'Ouest et le haras fut détruit.

Mais l'élevage du trakehner a bien repris après la guerre, et ce cheval est aujourd'hui présent sur tous les continents.

Sorrel

NAISSANCE D'UN ÉLEVAGE

L'histoire du trakehner proprement dit commença au XVIIIe siècle en Prusse. Les tactiques

Bob Langrish

Le trakehner possède un modèle très délié et assez léger, qui rappelle le fort apport de pur-sang dans ses origines.

Kit Houghton

Annie MacDonald-Hall monte Floriano, l'un des plus glorieux représentants des trakehners en dressage.

de guerre ayant évolué, les guerriers avaient besoin d'un cheval plus léger, plus maniable et plus rapide que les solides montures employées jusque-là. Pour répondre à ce besoin, Frédéric-Guillaume Ier, roi de Prusse, fonda en 1732 le haras deTrakehnen. Il fit venir les meilleurs reproducteurs du royaume et entreprit de mettre sur pied une politique d'élevage rigoureusement sélective.

UN CHEVAL RAFFINÉ

Au fil des ans, le type de cheval produit fut affiné, mais ce n'est qu'au XIXe siècle que la race se rapprocha vraiment du type « sang chaud » actuel, avec l'apport de sang arabe et anglais. Le haras sélectionnait les croisements avec soin : on souhaitait obtenir un cheval plus rapide, élégant et raffiné, tout en conservant une monture polyvalente et équilibrée.

UN ÉLEVAGE ULTRA-SÉLECTIF

Le stud-book du trakehner fut créé au début du XIXe siècle. Depuis ce jour, les critères qui permettent de donner l'agrément aux reproducteurs restent très sévères. Les chevaux sont soumis à des épreuves de classifications dès un an pour les mâles, dès trois ans pour les juments. Un jury d'experts attribue ou non l'appellation en tenant compte entre autres du tempérament, de la conformation, des allures et du mode d'élevage. La sélection des étalons est très restrictive : à peine 5 % des poulains sont retenus. Ils reçoivent l'appellation « étalon trakehner » à quatre ans, après un test de cent jours. Les trakehners élevés ailleurs qu'en Allemagne peuvent recevoir l'agrément à condition de se soumettre à ce test. On comprend comment cette race est devenue aussi performante !

UN CHAMPION POUR LES CHAMPIONS

Équilibré, libre et élégant dans son geste, excellent sauteur, le trakehner est une monture tout indiquée pour ceux qui se destinent aux compétitions.

C'est dans une région fertile de marais asséchés, à l'est du royaume prussien, entre Gumbinnen et Stallupönen (aujourd'hui en Pologne), que Guillaume-Frédéric Ier fonda le haras des trakehners. Les hivers rigoureux de la région ne sont sans doute pas étrangers à la résistance de la race.

Sorrel

Bébé trakehner deviendra grand... et champion, comme papa et maman?

Type et tempérament

La liste des trakehners médaillés est longue. En effet, ce cheval bien trempé réussit aussi bien en complet qu'en CSO et en dressage. Il se distingue également à l'attelage. Bien entendu, les performances de la race donnent beaucoup de prix à ses sujets, et l'acquisition d'un trakehner requiert un portefeuille bien garni!

Sorrel

Modèle

La tête est courte et fine, avec un front large, un regard éveillé et des oreilles mobiles. L'encolure longue et légère, bien sortie, est attachée à un garrot marqué et haut, plutôt bref. Le poitrail est large, les épaules obliques, le passage de sangle assez profond. Le dos court, droit et puissant, s'achève sur une croupe légèrement inclinée avec une queue attachée haut. Les membres sont fins, mais forts et secs.

Taille

La moyenne se situe entre 1,62 m et 1,65 m.

Robe

Alezan, bai, bai foncé et noir, plus rarement gris.

Caractère

Équilibré : tel est le mot qui revient le plus souvent chez les amateurs de la race. Le trakehner est l'un des sang-chaud les plus calmes. Il se distingue par une remarquable capacité d'apprentissage, mais il ne faut pas abuser de sa bonne volonté afin de préserver sa personnalité. Un entraînement trop contraignant ou répétitif risque d'éteindre sa vivacité et son courage, et de le mécaniser. Au box, c'est un cheval gentil et affectueux.

Le lusitanien

Ce cheval aux allures souples et élégantes symbolise la haute école, qu'il a souvent représentée sous la selle du grand écuyer portugais Nuno Oliveira. Il a été largement adopté dans toute l'Europe. (Ci-dessous, à gauche, Luisa Valenza.)

LE CHEVAL IBÈRE

Le lusitanien a des origines et de nombreuses caractéristiques en commun avec le cheval de pure race espagnole : on confondait autrefois les deux chevaux sous le nom d'andalou. Aujourd'hui, chacun d'eux à son stud-book.

UNE HISTOIRE COMMUNE

L'histoire du lusitanien est la même que celle du pure race espagnol. C'est une race parmi les plus anciennes : les Romains appréciaient déjà la souplesse, l'ardeur et la maniabilité de ce solide cheval de combat. Au fil des siècles, les envahisseurs se sont succédé et leurs chevaux ont mêlé leur sang à celui du cheval ibérique, qui connut un succès croissant. À la Renaissance et à l'âge baroque, il fut l'un des chevaux les plus appréciés en Europe. On l'utilisait au combat et en tauromachie, où son courage et son habileté étaient sans cesse mis à l'épreuve. Il devint aussi la monture idéale pour l'équitation classique qui prenait naissance. Dans toutes les cours d'Europe, les cavaliers voulaient leur « genet » (tel était le nom qu'on lui donnait à l'époque).

Sorrel

UN CHEVAL INTERNATIONAL

Les chevaux portugais et espagnols emmenés par les grands navigateurs, puis par les conquistadores, furent la principale souche du peuplement équin du Nouveau Monde. En outre, entre le XVIe et le XIXe siècle, les gènes du cheval ibérique se répandirent un peu partout, améliorant ou transformant les races existantes. On retrouve sa trace aussi bien chez le frison hollandais que chez le lipizzan et le connemara.

Kit Houghton

Au Portugal, certains lusitaniens sont encore élevés en semi-liberté.

LES MODES PASSENT

Après l'ascension et la gloire, hélas, vint l'oubli. L'art de la guerre s'étant beaucoup transformé, les armées délaissèrent les chevaux portugais et espagnols. De plus, la tauromachie fut interdite pendant plusieurs décennies. Le goût croissant pour les courses faisait la part belle aux pur-sang.

BON À SAVOIR
Quelle Andalousie?

Le terme d'andalou a longtemps regroupé - dans l'esprit des non spécialistes - toutes les races ibériques, en particulier le cheval espagnol aujourd'hui appelé PRE (pure race espagnole), le lusitanien et l'alter real. Cette confusion a des raisons historiques : l'Andalousie, aujourd'hui région du sud de l'Espagne, englobait autrefois presque toute la Péninsule ibérique, y compris l'actuel Portugal.

Sorrel

Le courage et la maniabilité du lusitanien, rigoureusement sélectionné depuis la naissance de la tauromachie, s'expriment avec grâce dans la Doma vaquera, où ses départs fulgurants, ses pirouettes et ses arrêts instantanés sont spectaculaires. (Ici, une démonstration d'Ellen Graeppel.)

Sorrel

Depuis quelques années, les éleveurs cherchent à faire évoluer les performances du cheval afin qu'il soit mieux reconnu sur les terrains de dressage ; peu à peu, ses allures déliées et sa souple élégance font leur percée sur les carrières internationales. (Ici, Luisa Valenza.)

Le développement du cheval de sport, avec l'apparition des disciplines de compétition, ne fut pas favorable au cheval ibérique : le saut et la course, en effet, ne sont pas ses points forts.

NAISSANCE DU STUD-BOOK

Après 1960, toutefois, les chevaux ibériques refirent doucement surface. Le lusitanien retrouvait sa place, notamment grâce au travail du grand écuyer Nuno Oliveira, qui mit en valeur l'immense talent de ce cheval en haute école. Le stud-book a été créé en 1966. Aujourd'hui, cette race est l'une des plus employées en Europe.

NÉ SOUS UN CLIMAT CHAUD ET SEC

Le lusitanien est parfaitement adapté au climat chaud et sec de sa région d'origine – la péninsule Ibérique et, en particulier, le Portugal – comme en témoignent son poil fin, ses crins soyeux et ses pieds durs.

Sorrel

Type et tempérament

Douceur et équilibre sont les points forts de ce petit cheval dont les allures libres et confortables sont aussi appréciées en dressage de haute école qu'en équitation de loisir. Lorsqu'il se déplace, le lusitanien donne un sentiment d'aisance, de souplesse et d'élégance tranquille.

Modèle

Le lusitanien, comme son cousin le PRE, est tout en rondeurs. Sa tête est bien dessinée et sèche, avec un chanfrein long et rectiligne – parfois légèrement convexe. Les yeux expressifs sont empreints de douceur. L'encolure ronde, portée assez haut, se fond dans une épaule longue et un garrot moyennement prononcé. Le dos est musclé et long, la croupe légèrement inclinée. Toute l'arrière-main dégage une impression de puissance. Les membres sont fins mais très solides. Les crins, soyeux et abondants, sont généralement laissés longs.

Taille

La moyenne est de 1,55 m.

Robes

Les plus courantes sont le bai, dans toutes ses nuances, et le gris.

Caractère

Le lusitanien a hérité la douceur, la docilité et le courage que les éleveurs ibères se sont efforcés de sélectionner depuis les origines de la race. Gentil et maniable, d'un tempérament aimable et équilibré, mais qui ne manque pas d'ardeur, c'est un compagnon intelligent et attachant, qui mérite un maître capable de respecter sa finesse et sa bonne volonté.

L'akhal-téké

L'akhal-téké est un peu au cheval ce que l'oriental est au chat : un animal tout en jambes, mince jusqu'à la maigreur, étroit et élégant. Préservé du métissage par le rideau de fer, l'akhal-téké a gardé jusqu'à récemment les caractéristiques très particulières de cette race ancienne aux origines mystérieuses.

UN SANG PUR

Selon la version officielle, l'akhal-téké est une race pure, aussi ancienne que celle du pur-sang arabe. Il est bien vrai que ce cheval est unique, tant par son modèle que par son extraordinaire endurance.

LA GARDE DE DARIUS

La pureté de l'akhal-téké est bien difficile à démontrer, tant ses origines se perdent dans un passé lointain et nébuleux. On appréciait déjà les chevaux de courses d'Ashkabad plus de mille ans avant J.-C. Cinq cents ans avant notre ère, la garde du roi Darius et les soldats des régions environnantes montaient des chevaux d'un type très semblable.

LE SAVIEZ-VOUS ?

Aujourd'hui encore, la ration traditionnelle des akhal-tékés dans leur région d'origine comporte de la luzerne sèche, des boulettes de graisse de mouton, de la pâte frite et des céréales : un régime hautement énergétique, qui ne conviendrait peut-être pas à nos chevaux de selle !

Kit

DES COURSIERS LÉGERS

Les Turkmènes ont depuis des siècles la passion des courses. Ils se sont attachés à élever des montures particulièrement fines et sèches, longues en jambes et d'une extraordinaire endurance. On raconte qu'ils enveloppaient leurs chevaux dans d'épaisses couvertures en feutre pour les protéger des nuits froides du désert, ce qui fait que les animaux n'avaient pas besoin de produire le moindre gramme de graisse pour lutter contre le froid. Les coursiers recevaient également une nourriture assez particulière, riche en protéines et pauvre en fibres, comportant notamment… de la graisse de mouton.

LE CHEVAL TURC

Ce cheval mince et rapide était déjà connu dans les cours d'Europe au XVIIe siècle. On

Sorrel

Sorrel

L'akhal-téké semble doué d'une grande intelligence. Les artistes de cirque s'y intéressent de près et Alexis Gruss en possède déjà trois!

Sorrel

Modèle

Le modèle de l'akhal-téké est assez éloigné du standard du cheval de sport occidental. C'est avant tout un cheval sec et léger. Haut sur pattes, il possède un dos long et une croupe souvent avalée. La poitrine, moyennement profonde, étroite, est remarquablement musclée. L'encolure longue et renversée sort presque à la verticale des épaules, ce qui confère à l'akhal-téké une allure altière – et, trait spécifique de la race, place sa bouche au-dessus de la main du cavalier. La tête est mince et sèche, avec des oreilles relativement grandes et un regard tranquille et intelligent. L'épaule oblique et les membres très longs donnent une grande amplitude au cheval, qui se distingue sur les champs de courses (sans rivaliser avec le pur-sang anglais). La jambe (partie située entre le jarret et la cuisse) de l'akhal-téké est étonnamment mince.

Taille

La moyenne se situe à 1,55 m-1,60 m au garrot.

Robe

Bai, brun, alezan, louvet et toutes les nuances d'or et d'argent jusqu'au plus pâle rayon de lune. Le poil très ras, soyeux, et la peau très fine de l'akhal-téké sont deux des caractéristiques de cette race du désert. Les crins sont fins et peu abondants.

Caractère

Vif, plein de feu et de tempérament, l'akhal-téké est néanmoins plus équilibré que le pur-sang. Il est apprécié en endurance et en TREC, où quelques sujets font peu à peu leur apparition. C'est un cheval gentil mais sensible, qui ne convient pas à tous les cavaliers.

l'appelait alors « cheval turc ». Certains prétendent même que les étalons fondateurs des grandes lignées de pur-sang, Darley Arabian et Byerley Turc, n'étaient autres que des akhal-tékés.

NAISSANCE DU STUD-BOOK

Après la révolution russe et durant toute la période communiste, la race fut gérée par les autorités soviétiques. Le premier stud-book de la race fut ouvert en 1941. Après l'éclatement de l'URSS, les autorités turkmènes tentèrent de reprendre en main l'élevage des akhal-tékés – pour les Turkmènes, ce cheval est une sorte de trésor national. Mais le manque de moyens ne leur permit pas de gérer le stud-book, tâche qui revint à l'institut russe du cheval de Riasan.

PUR-SANG ET DEMI-SANG

Aujourd'hui, cet institut fait autorité. Il a décidé en 1981 d'exclure certains sujets et de leur ouvrir un stud-book à part, celui des demi-sang. Longtemps préservé de tout métissage par la situation particulière de l'Union soviétique, l'akhal-téké a conservé, plus que la plupart des races européennes, la spécificité de sa race. Presque inconnu en Europe il y a encore quelques années, il fait depuis peu l'objet d'un engouement notable.

CHEVAL DU DÉSERT

Le berceau de l'akhal-téké est le Turkménistan, ancienne république de l'ex-Union soviétique. L'akhal-téké y a acquis toutes les caractéristiques d'un cheval du désert: sec, sobre, tout en jambes, avec des tissus fins et sombres. Sa résistance à la chaleur est remarquable.

Du fait de son encolure longue et verticale, l'akhal-téké a la bouche située au-dessus de la main du cavalier. Ce trait spécifique est censé, en équitation classique, rendre le cheval difficile à manier. L'akhal-téké semble néanmoins s'adapter facilement à la monte classique.

Sorrel

Les Turkmènes recherchent les sujets les plus foncés et considèrent que les robes très claires, à la mode en Europe, sont une tare – voire un signe de « mauvais esprit » !

Le cheval de Przewalski

Le cheval de Przewalski est pratiquement le dernier «vrai» cheval sauvage vivant de nos jours. Dans les années soixante-dix, on ne le trouvait plus guère que dans des zoos! Heureusement, un plan de sauvegarde a permis de lui rendre un peu de sa liberté...

UNE LONGUE CHASSE... VERS LA LIBERTÉ

Au milieu du XIXe siècle, seuls les Mongols, nomadisant en bordure du désert de Gobi, connaissaient ce cheval sauvage. La découverte par le monde de cet animal allait tenir de l'aventure romanesque. Et faire friser l'extinction à la race...

UN EXPLORATEUR FACE À DES INCONNUS

1879. Nikolaï Przewalski (1839-1888), colonel cartographe de l'armée impériale russe, explore la région des monts Tachin Schak (les monts du Cheval Jaune). À plusieurs reprises, il aperçoit des hardes de chevaux sauvages, qui ne ressemblent à rien de ce qu'il connaît. Intrigué, il interroge les indigènes et parvient à obtenir qu'un chasseur lui donne la peau d'un ces animaux. Il la ramène à Moscou où un naturaliste, Poliakov, l'étudie et établit la première description de ce cheval primitif, auquel il donne le nom de son découvreur: cheval de Przewalski.

TRAQUES ET BATTUES

1889. Des naturalistes russes obtiennent de chasseurs kirghizes qu'ils capturent pour eux quelques-uns de ces chevaux sauvages, toujours presque inconnus. La battue est fructueuse et quatre sujets sont ramenés en Russie. Un an plus tard, ce sont deux étalons et quatre juments qui sont transportés en Ukraine. Dans le même temps, un fournisseur de ménageries organise une expédition pour le comte de Bedford. Avec l'aide des chasseurs nomades, il parvient à capturer quinze juments et dix-sept poulains. Pourquoi cette chasse effrénée, destinée à capturer des chevaux que les nomades, pourtant connaisseurs, ne considèrent que comme du gibier ? D'abord pour satisfaire la curiosité des naturalistes. Ensuite pour approvisionner les zoos européens et américains, toujours en quête d'animaux sortant de l'ordinaire.

Lacz/Sunset

C'est l'élevage du cheval de Przewalski en captivité qui a permis de sauvegarder la race.

Sorrel

PRISONNIER MAIS INDÉPENDANT

Depuis le début du XXe siècle, il semble bien qu'aucun cheval de Przewalski n'ait été aperçu en Mongolie. Sans les quelques ani-

Ancêtre du cheval ?

Certains scientifiques pensent que le primitif cheval de Przewalski est l'ancêtre du cheval actuel et de l'âne, dont il possède quelques caractéristiques. D'autres, comme le professeur Bernischke, estiment qu'il n'a rien de commun avec eux puisqu'il possède 66 chromosomes au lieu de 64 (les chromosomes constituent la part des cellules qui contrôle la transmission des caractères héréditaires).

Le cheval de Przewalski, qui s'était reproduit dans les zoos du monde entier, a été progressivement remis en liberté avant que de petits troupeaux soient réintroduits en Mongolie.

Lacz/Sunset

Sorrel

Malgré de nombreuses tentatives, le cheval de Przewalski n'a jamais pu être tout à fait domestiqué.

maux capturés et préservés, la race serait sans doute éteinte aujourd'hui. Dans les années 80, les descendants des sujets capturés près de cent ans plus tôt étaient répartis dans 120 parcs zoologiques de par le monde. Au total, ils étaient à peine plus d'un millier... Et ils ne sont guère plus nombreux aujourd'hui. On pourrait penser que, nés et élevés en captivité et au contact de l'homme, ils ont aujourd'hui perdu leur sauvagerie. Mais il n'en est rien. Leur agressivité naturelle est demeurée intacte.

RETOUR AU BERCEAU

Un peu avant 1990, le WWF (World Wildlife Fund, organisme mondial de protection des animaux) a songé à réintroduire ces chevaux dans leur pays d'origine, devenu parc national de Mongolie. Mais il semblait délicat de rendre brutalement des captifs, habitués aux facilités de la domestication, à la liberté totale. On a donc d'abord constitué de petits troupeaux, que l'on a placés en semi-liberté, en divers endroits, dans de très vastes enclos. De plus, on a informatisé le stud-book afin de procéder à la meilleure sélection possible des candidats à la liberté. Ensuite, quelques sujets triés sur le volet et constituant une harde viable ont été transportés et lâchés dans le berceau de la race. Et, en 1999, trente chevaux de Przewalski trottaient entre herbages et points d'eau du désert de Gobi. Des chevaux qui vont faire des poulains !

UN AVENIR RIANT

Dans son pays d'origine, où il a été récemment réintroduit, le cheval de Przewalski n'a guère pour prédateur que l'homme. Protégé par la loi autant que par son appartenance au patrimoine mongol, il va certainement y proliférer.

ORIGINE

La race peuplait à l'origine les steppes de l'Europe et de l'Asie centrale. Son aire de répartition s'est réduite peu à peu à la seule Mongolie – où Przewalski la découvrit au XIXe siècle.

Type et tempérament

Le cheval de Przewalski est probablement une sous-espèce d'*Equus Caballus*, l'équidé des origines. Il est agressif, violent et ne se prête pas à la domestication. Sauvage il est, sauvage il demeure !

Modèle

La tête est longue et lourde, avec les yeux placés très hauts, près des oreilles, qui sont grandes et assez rondes. Le garrot est effacé et le dos droit. La croupe avalée et brève ressemble un peu à celle de l'âne. Les membres sont courts et épais, terminés par des sabots relativement petits.

Taille

1,30 m en moyenne.

Robe

Une seule couleur de robe : isabelle, couleur sable, avec raie de mulet et souvent une bande cruciale, ainsi que des zébrures sur le haut des membres, dont l'extrémité est noire. Les crins sont noirs aussi, la crinière poussant en brosse, sans toupet.

Lacz/Sunset

Caractère

Véritable animal sauvage, le cheval de Przewalski n'a jamais pu être domestiqué, ni même apprivoisé. De nombreuses tentatives ont été faites dans les zoos où il était en captivité ou lors des opérations de réintroduction, mais ce cheval demeure agressif, violent et imprévisible.

Le selle américain ou american saddlebred

Ce cheval au port imposant et aux allures brillantes fut d'abord un cheval utilitaire. La sélection en a fait peu à peu un bibelot, produit d'artifices outranciers et critiquables. Mais rien n'empêche d'apprécier son caractère aimable et sa beauté ardente.

LE CHEVAL DES PLATEAUX DU MIDDLE WEST

Au repos et sans les artifices employés pour le mettre en valeur, le selle américain est un cheval élégant mais simple. Il faut le préférer ainsi et lui épargner des souffrances peu justifiées.

Kit Houghton

DÉTRÔNÉS PAR LES PUR-SANG

En Angleterre, à la fin du XVIIe siècle, l'apparition des pur-sang détourna peu à peu public et professionnels des trotteurs et des ambleurs. Ces derniers, tombés en désuétude, furent largement exportés vers l'Amérique où de nombreux colons s'installaient. Ils donnèrent les lignées de départ de nombreuses races américaines.

Kit Houghton

Jusqu'à cinq allures

Le selle américain peut être inscrit dans la catégorie trois allures ou cinq allures, selon qu'il est ou non capable de marcher l'amble et l'amble rompu (ou rack). Notons que ces allures ne semblent guère naturelles, puisque les entraîneurs usent souvent d'entraves pour contraindre le cheval à aller l'amble.

On attend du selle américain qu'il trousse les genoux au trot, un peu comme un hackney anglais. Au galop, son dos doit décrire un mouvement de bascule. Enfin, son pas doit être rapide et confortable.

DEUX ANCÊTRES DISPARUS

L'american saddlebred descend de deux chevaux spécialisés dans l'amble : le canadian pacer et le narrangansett pacer (aux Etats-Unis, « amble » se dit pace).

Le canadian pacer avait été importé de Bretagne (célèbre au Moyen-Âge pour ses

Sorrel

Le côté artificiel du selle américain en exhibition ne doit pas faire oublier les qualités réelles de ce cheval : gentillesse, docilité, ardeur et élégance.

Type et tempérament

L'american saddlebred est, par excellence, un cheval de show. Son royaume est l'exhibition, bien que ses allures relevées en fassent un cheval d'attelage brillant.

Modèle

La tête est fine, avec des ganaches peu développées, des yeux saillants et expressifs et des oreilles plutôt petites et mobiles. L'encolure est longue et généralement portée haut. On recherche « le col de cygne », parfois obtenu par un dressage contraignant et l'usage de couvertures de sudation.
Les épaules déliées permettent une grande action des antérieurs vers le haut et vers l'avant. Le garrot est proéminent. Le dos est court et les reins solides. L'ensemble du corps est assez compact, les jambes longues. La croupe est plutôt plate, avec une queue plantée haut. Les membres sont long-jointés et souvent bas-jointés.

Kit Houghton

Taille

Le selle américain mesure environ 1,60 m. C'est donc un cheval de taille moyenne, mais que son port relevé et ses allures brillantes font paraître grand.

Robe

Bai, bai brun, alezan, noir, palomino, parfois même tacheté.

Caractère

Il est par nature aimable et bien disposé. On le sélectionne sur sa docilité et sa promptitude à obéir à son maître. Il est néanmoins fougueux et les jeunes femmes qui le montent lors des exhibitions sont parfois débordées.

ambleurs). Le narragansett pacer était élevé dans la baie de Narragansett, au sud de Boston, en Nouvelle-Angleterre.

Ces deux races ont aujourd'hui entièrement disparu. Un peu de sang du morgan et du pur-sang anglais coule également dans les veines du selle américain.

KENTUCKY SADDLER

La patrie du selle américain, c'est le sud des États-Unis et, plus particulièrement, le Kentucky – ce cheval fut d'ailleurs longtemps appelé le Kentucky saddler. Au début, celui-ci convenait aussi bien comme monture pour déambuler toute la journée dans les plantations que pour les travaux agricoles ou encore pour l'attelage le dimanche. Peu à peu, les riches propriétaires sudistes ont sélectionné un animal élégant aux allures très relevées. De nos jours, c'est essentiellement un cheval d'exhibition.

ARTIFICES ET EXCÈS

Les amateurs du selle américain ont recours à de nombreux artifices pour améliorer l'apparence de leur cheval. Pour affiner son encolure, on emballe celle-ci dans des couvertures de sudation en plastique. Son port de queue relevé est le plus souvent artificiel. L'anglaisage (opération qui consiste à sectionner les muscles abaisseurs de la queue) était autrefois systématique. Il est moins pratiqué de nos jours, mais on emploie souvent des releveurs de queue aussi inconfortables qu'inu-tiles. Les allures relevées n'ont rien de naturel non plus : le pied est laissé excessivement long et muni d'un fer très lourd, ce qui contraint le cheval à lever haut les pieds et les genoux. Toujours pour améliorer ses allures, on impose parfois à l'animal le port de chaînes aux paturons.

Cette attitude campée, caractéristique du selle américain d'exhibition, est le résultat de nombreux artifices.

Sorrel

LE CHEVAL DES SUDISTES

Cette race sélectionnée dans le sud des Etats-Unis est aujourd'hui encore élevée dans sa région d'origine, le Kentucky, où de nombreuses exhibitions lui sont consacrées.

GROS PLAN

- L'amble du selle américain, ou slow gait, est un amble lent. Le cheval se déplace par bipèdes latéraux comme un chameau.
- Le rack correspond au tolt des islandais, au paso des chevaux péruviens ou encore au fox trot des Missouri fox-trotters. Cette allure très rapide à quatre temps est considérée comme une forme de pas très rapide par les les uns, comme un amble décomposé par les autres. Le rack doit être dépourvu de tout mouvement de rotation des membres sur le côté (contrairement au paso péruvien). Il est important que le cycle des battues soit bien régulier : on doit entendre quatre posers bien cadencés.

Le missouri fox-trotter

Le missouri fox trotter fait partie, avec le tennessee walking horse et l'american saddlebred, des trois races de chevaux américaines qui possèdent plus de trois allures. Outre le pas, le trot et le galop, il peut aller au fox trot, pas aussi rapide que confortable.

LE CHEVAL DES PLATEAUX DU MIDDLE-WEST

Le Missouri fox-trotter n'est pas un cheval « tape-à-l'œil » : c'est surtout par l'exceptionnel confort de ses allures que ce cheval a su conquérir un large public. Aujourd'hui, il connaît aux États-Unis un succès mérité.

À L'OUEST DU MISSISSIPPI

Le missouri fox trotter a été sélectionné par les colons établis au Missouri, à l'ouest du Mississipi. Ses ancêtres étaient des pur-sang, des morgans et des arabes venus du Kentucky, du Tennessee et de Virginie.

Au début, les chevaux de cette région centrale des États-Unis étaient utilisés pour les courses de pays. Mais bientôt, cette activité fut condamnée par un clergé particulièrement puritain.

DES COW-BOYS ÉPRIS DE CONFORT

Au XIXe siècle, les agriculteurs cherchèrent à sélectionner un cheval apte aux longues chevauchées dans les reliefs tourmentés du Missouri. Leur but était de créer une monture qui se fatigue peu et qui ménage les lombaires de son cavalier sur les longs trajets. Ils obtinrent peu à peu ce cheval unique aux quatre allures glissées et confortables.

Bob Langrish

Les grandes marques blanches, en tête ou sur les membres, ne sont pas rares.

Bob Langrish

Le missouri fox-trotter, associé au travail du bétail dont l'élevage était très important au Missouri, a failli disparaître avec l'apparition des engins à moteur. Mais la passion que lui vouaient nombre d'agriculteurs du Middle West sauva la race.

GROS PLAN
Des allures particulières

Les allures particulières comme le fox-trot dériveraient toutes de l'amble. Au Moyen-Âge, certains chevaux semblaient posséder un don héréditaire pour cette quatrième allure fonctionnant par bipèdes latéraux, qui présente l'avantage d'être à la fois très confortable et assez rapide. Il est possible que les Américains aient su conserver ce don pour l'amble et l'amble rompu chez certains descendants des chevaux espagnols. Un trait génétique qui semble s'être perdu en Europe où l'amble est considéré comme une tare.

Bob Langrish

Le fox-trot est une allure glissée, très confortable pour le cavalier, économique et stable pour le cheval.

Le stud-book date de 1948. Il est resté extrêmement ouvert jusqu'en 1982. Depuis cette date, seuls les poulains nés de deux missouri fox-trotters peuvent y être inscrits.

LE FOX-TROT

Le fox-trot est une allure très proche du *paso* des chevaux péruviens, colombiens ou encore du *tolt* des chevaux islandais. C'est, en fait, un pas très rapide, une allure à quatre temps à la fois très véloce et très confortable. C'est une action glissée, ce qui fait que le cavalier ne ressent pas de secousses. Il permet de se déplacer à une moyenne de 8 à 12 km/h avec des pointes à 16 km/h. C'est donc, en termes de rendement, une allure intermédiaire entre le pas et le trot.

Le stud-book du fox-trotter n'autorise pas le recours aux procédés barbares trop souvent employés par les éleveurs de l'american saddlehorse pour contraindre leurs chevaux à adopter cette quatrième allure. Ainsi, on ne trouve ni sabots exagérément longs, ni chaîne autour des paturons, ni ferrure trop lourde.

FLAT-FLOOT WALK ET CANTER

Le flat-foot walk (littéralement « pas traînant ») se décompose comme le pas, mais le cheval doit traîner les sabots. En limitant l'élévation des genoux et des jarrets, les éleveurs ont rendu leurs montures plus confortables.

Le canter désigne un petit galop rassemblé. Les Américains le définissent, pour le missouri fox-trotter, comme une allure intermédiaire entre le lope, galop moyen et rasant que les chevaux effectuent rênes longues et tête basse lors du travail du bétail, et le slow gait qui est un galop très lent à quatre temps.

PIED AGILE

Aimable, confortable et sûr, le missouri fox-trotter n'est pas seulement le cheval traditionnel des éleveurs du Middle West : c'est aussi un compagnon sûr et une monture idéale pour la randonnée.

ORIGINE

C'est dans le massif des Ozarks, avec ses plateaux arasés entaillés de vallées profondes, que le missouri fox-trotter a été d'abord sélectionné.

Type et tempérament

L'aspect du missouri fox-trotter est plutôt banal. Son originalité réside surtout dans ses allures. Excellent cheval de randonnée, il est traditionnellement équipé avec du matériel d'équitation western.

Modèle

La tête est bien proportionnée, plutôt mince, avec un profil rectiligne. Les yeux sont grands et expressifs et les oreilles plutôt petites et mobiles. L'encolure élégante se fond dans des épaules puissantes et un garrot bien sorti. La poitrine est large et profonde. Le dos un peu long – cela favorise le fox-trot – est droit et fort. La croupe, parfois avalée, est bien musclée, avec une queue attachée plutôt haut. Les membres, fins, ont des tendons secs et des pieds solides et agiles.

Bob Langrish

Taille

Le missouri fox-trotter mesure entre 1,42 m et 1,63 m. C'est donc un petit cheval, voire un poney pour les plus petits modèles.

Robe

Le missouri fox-trotter peut être alezan, noir, bai, gris ou pie.

Caractère

Comme tous les chevaux de travail du bétail, le missouri fox-trotter est à la fois calme, en avant et soumis. Il peut rester immobile pendant des heures une fois que son cavalier a lâché ses rênes. En randonnée, c'est un compagnon idéal qui peut couvrir des distances incroyables avec un courage hors du commun.

Kit Houghton

Comme beaucoup de races américaines, le missouri fox-trotter a longtemps servi au travail du bétail.

Le Curly American Horse

Aussi frisé qu'un mouton, le Curly American Horse, aussi appelé Bashkir curly, est la coqueluche des éleveurs américains. En dépit de la faiblesse de ses effectifs, on ne parle que de lui : ce petit mustang a le vent en poupe !

UN FRISÉ BIEN MYSTÉRIEUX

Personne ne sait vraiment d'où vient le curly. A-t-il débarqué avec les colons espagnols ? Est-ce un mutant ou bien encore le dernier des chevaux américains ? Mystère ! En revanche, son avenir semble tout tracé, tant il a la cote outre-Atlantique.

UNE ORIGINE MYSTÉRIEUSE

L'origine du Curly American Horse reste mystérieuse. Ce petit cheval descend très certainement de certaines souches de chevaux importées par les conquistadores espagnols. On ignore s'il a acquis ses frisures à la suite d'une mutation intervenue sur le territoire américain ou si le gène « bouclette » existait déjà chez quelques chevaux de l'Ancien Monde. Une théorie concurrente prétend toutefois que le curly pourrait être arrivé seul en Amérique du Nord, via le détroit de Béring, à l'époque des glaciations. Ceci expliquerait alors sa parenté avec certaines races russes ou chinoises.

RUSSIE OU CHINE ?

Le nom de « bashkir » curly a été attribué à ce petit cheval américain parce qu'on le croyait apparenté aux chevaux de la Volga et de l'Oural.

Toutefois, des recherches plus récentes rapprochent plutôt le petit frisotté du lokai du Tadjikistan, parfois frisé lui aussi. Les éleveurs de curly aiment d'ailleurs rappeler qu'il existait déjà en Chine, au IIe siècle après J.-C., une race de chevaux frisés.

LE CHEVAL DES INDIENS

Plusieurs tribus indiennes ont également possédé des chevaux frisés. Les Crows en élevaient encore au début du XIXe siècle.

Sorrel

Sorrel

Poulain, le curly est vraiment frisé comme un mouton !

Les Sioux en ont d'ailleurs volé certains pour créer une lignée que l'on retrouve aujourd'hui.

On évoque aussi la présence du Bashkir curly parmi les Indiens Big Foot. Ils auraient remonté les guerriers de Sitting Bull à la bataille de Little Big Horn. Quelques-uns se seraient alors échappés pour vivre libres dans le Nevada. Les descendants de ces rescapés de Little Big Horn forment de nos jours un groupe connu sous le nom de sage seekers (« chercheurs de sauge », plante sacrée chez les Indiens). Ils vivent dans la réserve de Standing Rock Reservation, dans l'Etat du Sud Dakota.

LE CURLY AUJOURD'HUI

C'est un dénommé Peter Damele qui a, le premier, isolé quelques mustangs frisés (les futurs curlies) parmi les chevaux sauvages

Sorrel

De même que le pelage des chats frisés, le poil bouclé des curlies n'est pas allergène!

Type et tempérament

Le curly est bien fait de sa personne. Il donne une impression de douceur, évidemment accentuée par le côté « nounours » de son pelage et de ses crins frisés.

Modèle

Le curly est un cheval solide sans lourdeur, avec des membres plutôt courts. Son épaule est droite et son garrot effacé. Ses sabots sont durs comme la pierre. Sa crinière, généralement double, retombe de part et d'autre de son encolure. Ses yeux, situés très latéralement sur sa tête, lui confèrent un champ de vision exceptionnel. À noter également que le curly possède une couche graisseuse sous la peau qui l'isole du froid.

Taille

Avec une taille comprise entre 1,42 m et 1,62 m, le curly oscille donc entre le grand poney et le petit cheval.

Robe

On rencontre à peu près toutes les robes chez notre petit frisé : bai, alezan, noir, souris, palomino, etc. L'alezan est toutefois la robe la plus fréquente. Les robes diluées, comme le souris, s'accompagnent de zébrures noires sur les membres et d'une raie de mulet. L'extrémité des oreilles est souvent sombre également. On rencontre aussi des Bashkir curly pie sabino, c'est-à-dire avec du blanc en dentelle sous le ventre et l'encolure.

Caractère

Le curly est d'un naturel plutôt confiant. Doux et amical, facile à dresser, il mérite un cavalier capable de le respecter et de le ménager. C'est un cheval vif et intelligent, calme, d'une endurance exceptionnelle, ce qui fait de lui le compagnon rêvé du randonneur.

Sorrel

ORIGINE

Les origines lointaines du Bashkir curly sont encore incertaines. Mais c'est aux États-Unis, dans le Nevada, que la race fut véritablement établie.

du Nevada. Il appréciait ces chevaux pour leurs qualités d'endurance et leur bonne volonté au travail. L'association de la race du Bashkir curly est née en 1971, à partir des vingt chevaux du Ranch de Peter Damele. Aujourd'hui, l'association ne recense que quelque deux mille curlies dans le monde. Les petits bouclés ont donc commencé comme chevaux de ranch, pour le travail du bétail, avant de devenir des montures de loisir. Les curlies commencent aujourd'hui à briller dans des disciplines aussi diverses que l'endurance, l'attelage et, bien sûr, l'équitation américaine.

UN POIL TRÈS PARTICULIER

Le trait distinctif du Bashkir curly est incontestablement le manteau d'astrakan, frisé, qui lui sert de pelage. Son poil possède en outre la propriété de ne pas être allergène, c'est-à-dire de ne pas affecter les gens allergiques aux chevaux.

Endurance et frugalité font du curly un excellent cheval de randonnée. Mais les Américains l'utilisent également dans d'autres disciplines – dressage, attelage, équitation western...

Sorrel

Sorrel

Doux et complaisant, le curly est facile à dresser.

Le hollandais sang-chaud ou K.W.P.N.

Ses initiales en néerlandais, celles que l'on trouve dans les listes de départ de concours ou dans les catalogues, sont : K.W.P.N. Vous trouverez souvent ces lettres dans le monde de la haute compétition, car le cheval de sport hollandais y connaît un grand succès.

LE SURDOUÉ DU SPORT

Le demi-sang hollandais est « le petit dernier » dans la grande famille des chevaux de sport européens. Son statut de chouchou est largement mérité car il connaît une incontestable réussite aussi bien en compétition que sur le plan commercial.

L'HISTOIRE DE LA RACE

C'est à partir de deux souches de demi-sang lourds qu'est né le K.W.P.N. Ces deux races anciennes sont le gerderland et le groningen. L'apport de sang est venu ensuite, du pur-sang anglais bien sûr, mais aussi de demi-sang normands et allemands. Le stud-book du K.W.P.N. a été ouvert en 1969. Il a reçu le patronage de la reine Béatrix en 1988. Son nom est Koninklijke vereniging Warmbloed Paarde stanboek Nederland (d'où les initiales K.W.P.N.), ce qui signifie : Livre généalogique royal hollandais des chevaux de sang chaud. Bien que très ouvert aux chevaux d'autres races qui réussissent en compétition, le stud-book du sang-chaud hollandais fait l'objet d'une sélection très rigoureuse.

DES ÉTALONS TRIÉS SUR LE VOLET

Tous les ans, en fin d'année, environ 650 mâles de deux ans et demi sont présentés pour devenir étalons de la race.

Toutes les races européennes reconnues sont admises. En janvier, une première sélection tenant compte du modèle, des allures et du saut en liberté en retiendra deux cents. Une nouvelle sélection est effectuée avant que les vétérinaires n'examinent les radiographies des candidats étalons – 18 clichés sont exigés. Ce chiffre permet de dire que les étalons K.W.P.N. sont les mieux contrôlés d'Europe. Sur les 650 postulants, seuls quinze à vingt seront élus. Il s'agit de la sélection la plus sévère en Europe.

Bob Langrish

LES GLOIRES DE LA RACE

• Milton, le champion gris que montait John Whitaker, n'est pas un pur K.W.P.N., mais son père Marius appartenait à cette race.

• Ratina Z, une extraordinaire jument qui a repris la compétition après avoir pouliné. Aux Jeux olympiques de Barcelone, elle était médaillée d'argent sous la selle du Hollandais Piet Raymaker. Deux ans plus tard, elle fut championne du monde avec l'Allemand Ludger Beerbaum.

• Félix, monté par le Hollandais Jos Lansink médaille de bronze aux Championnats d'Europe de 89.

• Les quatre K.W.P.N. de Ad Aarts, la grande star du monde de l'attelage. À Rome, aux Championnats du monde, le Hollandais a fini second.

Certains grands étalons K.W.P.N. sont pie – ici le splendide Pablo.

BRILLANT EN DRESSAGE

Ces étalons, triés sur le volet, engendrent tous les ans quelque 10 000 poulains de sport. Contrairement au selle français, par exemple, le K.W.P.N. a su se donner une image polyvalente. C'est en concours hippique qu'il brille le plus, mais il a aussi une excellente réputation comme cheval de dressage ou d'attelage.

JOYAU DES PAYS-BAS

Beau modèle, grande classe, réussite presque assurée, le hollandais sang-chaud fait battre le cœur des cavaliers... mais il met leur porte-monnaie à rude épreuve !

ORIGINE

Originaire des Pays-Bas, le K.W.P.N. reflète la modernité et le dynamisme de ce petit pays. Les Hollandais ont su combiner les dernières techniques en matière de génétique, d'élevage, de sélection et de marketing pour produire, en à peine plus de vingt ans, un des meilleurs chevaux de sport qui soient.

Graine de champion...

Type et tempérament

Le K.W.P.N. est le modèle du cheval de sport européen moderne. Son succès est incontestable aussi bien en concours hippique qu'en dressage ou en attelage. Cet athlète complet et polyvalent trouve en général acquéreur dans le monde de la haute compétition plutôt que dans celui du loisir – à cause de son prix bien sûr !

Modèle

Le K.W.P.N. est presque toujours d'un joli modèle, avec une tête bien proportionnée, agréable à l'œil. Avec son encolure déliée,son garrot saillant, son épaule et son bras long, ses membres nets, il est bâti comme un athlète. Sa croupe, puissante et bien proportionnée, est celle d'un sauteur. Ses aplombs sont impeccables et ses pieds solides.

Taille

C'est un grand cheval de sport qui mesure de 1,60 m à 1,70 m.

Robe

Les Hollandais ne semblent pas accorder beaucoup d'importance à la robe de leurs chevaux de sport. Les K.W.P.N. sont souvent alezans avec de grandes marques blanches, mais ils peuvent aussi être bais, gris ou noirs. Ou pourquoi pas pie, comme Voltaire, un des étalons vedettes de la race.

Caractère

Le hollandais sang-chaud ne pose presque jamais de problème de comportement. Docile, de caractère égal, peu émotif, il s'adapte facilement à toutes les situations. Ce qui, compte tenu de ses qualités physiques exceptionnelles, fait de lui une perle rare.

Les chevaux du Z

Certains chevaux hollandais portent des noms qui se terminent par Z. Cette lettre désigne le haras de Zangersheiden que dirige Léon Melchior, une des personnalités marquantes du monde du K.W.P.N. Cet élevage a eu l'idée géniale de croiser des juments allemandes avec quelques-uns des meilleurs étalons français, comme Almé. Le cocktail s'est révélé détonant et les chevaux à « Z » se distinguent bien souvent au plus haut niveau. On pense bien sûr à Ratina Z, la jument de Beerbaum, mais aussi à Nissan Calvaro Z, le bai de Jos Lansink.

Le trotteur d'Orlov

Le trotteur d'Orlov, probablement le cheval russe le plus célèbre et le mieux connu hors de son pays, appartient à une race fondée par un ancêtre unique. Rapide et élégant, il possède de grandes qualités d'«améliorateur».

UN CHEVAL EMBLÉMATIQUE

Plus qu'ailleurs peut-être, dans l'immense Russie, les chevaux de selle et de trait ont été de précieux auxiliaires. On a cherché très tôt à y bâtir de nouvelles races. L'orlov est l'une d'elles.

UN NOBLE FÉRU D'ÉLEVAGE

Le créateur de notre trotteur est le comte Alexis Grigorievitch Orlov (1737-1808). Cet homme de grand talent militaire connaissait la valeur d'une troupe bien montée. Il dédaignait quelque peu les chevaux de son pays, auxquels il ne trouvait guère d'autres mérites qu'une grande résistance aux variations climatiques. Dans son haras, près de Moscou, on élevait des juments et des étalons danois, hollandais, mecklembourgeois et arabes. En 1780, il parvint à faire venir de Turquie un très bel étalon arabe blanc, nommé Smetanka. Connaissant les capacités d'améliorateurs des chevaux orientaux, il s'empressa de croiser Smetanka avec certaines des juments qu'il possédait. Il cherchait ainsi à bâtir une nouvelle race, sans trop savoir encore s'il allait y parvenir ni, surtout, ce qu'elle allait être.

LE FONDATEUR DE LA RACE

En 1788, le comte Orlov transplanta son élevage de chevaux à Khrenov et en confia la gestion à l'un de ses intendants, Victor Shishkin, homme de cheval de grand mérite. Celui-ci constata que l'accouplement de Smetanka avec les juments danoises et hollandaises donnait d'excellents résultats. Mais la carrière de l'étalon blanc fut courte, puisqu'il n'engendra que cinq poulains. L'un d'eux, Polkan I, fut le père de Bars I, véritable fondateur de la race orlov. Ce cheval avait pour mère – il importe de le noter – une robuste jument hollandaise, au trot particulièrement vif, aisé et efficace. De nos jours, tous les orlovs de race pure ont du sang de Bars I. Et c'est, à n'en pas douter, en partie à la mère de celui-ci qu'ils doivent leurs aptitudes de trotteurs.

Kit Houghton

L'ORLOV AMÉLIORATEUR

Au début du XIXe siècle, les courses de trot jouissaient déjà d'une grande popularité en Russie. Il s'en disputait été comme hiver. Dès 1834, on commença à sélectionner l'orlov en fonction de ses performances. Cependant, à la fin du siècle, aucun des sujets de la race ne parvenait à damer le pion aux trotteurs américains. En conséquence, on entreprit de croiser l'orlov avec certains champions venus d'outre-Atlantique.

Sorrel

LE SAVIEZ-VOUS ?

On estime la population de trotteurs d'Orlov élevés en Russie et sur le territoire de l'ex-URSS à quelque trente mille têtes. Malgré la suprématie des trotteurs américain et russe, des sujets de la race disputent toujours certaines courses.

C'est ainsi que fut créée la race du trotteur russe, qui ne fut reconnue comme telle qu'en 1945.

Avant l'apparition des tracteurs et des camions, dès le XVIIIe siècle, les éleveurs russes avaient cherché à améliorer la production des chevaux de trait, dont la pénurie se faisait parfois cruellement sentir. Et, étonnamment, les croisements avec l'orlov se sont montrés particulièrement efficaces sur ce plan.

UN VRAI RUSSE

De nos jours, le trotteur d'Orlov est élevé en Russie dans trente-quatre haras d'Etat, parfois fort éloignés étant donné les dimensions du pays. Cela explique les quelques différences de conformation qui existent au sein la race.

ORIGINE

La race, ébauchée dans la région de Moscou, est aujourd'hui élevée dans tout le territoire de l'ex-URSS. Le trotteur d'Orlov s'adapte remarquablement bien aux grandes variations climatiques typiques de sa région d'origine.

Bon pour le moral

En Russie, la réputation de l'orlov ne tient pas seulement à ses qualités de trotteur et d'améliorateur. Ce cheval est véritablement l'emblème du pays. Peut-être parce que son image symbolise un « autrefois » où les orlovs trottaient aux brancards des troïkas en faisant joyeusement tinter leurs grelots.

Le trotteur d'Orlov s'adapte aussi bien à la selle qu'au harnais. Son tempérament généreux se révèle au mieux lorsqu'il est manié avec tact.

Bob Langrish

Bob Langrish

Type et tempérament

Les différentes influences qui ont participé à l'amélioration de la race se mêlent pour donner au cheval une conformation bien particulière, que l'on distingue aisément de celle des autres trotteurs.

Modèle

La conformation, légèrement variable d'une lignée à l'autre, est équilibrée. La tête, parfois un peu lourde, garde cependant la distinction transmise par le sang oriental. L'encolure est longue et relevée, en col de cygne. Le standard de la race exige une longueur de tronc de 1,65 m et un passage de sangle de 1,85 m. La queue, plantée haut sur une croupe peu arrondie, se relève dès que l'animal est en action. Les membres sont solides bien que relativement fins. Ils se déploient dans une action très libre.

Taille

1,65 m en moyenne.

Robe

La robe est généralement d'une couleur franche, la noire et la grise étant les plus fréquentes.

Caractère

Ce qui surprend chez l'orlov, c'est son entrain, son audace et son courage. En attelage, à trois de front pour tirer une troïka, il va bon train sans avoir à être poussé, quelle que soit la longueur de la course. Un amas de neige en hiver? Une fondrière en été ? Il se lance à travers l'obstacle, sans hésitation aucune. Cette ardeur au travail en fait un allié très apprécié en attelage. Au box, l'orlov se montre généralement doux, mais le tempérament peut varier d'une lignée à l'autre.

Sorrel

Le quarter horse

Résultat du croisement entre les chevaux des conquistadores et ceux qu'importèrent plus tard les colons anglais, le quarter horse est aujourd'hui le cheval le plus répandu au monde : son registre comporte près de quatre millions d'individus.

LE PREMIER CHEVAL AMÉRICAIN

Élevé à l'origine en Virginie, le quarter horse appartient à la plus ancienne race de chevaux américains. Contrairement au mustang, dont l'évolution s'est faite surtout naturellement, le quarter horse a été soigneusement sélectionné.

DE CORTÉS AUX TRIBUS INDIENNES

Les conquistadores débarquèrent sur le continent américain avec quelques montures mêlant les sangs espagnol, barbe et arabe. Ces chevaux constituèrent la souche de l'espèce équine en Amérique. Plusieurs de ces chevaux ou de leurs descendants finirent aux mains des Indiens, éleveurs de talent qui surent sélectionner des animaux rustiques. La tribu indienne des Chikasaws, dans l'est des États-Unis, possédait des troupeaux importants.

L'APPORT DE SANG ANGLAIS

Au début du XVIIe siècle, les colons anglais d'Amérique importèrent des chevaux de leur île. Il ne s'agissait pas encore de pur-sang, mais de poneys très rapides issus de croisements sélectifs. C'est du croisement entre le cheptel américain et ces chevaux anglais que naquit le quarter horse. Il fut d'abord élevé en Virginie et dans quelques autres États de l'Est.

UN CHEVAL POLYVALENT

Le quarter horse, fort et rapide, servait à de multiples tâches : il aidait aux travaux de la ferme et au transport des marchandises, servait de monture pour se déplacer ou rassembler le bétail, était, enfin, attelé à la carriole familiale le dimanche.

Kit Houghton

Rapide, puissant et équilibré, le quarter horse est capable de départs foudroyants et peut tourner dans un mouchoir de poche.

QUARTER MILER

Son nom lui vient des courses au «quart de mile» organisées dans différents États à l'instigation des colons anglais amoureux des courses. Les chevaux devaient parcourir un quart de mile (400 m) après un départ foudroyant. Avec son arrière-main musclée et massive, le quarter horse, appelé aussi quarter miler, y excellait.

Sorrel

GROS PLAN

Un cheval né d'un père et d'une mère tous deux enregistrés au stud-book de l'AQHA possédait jusqu'ici automatiquement la « nationalité » quarter horse – la conformation, pour les Américains, étant presque secondaire par rapport aux qualités mentales. Depuis peu, toutefois, un contrôle systématique de la filiation par l'ADN a été mis en place.

Kit Houghton

Le palomino connaît aujourd'hui un grand engouement en Europe. Cette robe est une «valeur ajoutée» chez un cheval déjà assez cher à l'achat.

Bob Langrish

Plus tard, lorsque des pur-sang furent importés aux États-Unis, les sprints sur de courtes distances furent peu à peu abandonnés au profit des longues pistes ovales copiées sur celles des hippodromes anglais.

Le coin du pro

Le stud-book est détenu par l'American Quarter Horse Association (AQHA), à Amarillo, au Texas. Seuls les papiers issus de cette association sont acceptés pour les concours, où que ce soit dans le monde.

LE QUARTER HORSE AUJOURD'HUI

Le quarter horse se répandit peu à peu vers les États de l'Ouest. Il excellait dans le travail du bétail et devint une star du rodéo traditionnel. Son équilibre, sa puissance et sa rapidité en ont fait l'une des montures les plus appréciées au monde. Son élevage est florissant.

DES LIGNÉES DIFFÉRENTES

Il existe douze lignées bien différentes de quarter horses. Chacune produit des chevaux doués pour une spécialité : plaisance, reining, etc., mais aussi course. À ne pas confondre, donc !

ORIGINE

D'abord élevé dans l'est des États-Unis, le quarter horse se répandit dans l'Ouest où il fit merveille dans le travail du bétail. Il est aujourd'hui élevé dans le monde entier. L'Australie possède le cheptel le plus important après l'Amérique.

Type et tempérament

Le quarter horse a une aptitude naturelle au travail, mais qui varie selon les lignées.

Modèle

Le quarter horse, compact et puissant, possède une musculature importante, avec une arrière-main massive. Il est bien planté sur quatre membres peu épais mais solides ; les pieds sont petits. Le tout lui confère beaucoup d'agilité et de rapidité.

Sa tête est particulièrement sympathique : petite, surmontée de deux oreilles fines et bien dessinées, avec des ganaches assez grosses, un chanfrein légèrement creux, un front large et un regard très doux. L'encolure fine et racée, implantée haut, sort presque horizontalement. Le poitrail est large. Le dos court et puissant est prolongé par une arrière-main impressionnante : la culotte descend bas sur les jarrets.

Taille

de 1,40 à 1,60 m.

Robe

Toutes les robes unies, sauf le blanc, sont admises.

Le blanc n'est autorisé qu'en petite quantité sur la robe. S'il est trop important, le cheval devra être inscrit chez les paints.

Caractère

Près du sang mais équilibré, sans nervosité, le quarter horse a beaucoup d'énergie. C'est un cheval calme, sûr, aimable et confortable. Rustique par ses origines, il doit vivre dans des conditions aussi naturelles que possible pour conserver un bon mental.

Sorrel

Le saviez-vous ?

La course la plus dotée au monde a lieu aux États-Unis. C'est le All American futurity, épreuve réservée aux quarter horses de trois ans et moins. Les courses de quarter horses, très populaires depuis quelques années, entraînent le développement d'une lignée très près du sang anglais, moins rustique, moins équilibrée et moins puissante, mais plus légère et plus adaptée aux courses d'hippodrome.

Le hunter

Qu'on approuve ou non la chasse à courre, il faut admettre qu'elle a produit au moins une bonne chose : le hunter ou cheval de chasse. Ce terme ne désigne pas une race déterminée, mais un type de cheval qui doit posséder certaines qualités.

UN CHASSEUR SURDOUÉ

Le hunter, de l'anglais «to hunt» (chasser), a d'abord été élevé en Grande-Bretagne et en Irlande.

POUR OU CONTRE, UN BON CHEVAL

C'est la chasse à courre qui a fait le hunter : il est né pour répondre aux attentes des amateurs de ce «sport» aussi âprement défendu par ses amateurs qu'il est décrié par les opposants à la chasse. Le cheval de chasse à courre doit, une ou deux fois par semaine, être capable de porter son cavalier sans peiner durant cinq à six heures d'affilée sur des terrains le plus souvent boueux, profonds, donc fatigants. Durant la chasse, il galope beaucoup et saute tous les obstacles naturels qui se présentent : haies, barrières, fossés, etc. Le hunter est donc forcément un animal robuste et hardi, assez rapide et bon sauteur.

À CHAQUE RÉGION SON HUNTER

Ces principes posés, le hunter varie selon les lieux et selon les traditions locales de la vènerie. Le hunter est conditionné par le type de paysage de sa région. Selon que le terrain est plus ou moins accidenté, plus ou moins boueux, qu'il présente beaucoup d'obstacles ou non, on a développé un cheval plus ou moins solide et plus ou moins rapide. Le type est, bien sûr, également lié aux races locales, qui, en général, ont servi de souche.

UNE LONGUE ADAPTATION

D'une manière générale, les chevaux de courre sont près du sang : ils ont ainsi la rapidité, la vivacité et le courage requis. Dans les régions peu accidentées, où pâturages et bois sont entrecoupés de haies, on donne la préférence aux grands modèles, bons galopeurs et bons sauteurs. C'est le cas, par exemple, dans le Shire, grande région de chasse à courre en Angleterre. Dans les régions plus vallonnées, on trouve souvent des modèles plus trapus.

UNE PART DE TRAIT

En Angleterre et en Irlande, on a beaucoup croisé les traits locaux avec les pur-sang pour obtenir des hunters à la fois vifs, résistants, courageux et compétents. Shire, trait irlandais, clydesdale, percheron anglais ont ainsi contribué à la création d'excellents chevaux de chasse à courre.

Bob Langrish

Bob Langrish

LE COIN DU PRO

Un cheval de compétition

Les qualités recherchées chez le hunter font de lui, dans bien des cas, un excellent cheval de compétition. Le complet est évidemment la discipline toute désignée pour ce sauteur. Les hunters irlandais, résultats d'un lointain croisement entre le pur-sang irlandais et le trait local, y ont remporté de multiples médailles.

Type et tempérament

Solide au physique comme au mental, le hunter est une monture sûre, forte, adaptée à l'extérieur.

Modèle

Bien que le modèle varie selon les types, on recherche toujours une conformation forte, équilibrée. La tête doit être belle et pleine d'intelligence. L'encolure, suffisamment longue pour permettre un geste libre à l'obstacle, est attachée à un garrot bien sorti et à des épaules robustes, correctement inclinées. La poitrine et le passage de sangle doivent témoigner d'une bonne capacité respiratoire. Le corps est compact, avec un dos pas trop long et des reins larges et forts. L'arrière-main est musclée, la cuisse et la jambe solides. Naturellement, les membres doivent être forts, avec des articulations grosses et bien faites, des tendons parfaitement nets.

Taille

La taille varie beaucoup selon les types : de 1,50 m à 1,80 m environ.

Robes

Les robes sont, elles aussi, très variables : bai, alezan et gris prédominent.

Caractère

Un bon hunter doit posséder de véritables dispositions pour la tâche qui l'attend. Il doit être intelligent, vif, capable d'initiative et, pourtant, docile et de bonne composition. On attend de lui ardeur et néanmoins calme, hardiesse et détermination, mais sans obstination. Bref, une perle rare, que beaucoup de cavaliers s'efforcent d'acquérir, même quand ils militent depuis longtemps contre la chasse à courre !

Kit Houghton

Une bonne classe de galop et une sérieuse endurance sont indispensables au cheval pour résister aux longues heures de chasse.

Le coin du pro

En France, où l'on chasse plutôt les cervidés et le sanglier, la vénerie a conservé un caractère beaucoup plus formel et plus lent que dans les îles Britanniques, où l'on préfère en général s'en prendre au renard. Elle est aussi vivement critiquée pour son caractère cruel des deux côtés de la Manche !

On a parfois aussi employé, en Grande-Bretagne, des races moins lourdes, comme le bai de Cleveland, à l'ossature solide, et bien souvent des poneys, qui ont transmis leur caractère vif et leur intelligence à plusieurs lignées de hunters.

BEAU ET FORT

Hardiesse, force et vivacité font des hunters des montures capables d'exceller aussi bien en équitation de loisir qu'en compétition.

ORIGINE

On élève des hunters dans tous les pays où l'on pratique la vénerie, dont les États-Unis, qui produisent de bons chevaux de courre. Mais leur véritable berceau reste sans conteste les îles Britanniques. L'humidité du climat, l'herbe grasse et le sol calcaire – lequel garantit la solidité du squelette – y créent les conditions nécessaires à l'obtention d'un bon cheval de courre.

Le saviez-vous ?

Les épreuves de hunters sont nées en Grande-Bretagne et aux États-Unis où les chasseurs se plaisaient à comparer leur style et leur élégance dans des épreuves d'obstacle. Elles sont peu à peu devenues des épreuves de concours hippique qui n'ont plus rien à voir avec la chasse, quoiqu'on continue de noter le style et l'élégance du cavalier et de sa monture. Elles rencontrent un succès croissant auprès des cavaliers de tous âges et de tous niveaux dans de nombreux pays, y compris la France.

Un bon hunter franchit sans hésiter les obstacles qu'il trouve sur son chemin.

Kit Houghton

La grande famille des ânes

*L'âne, longtemps animal familier de nos campagnes, a pratiquement disparu des pays d'Europe occidentale, où il n'est plus utilisé. Depuis peu, il conquiert pourtant un public d'amateurs qui s'efforcent de sauver les races – nombreuses – d'*Equus asinus.

UN TRAVAILLEUR SUREXPLOITÉ

Compagnon de toujours de l'homme au travail, l'âne, avec sa figure mélancolique, fait partie de notre histoire.

L'ÂNE SAUVAGE

Il existe deux groupes d'ânes sauvages : l'âne sauvage d'Afrique et l'âne sauvage d'Asie. L'âne sauvage de Nubie, *Equus africanus*, a aujourd'hui disparu.

L'âne sauvage d'Asie, *Equus hemionus*, qui porte aussi le nom d'onagre ou d'hémione, a davantage de caractéristiques communes avec le cheval que son cousin africain. On en trouve des sous-espèces en Mongolie, en Inde et en Orient. L'onagre de Perse, *Equus hemionus onager*, ne survit plus que dans des réserves zoologiques. Il existe sans doute encore quelques représentants sauvages de l'onagre de l'Inde dans le nord-ouest du pays. Le koulan de Mongolie, Equus hemionus hemionus, possède quelques traits distinctifs, notamment des membres très longs, des sabots très durs et évasés, des oreilles assez petites (pour un âne), et un cri plus semblable au hennissement qu'au braiment. C'est, surtout, un animal très rapide, capable de dépasser 60 km/h – et qui galope donc plus vite que le pur-sang.

Le kiang du Tibet, son cousin, lui ressemble, mais a développé des caractéristiques qui lui permettent de survivre en altitude.

Le saviez-vous ?

Il existe des ânes miniatures qui ont été obtenus en croisant des ânes de petite taille. Ils ne dépassent pas 80 cm au garrot. Leur modèle et leur robe peuvent varier considérablement. Comme les chevaux miniatures, ce sont des compagnons qui ne doivent pas être montés.

Lanceau/Cogis

L'âne de Provence, avec son pelage gris et sa croix de Saint-André très nette, incarne bien l'image populaire du cadichon.

Bob Langrish

L'ÂNE DOMESTIQUE

La domestication de l'âne est très ancienne: il était déjà couramment employé en Mésopotamie plus de 3 000 ans av. J.-C. – époque où on commençait à peine, en Eurasie, à domestiquer le cheval.

LE SAVIEZ-VOUS ?

L'âne a si bien habité notre quotidien et notre imaginaire qu'il est devenu plus d'une fois un personnage littéraire : ainsi en est-il, par exemple, dans *Les mémoires d'un âne* de la Comtesse de Ségur et *Voyage avec un âne dans les Cévennes* de Stevenson.

L'âne domestique s'est répandu, depuis l'Afrique du Nord, dans le monde entier – il est toutefois resté plus adapté aux climats chauds et arides et s'est peu développé dans les contrées du nord et les zones humides.

LE FORÇAT DE NOTRE HISTOIRE

L'âne, monté, attelé et sous le bât, a été employé à tous les travaux. Des lourdes ardoises des toitures aux cailloux des routes, des bidons de lait aux bottes de foin, des pastèques aux pommes à cidre, il a tout porté. Il a travaillé comme un forçat sous les climats les plus arides. Dans la plupart des campagnes, il était le cheval du pauvre, sa nature frugale permettant aux plus démunis d'entretenir cet utile compagnon pour quelques chardons ou un peu d'herbe volée au bord des chemins. Son pied sûr l'a souvent condamné aux laborieux transports dans les sentiers de montagnes. Aujourd'hui, oublié ou presque dans nos contrées, l'âne est encore exploité dans les pays non industrialisés.

Sorrel

L'onagre possède une robe plus beige que grise et dépourvue de bande cruciale.

TOUS LES ÂNES

Baudet du Poitou, âne d'Andalousie, âne de Provence ou âne blanc : il n'y a pas un âne, mais des ânes, qui n'ont parfois en commun que leurs grandes oreilles. Les haras nationaux français, à eux seuls, reconnaissent sept races d'ânes. Il en existe bien d'autres types dans le monde, chacun ayant ses caractéristiques propres.

Gros plan

Contrairement aux chevaux, les ânes ne possèdent pas de châtaigne sur les membres postérieurs, comme on le voit distinctement sur cet âne blanc, qu'on appelle aussi âne d'Égypte.

Sorrel

Sorrel

L'âne ou baudet du Poitou se distingue par ses longs poils pleins de bourre.

Modèle

Contrairement au cheval, l'âne est fait en descendant : sa croupe est plus haute que son garrot, qui est plat. Il ne possède que cinq vertèbres lombaires – au lieu de six pour le cheval.Ses membres sont fins et ses sabots plus petits et moins évasés que ceux du cheval. Mais les traits distinctifs que nous reconnaissons tous, ce sont, bien sûr, la queue « de vache », terminée par une touffe de crins, la crinière courte et dressée, les longues oreilles, enfin son braiment puissant, si différent du hennissement du cheval.

Taille

Elle est très variable selon les races. La moyenne est de 1,20 m, mais certains ânes nains, de Sicile et d'Inde par exemple, ne dépassent pas 60 cm. À l'inverse, le baudet du Poitou mesure souvent plus de 1,40 m et l'âne d'Andalousie 1,50 m.

Robe

On trouve des ânes gris, noirs, blancs, bruns ou roussâtres, et mêmes pie. Ils portent pour la plupart une raie de mulet et une bande cruciale sur les épaules.

Tempérament

Têtu comme un âne : voilà la réputation de Cadichon. Et il est vrai que l'âne peut se montrer assez entêté lorsqu'on abuse de ses forces – ce que l'homme ne s'est guère privé de faire durant des siècles. Mais son courage, sa nature incroyablement résistante et frugale, sa douceur, son intelligence et son charme ont conquis de nombreux amateurs, qui aujourd'hui élèvent cet animal pour le plaisir.

Le nonius et le furioso

Le nonius et le furioso sont deux produits typiques des haras hongrois – qui dominèrent le monde de l'élevage au XIXe siècle. Beaucoup de leurs descendants sont devenus des étalons prestigieux.

UNE TRADITION ANCIENNE

L'immense succès de l'élevage hongrois remonterait au XIe siècle, époque à laquelle des cavaliers venus des steppes de l'Asie s'installèrent dans le bassin du Danube.

UN CHEVAL DE BATAILLE

Les petits chevaux rustiques de ces guerriers des steppes, rapides et endurants, donnèrent naissance à plusieurs générations de montures robustes, appréciées, pour la cavalerie, dans toutes les contrées environnantes. L'influence des chevaux arabes, sensible dès le XVIe siècle, permit d'affiner les différents types existants.

UN ÉLEVAGE PROSPÈRE

Au XVIIIe siècle, l'empereur Joseph II, qui régnait sur un vaste empire comprenant l'actuelle Hongrie, fonda les deux grands haras de Mezöhegyes et Babolna. Par la suite, l'élevage y fut toujours encouragé : à la fin du XIXe siècle, la Hongrie n'abritait pas moins de deux millions de chevaux, et certains de ses haras étaient considérés comme les meilleurs du monde.Le haras de Mezöhegyes hébergeait à lui seul 12 000 chevaux. C'est là que furent produits le nonius et le furioso.

LE NONIUS

L'étalon fondateur de la race, Nonius Senior, fut capturé par les Hongrois lors de la bataille de Leipzig, en 1813 – grande défaite napoléonienne. Cet étalon d'origine normande, fils d'un demi-sang anglais et d'une jument normande, n'avait rien d'un modèle extraordinaire. Selon les descriptions qui nous sont parvenues, il possédait une tête lourde – que l'on retrouve dans sa descendance –, de grandes oreilles et des yeux plutôt petits, une encolure courte, un dos long et un rein un peu étroit.

Kit Houghton

Le Nonius

Type et tempérament

Équilibré, solide, polyvalent, le nonius est un cheval apprécié à l'attelage et sous la selle.

Modèle

Le nonius s'est beaucoup affiné depuis la création de la race, mais la solidité reste son trait distinctif. La tête est encore souvent un peu lourde, avec un profil parfois busqué. L'encolure est plutôt courte, portée haut. Le dos et les reins sont désormais bien conformés et l'arrière-main puissante. Les membres sont relativement courts, forts, avec de belles articulations et des pieds durs.

Taille

De 1,60 m à 1,68 m.

Robe

Le bai et le bai-brun dominent.

Caractère

Le nonius possède un tempérament débonnaire. Toujours de bonne humeur et de bonne volonté, c'est un cheval sûr et agréable à travailler.

Kit Houghton

Mais il engendra une progéniture très nombreuse, qui semblait hériter de ses qualités tout en présentant une conformation plus agréable à l'œil.

LA CRÉATION DE LA RACE

Cet étalon vigoureux et prolifique fut croisé avec des juments arabes, espagnoles, lipizzanes, normandes, anglaises. Parmi ses descendants mâles, une quinzaine d'étalons se distinguèrent, dont Nonius IX (que l'on prend souvent pour le fondateur de la race). De nombreux croisements avec des pur-sang modifièrent encore la conformation. Peu à peu, deux types assez différents se dessinèrent. Le premier est un cheval assez grand et solide destiné à l'attelage et aux travaux agricoles légers. Puissant, actif, sain, il est doté d'un caractère docile et aimable. Les juments nonius, croisées avec des pur-sang, donnent d'excellents chevaux de selle.

Le second type, plus petit et plus fortement marqué par l'influence arabe, donne un cheval très polyvalent, aussi performant sous la selle qu'à l'attelage.

LE FURIOSO

Le furioso, ou furioso-north star, est souvent confondu avec le prestigieux pur-sang qui donna son nom à la race – et d'innombrables étalons aux haras d'Europe.

UN CROISEMENT RÉUSSI

Le furioso est né du croisement de juments nonius avec des pur-sang anglais. Deux grands champions de la race, Furioso et North Star, arrivèrent au haras de Mezöhegyes en 1841 et 1844. Furioso est une origine très illustre – il engendra 95 étalons qui firent eux-mêmes une brillante carrière dans différents haras et différents pays.

North Star comptait lui-même parmi ses ancêtres des norfolk roadsters, et plusieurs de ses descendants réussirent brillamment en trot attelé. Au départ très distinctes, les deux lignées finirent par se mêler, l'origine Furioso restant dominante.

LE FURIOSO AUJOURD'HUI

Le furioso actuel est un cheval près du sang, qui possède de nombreuses caractéristiques du pur-sang tout en conservant une solidité et une robustesse que ses congénères anglais n'ont pas forcément. Intelligent, rapide, de tempérament équilibré, il est excellent en compétition.

Le Furioso

Type et tempérament

Le furioso est un cheval de grande classe, rapide et vif, comme le pur-sang, mais plus stable que ce dernier.

Modèle

La tête expressive au chanfrein rectiligne est attachée à une encolure bien faite et bien plantée. Le garrot sorti et l'épaule oblique indiquent les actions remarquables de l'animal. Le dos est bien fait, parfois un peu long, le rein et l'arrière-main dégagent une impression de force. Les membres sont fins mais solides.

Taille

La moyenne se situe autour de 1,65 m.

Robe

Le bai et l'alezan dominent.

Caractère

Contrairement à ce que laisse entendre son nom, le furioso est en général un animal calme, aimable et équilibré, d'une grande intelligence.

Kit Houghton

Le nonius est un excellent cheval d'attelage.

Kit Houghton

Nonius et furioso, croisés avec des pur-sang, ont permis de créer le demi-sang hongrois, une belle réussite.

Kit Houghton

Le don

Ce cheval russe était la monture des célèbres cosaques. Les éleveurs sont conscients des imperfections de sa conformation, mais continuent de l'élever parce que cette race a fait ses preuves en matière de bravoure, de force et de rusticité.

LES CHEVAUX DU FLEUVE

Longtemps monture des cosaques, le don tient son nom du fleuve au bord duquel il vit depuis des temps immémoriaux.

CHEVAUX SAUVAGES POUR GUERRIERS NOMADES

Les communautés de cosaques se formèrent au nord de la mer Noire, vers l'an mille. Mais ce n'est qu'au XIVe siècle qu'elles constituèrent un véritable « peuple à cheval ». Ces cavaliers légendaires se remontaient en capturant des chevaux sauvages au sein des troupeaux de la steppe. Bien qu'il soit difficile de retracer précisément l'origine de ces troupeaux, on suppose qu'ils se sont constitués, au moins en partie, grâce aux ancêtres des chevaux mongols, échappés aux hordes de Gengis Khan.

LA RUDESSE QUI DONNE LA FORCE

Le don est d'une extrême rusticité, d'une robustesse, d'une endurance et d'une frugalité remarquables. Ces caractéristiques s'expliquent par la rudesse des conditions de vie dans les steppes d'où il est originaire et où il passe généralement, encore de nos jours, toute l'année en liberté. Au printemps et en été, il se gave d'herbe dure et riche ; il emmagasine vitamines et minéraux et se constitue une réserve de graisse. Lorsque l'hiver arrive, ce « lard » lui offre assez de ressources pour affronter les froids redoutables de ces contrées où la température descend jusqu'à – 40 °C.

Kit Houghton

Bob Langrish

La nuque un peu courte n'est pas propice à la flexion, donc au ramener.

Kit Houghton

Bon à savoir

Les allures du don sont souvent qualifiées d'étriquées et d'inélégantes, mais elles sont très économiques et font de lui un bon cheval d'extérieur et d'endurance.

Type et tempérament

Épaule trop droite, membres trop longs, paturons trop raides, articulations insuffisamment épaisses ou, encore, jarrets coudés ou vilains aplombs : le modèle du don est souvent imparfait. Évidemment, tout cela lui donne des allures qui ne sont pas toujours très souples, élégantes ou confortables. Et pourtant! Même si on peut trouver à redire sur sa conformation, il demeure un extraordinaire coureur de fond. Pour en juger, il suffit d'assister à l'arrivée du plus dur test auquel on le soumet, qui consiste à lui faire couvrir en moins de vingt-quatre heures... 275 km !

Modèle

La tête, surmontée de deux petites oreilles, avec un profil rectiligne, est expressive et assez gracieuse. L'encolure de longueur moyenne est attachée assez haut sur un garrot parfois noyé. L'épaule est souvent droite. La poitrine est ample (le tour de sangle doit mesurer au moins 1,90 m), le dos droit et la croupe généralement un peu plate. Les membres sont longs, droits et durs, mais les articulations ne sont pas toujours assez épaisses et les défauts d'aplomb sont fréquents, ce qui explique des allures un peu courtes et inélégantes, mais économiques.

Taille

De 1,60 à 1,68 m au garrot.

Robe

L'alezan, le bai et le bai brun dominent, souvent avec des reflets dorés qui rappellent la robe louvette des ancêtres de la race. On trouve aussi des gris ou des café au lait. Queue et crinière sont courtes et peu fournies.

Caractère

Bien qu'il soit généralement élevé en liberté, le don s'attache facilement à l'homme. Ses yeux brillants d'intelligence sont dépourvus de malice : c'est un cheval d'une grande docilité, toujours prêt à coopérer, gentil et doté de sang-froid.

Bob Langrish

Quelle que soit l'épaisseur de la neige, le don parvient toujours à la gratter et à atteindre le sol et l'herbe rase, qui lui permet de subsister jusqu'au printemps suivant.

CROISEMENTS ET RECROISEMENTS

Au XVIIIe siècle, on se préoccupa d'améliorer la race, de lui donner de la taille et de l'ampleur. Pour y parvenir, on lâcha dans les steppes du Don des étalons turkmènes et karabakhs. Mais les résultats ne furent guère satisfaisants, si l'on s'en tient au jugement des hussards de Napoléon qui voyaient en ces rustiques montures de « petits chevaux hirsutes ». Aussi, dès le début du XIXe siècle, on apporta au don du sang orlov et arabe, puis pur-sang. Les croisements ne cessèrent vraiment que vers 1900, époque à laquelle la race sembla assez bien fixée. Le don, qui a conservé une vigueur peu commune, est aujourd'hui un bon cheval de selle.

MALGRÉ LES APPARENCES

Le don ne surprend ni par sa beauté ni par la perfection de son modèle. Mais ses qualités n'en sont pas moins réelles.

ORIGINES

Le don a longtemps vécu libre, au bord du fleuve dont il porte le nom, l'homme prélevant sur les troupeaux les sujets dont il avait besoin. Aujourd'hui, ce cheval est toujours élevé de la même manière, mais sur des territoires moins étendus.

Le don et la retraite de Russie

Lors de l'effroyable retraite de Russie, en 1812, les cosaques ont été des « guêpes sur les flancs de la Grande Armée », harcelant sans relâche et avec beaucoup d'efficacité les soldats de Napoléon. Les hussards estimaient que l'ennemi montait de « vilains petits chevaux inélégants, secs et hirsutes ». Mais, s'ils ne payaient pas de mine, les chevaux du Don ignoraient le froid et multipliaient les charges, tout en se contentant de très maigres rations. Quant aux montures des Français, elles mouraient de fatigue et de faim par dizaines de milliers...

Bob Langrish

L'épaule courte et peu inclinée ne permet pas un bon geste à l'obstacle. En revanche, le don possède un «cœur» à toute épreuve.

Le westphalien

Seuls les spécialistes parviennent à distinguer le westphalien du hanovrien. Peut-être est-il un peu plus charpenté… En tout cas, comme lui, c'est un cheval destiné au sport de haut niveau.

STAR DU DRESSAGE ET CHAMPION D'OBSTACLE

Ce cheval de sport remarquable est issu d'une grande région d'élevage allemande.

UN POINT DE VUE DIFFÉRENT

En Allemagne, les chevaux de sang sont classés en fonction de la région où ils sont nés et non en fonction de leurs origines paternelles ou maternelles. C'est évidemment inhabituel pour les Français qui ont toujours un peu de mal à comprendre comment un cheval cent pour cent holstein, né en Bavière, peut être rangé dans les chevaux bavarois à sang chaud alors qu'il ne ressemble pas du tout aux chevaux bavarois.

DES CHEVAUX DIVERS

Ce préambule permet d'expliquer pourquoi sont westphaliens tous les chevaux nés dans cette grande région d'élevage qu'est la Westphalie. Les armes de ce pays verdoyant comportent d'ailleurs un cheval bondissant. Le grand haras de la région est situé à Warendorf, près de Munster. Il fut fondé en 1826. On y trouve des reproducteurs pur-sang, hanovriens et westphaliens. Voilà pourquoi on rencontre aujourd'hui sous l'appellation « westphaliens » des chevaux assez différents.

Sorrel

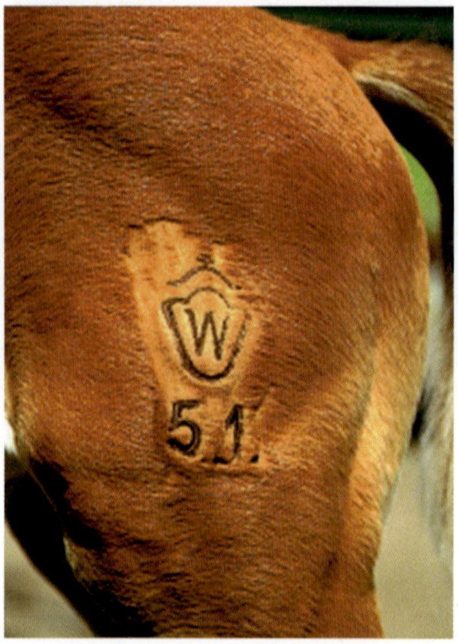

Sorrel

Gros plan

Tous les chevaux de selle allemands portent une marque au fer qui atteste leur origine. Un westphalien élevé en Allemagne porte cette marque.

À L'ORIGINE

Comme c'est le cas dans la plupart des régions d'Europe occidentale, les éleveurs locaux ont d'abord cherché à produire des chevaux lourds, destinés aux travaux des champs et à l'attelage. On trouve dans les origines lointaines des westphaliens du sang norfolk, hackney, anglo-normand. Les divers mélanges donnèrent un type mi-lourd, produisant des carrossiers puissants mais vifs et rapides. À la fin du XIXe siècle, les éleveurs croisèrent leurs chevaux avec des oldenbourgs, qui, quoique solides et fortement charpentés, ont un bon influx nerveux.

UN SPORTIF HORS PAIR

Le stud-book du westphalien fut ouvert en 1904. Vers 1920, les éleveurs changèrent leur fusil d'épaule et introduisirent massivement du sang hanovrien dans leurs élevages. Ce cocktail fut complété par une touche de sang anglais au lendemain de la Seconde Guerre mondiale. Sous l'effet d'une sélection rigoureuse, le westphalien se métamorphosa peu à peu en un grand sportif, spécialiste du saut d'obstacle et du dressage. Il est aujourd'hui l'un des chevaux les plus recherchés dans le domaine de la compétition – et l'un des moins abordables.

UN CHEVAL PLEIN D'ALLURES...

De son passé de cheval d'attelage, le westphalien a gardé des allures relevées et actives qui lui valent un grand succès en dressage.

ORIGINE

Comme son nom l'indique, le westphalien vient de Westphalie, région d'Allemagne aux riches pâturages, très réputée pour son élevage. La race a été sélectionnée au haras de Warendorf, l'un des plus fameux du pays.

Type et tempérament

Bien que le type soit désormais bien fixé, on trouve des westphaliens plus ou moins légers. Ils excellent en dressage et réussissent bien en concours hippique. La race est également très utilisée en croisement dans de nombreux stud-books européens, qui espèrent retenir les qualités de ce sportif d'élite.

Modèle

La tête est séduisante avec un front large et bien rectiligne, une expression intelligente et calme, des oreilles mobiles. Son allure générale est athlétique, déliée et bien charpentée. Son épaule est longue et oblique, sa croupe est un peu plus plate que celle de son cousin hanovrien ; le dos, soutenu, est de longueur moyenne. Les membres, remarquablement sains, ont des canons courts, des avant-bras longs et des articulations larges et solides. Les pieds sont durs et bien conformés.

Taille

Avec 1,60 à 1,68 m, le westphalien est plutôt un grand cheval de selle.

Robe

Le plus souvent alezan ou bai, le westphalien peut aussi être noir ou gris.

Caractère

Comme toutes les races allemandes, le westphalien a été sélectionné autant sur son mental que sur ses performances et son modèle. C'est un cheval intelligent et calme, facile à discipliner – c'est d'ailleurs sa limite, car un cavalier maladroit et un travail trop contraignant risquent d'éteindre son tempérament. Courageux, en avant mais plein de sang-froid, le westphalien est un sportif à la force tranquille.

Sorrel

Le saviez-vous ?

La liste des grands champions issus de Westphalie est impressionnante. En dressage, citons Rembrandt (le double champion olympique sous la selle de Nicole Uphoff), Ganimedes (monté par Monica Theodorescu) et Alherich (champion olympique en 1984 avec le défunt Reiner Klimke). En saut d'obstacle, citons Priamos monté par D. Hafemeister, Showtime monté par l'Anglais Nick Skelton, Pamina, la grande jument d'Otto Becker ou Corso, le gris du Suisse Willy Melliger.

Bob Langrish

La beauté et la puissance d'un westphalien en action.

Bob Langrish

Aquamarin, le cheval de Christine Stuckelberger, est l'un des westphaliens qui s'illustrent en dressage.

Rhénan et wurtemberg

En Allemagne, chaque région ou land a son stud-book. Il y a donc une race par province. La Rhénanie et le Wurtemberg produisent d'excellents chevaux de sport.

DE BONS CHEVAUX DE SELLE

Le rhénan et le wurtemberg sont deux bons chevaux de selle polyvalents, produits par deux régions d'élevage renommées.

LE RHÉNAN

Mille cinq cents poulains environ naissent tous les ans en Rhénanie. Les responsables du stud-book de la race travaillent en commun avec ceux du westphalien. Les étalons des deux races sont sélectionnés au cours d'épreuves communes. La race est assez ouverte puisque des étalons selles français et bavarois sont admis à produire du rhénan. La reproduction se fait essentiellement par insémination artificielle.

D'ABORD LE TRAIT

Cheval d'agriculture, le rhénan primitif était un animal à sang froid, un trait lourd. Son plus proche parent était le brabançon belge.

À partir de cette vieille souche, les éleveurs de Rhénanie ont créé un cheval de sport moderne. Des produits de Westphalie et du Hanovre, des trakehners, des hanovriens et des pur-sang servirent à composer un cocktail novateur. Le résultat est un cheval de selle qui ne présente pas de caractéristiques particulières, mais dont les qualités générales sont appréciables. La région a également conservé quelques chevaux de trait lourds, dont le modèle évoque beaucoup celui du brabançon, son cousin.

Sorrel

LE WURTEMBERG

C'est le haras de Marbach qui gère le stud-book des wurtembergs. Fondé en 1973, cet établissement est aujourd'hui l'un des plus grands centres d'élevage européens.

DE NOMBREUX CROISEMENTS

L'ancêtre du wurtemberg est lui aussi un cheval de trait, plus léger toutefois que le rhénan primitif. Son type se rapproche davantage de celui du cob.

Sorrel

LE COIN DU PRO

Le wurtemberg, comme d'ailleurs son cousin le rhénan, réussit bien en dressage. Il lui faut toutefois un cavalier fin qui sache respecter son tempérament et lui faire franchir les différentes étapes de son entraînement sans éteindre sa belle énergie. Les meilleurs sujets de ces deux races se retrouvent aussi en CSO au niveau international.

Type et tempérament

Le rhénan et le wurtemberg sont deux bons chevaux de selle aptes aux sports équestres. Ils permettent aux jeunes cavaliers de faire leur apprentissage avec une monture équilibrée et docile, qui pourra les accompagner dans leurs débuts en compétition, parfois jusqu'au niveau international. Ils ne possèdent toutefois pas l'excellence du hanovrien ou du holstein qui leur permettrait de se distinguer systématiquement à haut niveau.

Modèle

La tête est agréable, parfois un peu lourde, avec une expression aimable et tranquille. L'allure générale est athlétique, mais plus souvent trapue qu'élégante. L'encolure, plutôt courte et massive, est bien plantée dans des épaules fortes, qui manquent parfois de longueur. Le dos, de longueur moyenne, s'achève par une arrière-main musclée et bien dessinée. Les membres sont bien faits, avec des canons courts et épais, des articulations solides, des jarrets bas qui assurent une bonne propulsion. Le rhénan comme le wurtemberg jouissent d'une action énergique.

Taille

Avec une hauteur moyenne au garrot de 1,68 m, le rhénan fait partie des grands chevaux. Le wurtemberg est un peu plus petit – 1,63 m en moyenne.

Sorrel

Robe

Les rhénans sont le plus souvent alezans, parfois aubères. Mais on trouve aussi des noirs et des bais. Chez les wurtembergs, c'est le bai qui domine.

Caractère

Résultat de la sélection allemande, qui tient compte depuis des décennies du mental des chevaux, rhénan et wurtemberg jouissent tous deux d'un tempérament agréable et accommodant. Calmes et néanmoins énergiques et courageux, ils s'épanouissent d'autant mieux que l'on sait développer et mettre en valeur leur intelligence. S'ils sont «mécanisés» par un travail trop routinier, ils perdent tout brillant.

Sorrel

Le saviez-vous ?

Les éleveurs du wurtemberg et du rhénan travaillent en relation et cherchent à maintenir les caractéristiques des deux races – calme, force, équilibre. En conséquence, les deux chevaux se ressemblent beaucoup. Ici, en liberté, des wurtembergs – juments et jeunes.

Des croisements ont été entrepris dès le XVIe siècle. Le sang de chevaux arabes, hongrois, turcs, anglais (suffolks) et même caucasiens contribua à améliorer la race. Au XVIIe siècle, des juments barbes et arabes, ainsi que des étalons frisons, firent leur apparition dans le stud-book de la race. À la fin du XIXe siècle, on introduisit du sang français et prussien (trakehner). Faust, un demi-sang anglo-normand, est un étalon qui a beaucoup compté dans l'histoire de la race.

UN SPORTIF POLYVALENT

Le type moderne a évolué vers un cheval de selle plutôt sportif. Il ne date que de la seconde moitié du siècle. Des reproducteurs trakehners, westphaliens et hanovriens furent utilisés pour améliorer la race.

L'étalon le plus marquant du stud-book fut incontestablement le trakehner Julmond, qui arriva à Marbach en 1960. Le résultat est un cheval polyvalent et agréable, chez qui l'influence arabe reste encore perceptible.

DES MODÈLES TRÈS PROCHES

Le rhénan et le wurtemberg ont des modèles très proches, sinon similaires. Sans prétention, mais dotés d'un physique et d'un tempérament agréables, ce sont d'excellents chevaux de loisir.

Le rhénan présente en général une belle robe alezane. Les marques blanches, parfois importantes, sont très fréquentes.

Sorrel

Le paso péruvien

Selon le Paso Club international, le paso péruvien est un cheval « endurant et généreux, aux membres solides, possédant le paso llano, fin sous la selle, de caractère amical, rayonnant de noblesse et de brio, qui peut être élevé de façon rustique. Bref, une monture idéale pour le loisir. » Découvrez ce cheval encore rare en Europe.

LE FRUIT D'UNE LONGUE SÉLECTION

De ses lointains ancêtres espagnols, le paso a conservé la noblesse et la résistance. Symbole d'un certain statut social en Amérique latine, il est le fruit d'un élevage exigeant.

L'INVASION ESPAGNOLE

Le paso descend directement des chevaux espagnols qui furent importés sur le continent américain au XVIe siècle. La toute première introduction de chevaux espagnols est due à Pedro de Mendoza, qui en fit venir une centaine en Argentine, à Rio de la Plata, en 1534. Cinq ans plus tard, lors d'un sac, de nombreux chevaux s'échappèrent, constituant une souche sauvage qui se reproduisit fort bien.

Au Pérou, c'est Francisco Pizarro qui importa, en 1531-1532, de nombreux animaux qui sont les ancêtres directs des pasos péruviens.

TROIS SIÈCLES D'ÉLEVAGE

Le paso péruvien et son cousin le paso fino, élevés à Porto Rico, sont le résultat d'un élevage hautement sélectif. Les nobles espagnols qui colonisèrent les premiers l'Amérique du Sud emmenèrent avec eux des animaux de grande qualité. À partir de cette souche – probablement un croisement d'andalou et de barbe – les propriétaires des nouvelles terres s'efforcèrent de sélectionner un cheval de selle et de travail noble et résistant, aux allures brillantes mais confortables et d'un tempérament fringant mais docile.

LE PASO AUJOURD'HUI

Le paso est encore aujourd'hui un cheval de travail, employé sur les terres immenses des haciendas. Mais le mot travail ne doit pas tromper : le paso est un cheval noble,

Kit Houghton

Allure amblée, le paso est remarquablement confortable et le cavalier ne ressent aucune secousse : lors des épreuves de présentation de la race, les cavaliers démontrent ce confort en portant un verre plein de liquide dont pas une goutte ne sera versée!

Bob Langrish

LE SAVIEZ-VOUS ?

Le paso péruvien et le paso fino font partie des *caballos de paso*, qui groupent toutes les races d'Amérique latine – du Pérou, de Colombie, de Porto Rico, de la République dominicaine et de Cuba. Cette appellation renvoie à l'allure particulière que ces chevaux possèdent de naissance, un amble rompu à quatre temps appelé paso. Cette allure latérale naturelle se caractérise par une action ample, arrondie et énergique des antérieurs accompagnée par un mouvement puissant des postérieurs. La croupe du cheval est basse, le dos droit et raide ; les pasos peuvent parcourir, à cette allure, de grandes distances sans se fatiguer.

de prix élevé. Les meilleurs chevaux font l'objet d'enchères passionnées, en Amérique du Sud, lors des présentations de modèles et allures. Ses allures remarquables en font un cheval unique, très maniable et exceptionnellement confortable. Très présent dans les pays d'Amérique du Sud qui l'élèvent, il est rare en Europe.

DES ALLURES UNIQUES

Ce cheval de belle apparence est connu pour ses allures amblées particulières – qui

Le saviez-vous ?

Le paso péruvien possède des poumons et un cœur très développés qui lui confèrent une endurance exceptionnelle.

Kit Houghton

La selle anglaise ne convient pas aux épaules larges du paso. La selle western est trop longue pour son dos court : le mieux est de lui offrir une selle péruvienne !

Sorrel

Les Suisses et les Allemands ont été les premiers à assurer l'élevage du paso péruvien en Europe. Ces deux nations s'efforcent de faire connaître le charme et les qualités de cet excellent cheval de loisir.

ne doivent pas faire oublier ses nombreuses qualités physiques et mentales.

ORIGINE

Elevé à l'origine au Pérou, le paso est présent également, désormais en Colombie ; son élevage se répand peu à peu sur tous les continents.

Gros plan

Paso llano et sobreandando

Le paso llano est un pas amblé énergique et rapide où les antérieurs se relèvent fortement. Le poser du postérieur précède légèrement celui de l'antérieur du même latéral. L'allure se décompose ainsi : postérieur droit, antérieur droit, postérieur gauche, antérieur gauche. Le sobreandando est plus proche de l'amble et plus rapide.

Le coin du pro

Les éleveurs du paso péruvien cherchent à sélectionner les sujets possédant le termino (touche finale), mouvement balancé des antérieurs vers l'extérieur, élégant et puissant, qui part de l'épaule.

Bob Langrish

Les pasos ne sont débourrés que vers quatre ans, selon la méthode traditionnelle, d'abord avec un bosal, qui épargne la bouche du jeune cheval, puis avec un mors de bride aux rênes très lourdes, qui transmettent lentement la pression sur le mors.

Type et tempérament

Le modèle du paso péruvien trahit ses origines espagnoles. Puissant, arrondi et néanmoins élégant avec ses membres fins et secs, il est doté d'une musculature très développée.

Modèle

La tête est élégante et expressive, avec un front large, un chanfrein droit ou convexe, des oreilles petites et écartées, des naseaux fins et ouverts. Elle est portée haut sur une encolure ronde, courte et forte, qui se dégage d'une belle épaule oblique, avec un bras particulièrement long qui permet aux antérieurs une action ample. Le poitrail est large et musclé. Le dos est court et le rein large, la croupe avalée. La queue est plantée bas et portée tombante. Les membres sont solides, secs, fins avec des jointures longues qui contribuent à la souplesse des déplacements. Les pieds arrondis sont très durs.

Taille

1,47 m à 1,55 m.

Robe

Toutes les robes sont admises, sauf le pie et l'albinos.

Tempérament

Le paso péruvien possède le tempérament dont rêvent tous les cavaliers : fringant mais d'une grande douceur, il brûle d'un feu intérieur mais reste très docile. Il est gentil et discipliné en main et révèle son ardeur et sa générosité sous la selle. Maniable, agile, infatigable, c'est un cheval fin et

Kit Houghton

Le poney de polo

Le poney de polo n'a de poney que le nom puisqu'il s'agit désormais d'un cheval qui peut toiser 1,60 m. Cette monture agile, rapide et intelligente, est un véritable partenaire pour le joueur.

DU PONEY AU CHEVAL

Le polo est un des jeux les plus anciens puisque l'on peut faire remonter son origine au Xᵉ siècle av. J.-C. en Perse. Il fut ensuite importé en Inde. C'est là que les officiers de cavalerie britanniques, venus en colonisateurs, au XIXᵉ siècle, découvrirent ce sport.

À l'époque, le polo se pratiquait sur des poneys manipur, fins et rapides, dont la hauteur au garrot n'excédait pas 1,30 m. En moins d'un siècle, leur taille moyenne atteignait déjà 1,40 m. En 1899, les Anglais instituèrent une règle qui limitait leur taille à 1,47 m, mais cette loi fut abolie en 1916. De nos jours, le « poney » de polo mesure entre 1,52 m et 1,60 m.

LE NOUVEAU MONDE

Dès 1869, le polo fut rapidement importé dans les îles Britanniques. Les Anglais y employèrent d'abord leurs meilleurs poneys – dartmoor, new-forest, connemara – et de petits pur-sang. Le jeu fut bientôt adopté également par les Américains (en 1878), qui s'efforcèrent aussitôt de créer un poney spécifiquement adapté à partir de races sud-américaines et, notamment, argentines.

Bob Langrish

Le coin du pro

Les Argentins, qui jouissent d'un espace presque infini, parviennent à produire des poneys de polo à un coût très inférieur à celui des chevaux américains ou européens. Ici, des poneys à l'herbage dans la Pampa.

Kit Houghton

LE PONEY ARGENTIN

Les Britanniques s'étaient bien efforcés, en limitant la taille à 1,47 m, de conserver le monopole de la production des poneys de polo. Mais les Américains, après avoir obtenu en 1916 que cette limite soit levée, purent importer à peu de frais les rapides poneys argentins, qui rencontrèrent chez les amateurs de polo un succès croissant.

LE SAVIEZ-VOUS ?

Partout dans le monde

Les traditions du polo diffèrent légèrement d'un continent à l'autre. Dans le Manipur, on joue toujours avec des poneys de type mongol. Dans l'Hindu-Kush et au-delà, on utilise une monture très marquée par le sang turkmène. En Afrique, la préférence va aux poneys basutos et, dans les États du golfe Persique, aux chevaux arabes.

Leur coût étant beaucoup moins élevé que celui des excellents poneys pur-sang britanniques, ils ne tardèrent pas à s'imposer dans le monde du polo occidental.

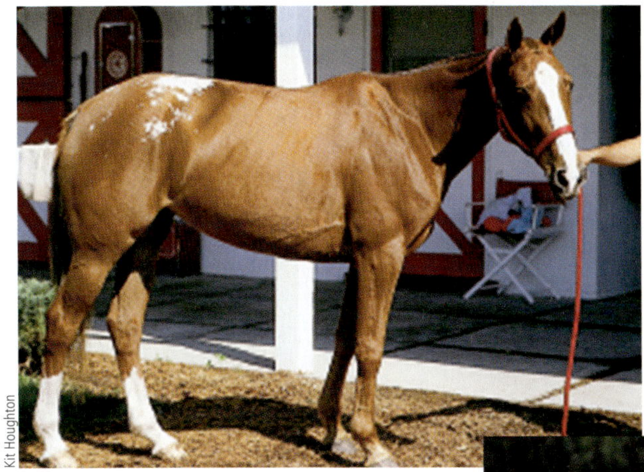

Kit Houghton

Chez ce poney argentin, l'origine criollo est sensible, comme en témoignent ses marques blanches caractéristiques.

LA PLACE DE L'ARGENTINE

Le polo fut introduit en Argentine en 1877 par les Britanniques, où il rencontra un tel accueil que ce pays se hissa peu à peu à la première place dans la hiérarchie de ce sport. La culture argentine du cheval – les gauchos comptent parmi les meilleurs cavaliers du monde – n'est pas étrangère à ce développement spectaculaire. Les Argentins s'empressèrent de croiser des pur-sang avec leurs vigoureux criollos. Ils finirent par obtenir un poney de polo rapide et nerveux, parfaitement adapté aux exigences du jeu.

UN TYPE PLUTÔT QU'UNE RACE

Bien que leurs caractéristiques soient très précisément définies, les poneys de polo ne constituent pas vraiment une race.

ORIGINE

Malgré l'origine du jeu – qui débuta avec les poneys manipur d'Inde –, on peut considérer que le poney de polo caractéristique est argentin. Toutefois, d'autres races réussissent très bien dans ce sport, comme le poney pur-sang en Grande-Bretagne ou le poney de Delhi en Inde.

Bob Langrish

Type et tempérament

Issu de l'une des races les plus robustes et les plus saines du monde – le criollo –, le poney de polo argentin est élancé mais doté d'une arrière-main puissante et de jarrets vigoureux, qui lui permettent des démarrages foudroyants, des arrêts «sur les jarrets» et des demi-tours brusques.

Le poney de polo ressemble beaucoup au pur-sang : tête intelligente et fine, encolure dégagée, belle épaule inclinée, membres longs et fins, corps léger mais doté d'un passage de sangle profond, arrière-main musclée avec une jambe bien allongée. Mais, à la différence du pur-sang, il présente des os amples et résistants, donc des membres et des pieds particulièrement solides, avec de grosses articulations qui absorbent bien les chocs.

Bob Langrish

Robe

Toutes les robes sont possibles puisqu'il ne s'agit pas d'une race, mais on trouve une majorité de bais et d'alezans.

Taille

De 1,52 m à 1,60 m.

Caractère

Pur-sang dans l'âme, le poney de polo argentin est vif, nerveux, courageux et intelligent. Très adroit : on dit qu'il possède un sens inné de la balle. Il jouit d'un tempérament plus tolérant que le pur-sang et ne se rebelle que rarement, pendant le jeu, contre la dureté des actions.

Bon à savoir

Le polo met les chevaux à rude épreuve. La carrière d'un cheval de polo est brève, car il s'use physiquement et mentalement.

Bob Langrish

Chevaux d'Inde : le kathiawari et le marwari

Le vaste territoire indien abrite, bien sûr, de nombreuses races indigènes dont les plus caractéristiques sont sans aucun doute le kathiawari et le marwari, que l'on reconnaît sans hésitation à leurs oreilles en forme de lyre.

MILITAIRES AVANT TOUT

Les deux plus fameux haras d'Inde ont une vocation militaire : le haras de l'armée de Barugarh, au nord de l'Inde, tout comme le dépôt de Saharanpur, élève essentiellement des chevaux destinés à la cavalerie.

DES SANGS MÉLANGÉS

Ces haras possèdent pour la reproduction des pur-sang français et anglais, mais aussi des traits bretons qui sont employés pour la production de mules, dont il est fait grand usage pour la remonte de la cavalerie. On y trouve aussi des chevaux polonais, australiens et argentins.

Bien qu'il soit avant tout un centre d'instruction militaire, l'immense haras de Saharanpur – 810 hectares ! – produit aussi de bons chevaux de compétition et de polo.

TRADITION ET MODERNITÉ

Il existe toutefois aussi en Inde de nombreux élevages privés de pur-sang, qui fournissent les différents champs de courses. Des chevaux de grande classe sont ainsi produits dans différentes régions d'Inde, selon un mode d'élevage qui allie tradition et modernité. La présence du pur-sang et la pratique des courses ainsi que celle du polo ne sont pas sans lien, bien sûr, avec la longue colonisation du pays par les Anglais.

LES RACES INDIGÈNES

Malgré l'influence occidentale, il subsiste encore en Inde un élevage bien vivant des races indigènes. Les plus connues sont sans conteste le kathiawari et le marwari.

Kit Houghton

Ce qui caractérise le mieux le kathiawari, c'est sans aucun doute ses oreilles en forme de lyre, si prisées par les princes qu'elles furent parfois sélectionnées au détriment d'autres caractéristiques.

Kit Houghton

LE KATHIAWARI

Les familles princières d'Inde élevaient traditionnellement chacune leur lignée de kathiawari – on en reconnaît encore 28 de nos jours –, qui portait le nom de la jument fondatrice. Élevé principalement sur la côte occidentale de l'Inde, dans la péninsule de Kathiawar, et dans le sud du Rajasthan, le kathiawari est issu d'un croisement entre des souches indigènes et des chevaux d'origine arabe.

Cette race, qui jouit d'une excellente réputation, a servi à remonter la cavalerie britannique au temps de la colonisation. Dans tout le pays, aujourd'hui, les forces de police montées utilisent des kathiawaris.

LE MARWARI

Originaire du nord-ouest de l'Inde, où il est élevé depuis des siècles dans la région de Jodhpur, le marwari était la monture d'élite des guerriers rajpoutes.

LE KATHIAWARI

Type et tempérament

Choyé dans les élevages des familles fortunées, moins gâté dans les milieux plus modestes, le kathiawari peut présenter un tempérament assez différent d'une lignée à l'autre.

Modèle

Malgré l'influence sensible de l'arabe, le kathiawari possède un type très particulier. Bâti avec légèreté et non sans une certaine élégance, il possède des membres fins et longs et un corps plutôt mince. Son épaule est inclinée et assez forte, son encolure longue et légère bien plantée sur un garrot correctement formé. La tête, sèche et relativement longue, est expressive. Les oreilles très mobiles ont leur extrémité recourbée vers l'intérieur. Le kathiawari est un cheval sain et solide, rarement sujet aux boiteries.

Taille

La moyenne tourne autour de 1,50 m. Les modèles plus grands manquent parfois d'harmonie.

Robe

Toutes les robes sont admises sauf le noir. L'isabelle est sans doute la plus courante.

Tempérament

Intelligent, vif et généralement équilibré, le kathiawari est une monture agréable et sûre. Il possède de naissance une allure particulière, le revaal, sorte d'amble trotté très confortable.

Kit Houghton

UN PASSÉ GLORIEUX

Le marwari porte sans aucun doute un peu de sang arabe, mais il est de façon beaucoup plus évidente lié aux chevaux turkmènes auxquels il ressemble beaucoup. Cousin du kathiawari, le marwari était la royale monture des Rathores, souverains de la région. Ces princes menèrent dès le XVIe siècle de nombreuses guerres contre leurs voisins moghols et, perdant peu à peu leurs territoires, finirent par se retirer dans les régions désertiques de l'Inde occidentale. Là, leurs chevaux durent survivre dans un environnement extrêmement difficile.

Ce passé épique explique la nature incroyablement saine, endurcie et frugale des marwaris. Malheureusement, la race fut pratiquement abandonnée à la fin du XIXe siècle et ne doit son salut qu'à l'action énergique du maharajah Gaj Singh II.

À la fois symboles de la tradition princière et argument touristique, le kathiawari et le marwari sont souvent proposés pour randonner, notamment dans le Rajasthan.

Kit Houghton

LE MARWARI

Type et tempérament

La race comporte des sujets assez divers, des meilleurs aux plus grossiers. Il s'agit toujours de chevaux résistants et frugaux, capables de soutenir de longs efforts.

Modèle

Sain, nerveux et élégant, le marwari est haut sur pattes et pourvu de pieds très solides, faits dans une corne si dure qu'il est en général inutile de le ferrer. Les meilleurs marwaris sont musclés et secs, avec une ligne du dessus courte et des reins larges. Les jarrets sont parfois défectueux.

La tête, relativement fine et élégante dans les meilleures lignées, peut être un peu lourde dans les moins bonnes. Elle est remarquable, tout comme celle du kathiawari, par ses oreilles recourbées.

Taille

1,50 m en moyenne.

Robe

Le marwari possède une peau fine et un poil soyeux et brillant qui fait partie des signes distinctifs de la race. Les robes les plus courantes sont le bai et le brun, mais on trouve aussi des noirs, des alezans, des palominos et des pies.

Tempérament

Vif, endurant, de bonne volonté, le marwari possède de naissance, comme son cousin le kathiawari, une allure amblée confortable et rapide, le revaal.

Kit Houghton

Le mérens

Robe de jais et tempérament d'acier, le mérens séduit un nombre grandissant de cavaliers de loisir. Ce petit cheval noir venu des Pyrénées appartient à une race en pleine expansion.

UN PONEY DEVENU CHEVAL

Autrefois considéré comme un poney rustique régional, le mérens est aujourd'hui un cheval de race.

UN PONEY DE TRAVAIL

Ce petit cheval ariégeois existe depuis plus d'un siècle. On trouve ce « petit noir » sur des photos datant du début du XXe siècle. Il était alors employé essentiellement aux travaux des champs dans cette belle région des Pyrénées. Comme bien d'autres chevaux de travail, il fut menacé d'extinction par la mécanisation de l'agriculture et l'exode rural.

UNE RACE RECONNUE

Pour tenter d'enrayer le déclin de ce poney de montagne plein de qualités, les éleveurs de la région ouvrirent, en 1933, le stud-book de la race. Cependant, malgré leurs efforts, ils ne parvinrent pas à maintenir les effectifs. Dans les années 1970, il ne restait guère qu'une cinquantaine de mérens, dont seulement quatre étalons.

SAUVÉ PAR L'ÉQUITATION DE LOISIR

Heureusement, le développement de l'équitation de loisir permit au mérens, rustique, endurant, au pied exceptionnellement sûr, de trouver un nouvel emploi. Les éleveurs firent tout leur possible pour faire connaître leur cheval au grand public et aux professionnels du tourisme. En vingt ans, le cheptel se reconstitue et, en 2000, on dénombre une centaine d'étalons et plus de 1 200 juments.

AU-DELÀ DES FRONTIÈRES

D'abord cantonné dans sa région d'origine, le mérens s'est depuis répandu dans toute la France, y compris dans les d.o.m.-t.o.m, l'État ayant subventionné leur transport par avion. La Réunion est aujourd'hui le deuxième département français pour l'élevage du mérens.

On trouve également des mérens dans divers pays d'Europe, en particulier en Italie et aux Pays-Bas.

Sorrel

GROS PLAN

La corne noire, particulièrement solide, des pieds du mérens convient parfaitement à son environnement d'origine. Les éleveurs tiennent beaucoup à préserver cette qualité – c'est une des raisons pour lesquelles les balzanes, même à l'état de trace, ne sont pas acceptées.

Monnier/Cogis

Toujours calme, prêt à s'adapter à toutes les difficultés du terrain, le mérens est un merveilleux cheval d'extérieur.

Miriksi/Cogis

BEAU, FORT ET TRANQUILLE

De ses origines montagnardes, le mérens a gardé un caractère bien trempé, une grande rusticité et un pied agile. Mais sa beauté n'est pas le moindre de ses atouts.

ORIGINE

Le mérens est né dans les Pyrénées françaises et, plus précisément, dans l'Ariège. La vie en altitude (entre 2 000 et 2 500 m), en terrain accidenté et caillouteux, l'habitude des hivers froids et des étés très chauds et orageux en ont fait un cheval rustique bien peu émotif.

Le saviez-vous ?

Poney ou cheval ?

Le mérens était autrefois considéré comme un poney en raison de sa taille. Il a d'ailleurs porté, successivement, plusieurs noms. Les éleveurs, pour qui l'appellation d'origine « trait ariégeois » convenait peu eu égard à son avenir dans le tourisme et le loisir, le baptisèrent, en 1971, poney ariégeois. Sa morphologie et surtout sa solidité – il peut porter un adulte de 120 kg – le rattachant bien plus au cheval qu'au poney, il devint, pour finir, en 1998, cheval de Mérens.

Type et tempérament

Fort, agile, endurant, peu émotif, le mérens s'adapte aussi bien à l'équitation d'extérieur qu'à l'attelage, disciplines où il se distingue de plus en plus souvent.

Modèle

Le mérens donne une impression générale de force et de rondeur harmonieuse. La tête est bien proportionnée, expressive et élégante. Les yeux vifs et doux, en amande, encadrent un front large et plat. Les oreilles sont petites et bien dessinées. Le chanfrein est droit ou légèrement busqué, le bout du nez plutôt carré.

L'encolure, de taille moyenne, est bien orientée et bien plantée dans une avant-main forte, éclatée. Le garrot plutôt bien sorti se prolonge loin sur le dos, qui est large et bien soutenu. L'arrière-main est généreuse et musclée, la croupe ronde. Les membres sont droits et solides, avec de belles articulations et des pieds en corne noire remarquablement durs.

Taille

1,47 m pour les mâles ; 1,45 m pour les femelles.

Robe

Noir zain. Le poil est soyeux sur une peau fine, les crins abondants, rêches, souvent crêpelés ; la crinière est parfois double.

Tempérament

L'élevage en liberté et en altitude a développé chez le mérens la capacité de réagir calmement et intelligemment aux difficultés et aux imprévus. C'est là une qualité inestimable en extérieur. Le mérens d'origine est un cheval très courageux, au tempérament doux et gentil. Quelques croisements peu sélectifs à l'époque où l'on s'efforçait de relancer la race ont introduit des sujets au caractère moins facile, mais la sélection actuelle met l'accent sur la gentillesse.

Monnier/Cogis

L'oldenbourg

De croisement en croisement, l'oldenbourg est devenu un cheval remarquablement conformé et très puissant. D'un tempérament agréable, il se distingue en dressage et en saut d'obstacle.

DU CHEVAL D'ATTELAGE AU CHEVAL DE SPORT

Autrefois cheval d'attelage, l'oldenbourg est aujourd'hui un cheval de selle fort apprécié pour son caractère agréable et très prisé dans le cercle fermé des cavaliers de compétition.

L'HISTOIRE DE L'OLDENBOURG

À l'origine, l'oldenbourg était destiné par les éleveurs à l'attelage – en particulier à la traction des diligences. C'était, alors, le plus lourd cheval allemand de sang chaud. La race doit son nom à l'État qui l'a vu naître et son développement au comte Johann von Oldenburg qui, dans la seconde moitié du XVIe siècle, fit importer des chevaux de Naples, d'Espagne et d'Orient et, surtout, à son fils, le comte Anthon Gonther (1603-1667) qui continua, en l'amplifiant, l'action de son père.

DE MIEUX EN MIEUX...

Au début du XIXe siècle, on tenta d'améliorer la race par l'apport de sangs divers : pur-sang, hanovrien, normand ou encore bai de Cleveland. La demande pour les chevaux d'attelage diminuant, les éleveurs se tournèrent vers la production d'un cheval de selle.

Au début du XXe siècle, des croisements furent réalisés avec des pur-sang et des selles français. Le résultat est un cheval de grande taille (1,65 m à 1,75 m environ), solide et bien conformé.

Kit Houghton

On ne présente plus le remarquable oldenbourg Bonfire, médaille d'or aux Jeux olympiques de Sydney avec sa cavalière Anky von Grunsven.

Bob Langrish

UN CHEVAL POLYVALENT

Considérablement plus fin que ses ancêtres, l'oldenbourg actuel se prête fort bien à toutes les disciplines sportives. Extraordinairement énergique, il donne satisfaction tant sous la selle qu'à l'attelage et excelle aussi bien en dressage qu'en saut d'obstacle. Grâce à une sélection rigoureuse, les caractéristiques du cheval d'attelage (le dos long ou les épaules trop droites, par exemple) ont été éliminées.

Le saviez-vous ?

Le frison oriental est très semblable à l'oldenbourg : jusqu'à la séparation des deux Allemagnes après 1945, leur histoire était assez proche. Après la division, toutefois, l'évolution de ces deux races a été différente.

Type et tempérament

Ce champion toutes catégories est aussi beau qu'aimable. Son défaut ? Son prix !

Modèle

L'aspect général est celui d'un cheval puissant mais élégant. La tête est généralement de taille moyenne, parfois un peu lourde ou un peu longue, mais le port est toujours noble. Le chanfrein est souvent légèrement busqué. L'encolure est bien proportionnée, bien plantée et bien orientée, puissante à sa base. Le poitrail est ample et l'épaule longue, inclinée, bien en place. Le dos robuste et la croupe large et bien musclée sont des caractéristiques remarquables. Les membres, fins par rapport au corps, ce qui permet un geste délié, sont pourtant très résistants.

Bob Langrish

Taille

Avec 1,65 m à 1,75 m, l'oldenbourg est plutôt un grand cheval de selle.

Robe

L'oldenbourg est en général bai (plus ou moins foncé), mais on trouve aussi des alezans et des gris.

Caractère

Doté d'un caractère très équilibré, l'oldenbourg est un cheval de selle fiable, apte à l'obstacle. Il convient également très bien en dressage car il atteint rapidement sa maturité et peut, par conséquent, entamer son apprentissage très tôt.

Bob Langrish

Gros plan

Athlétique, puissant, l'oldenbourg est néanmoins remarquablement élégant. Ses allures sont élastiques, amples et déliées, avec un trot souvent particulièrement beau. Au galop, il se rassemble facilement, mais, dans les épreuves de vitesse, il est desservi par sa masse.

Aimable et intelligent, le oldenbourg dispose d'excellentes capacités d'apprentissage qui en font un remarquable cheval de dressage.

Bob Langrish

Les aptitudes de l'oldenbourg en font un cheval très recherché pour la compétition : on l'exporte dans le monde entier.

FLEURON DE L'ALLEMAGNE

L'élevage allemand peut se féliciter de ses résultats dans le domaine de la compétition. L'oldenbourg fait sans aucun doute partie de ses plus belles réussites.

ORIGINE

Le berceau de l'oldenbourg se situe entre la rivière Weser et les Pays-Bas. Aujourd'hui, l'oldenbourg est élevé principalement en Allemagne et au Danemark.

LE SAVIEZ-VOUS ?

Une des variétés de l'oldenbourg, le rottaler, est élevé en Bavière (à Rottal). Obtenu par croisement avec des pur-sang anglais, le rottaler est un excellent cheval de CSO.

Kit Houghton

Cheval polyvalent, l'oldenbourg fait le bonheur des grands cavaliers tant en dressage qu'en CSO. Il n'y a qu'en complet qu'il ne se distingue pas, sa puissance parfois un peu lourde constituant un handicap dans l'épreuve de fond. Ici, le gris Charisma sous la selle de Leslie Lenehan (États-Unis), lors des Championnats du monde de CSO en 1994.

L'alter real

Ce royal cheval a bien failli disparaître – et c'eût été dommage car il présente une aptitude remarquable pour la haute école de tradition classique. Il est le meilleur représentant de l'art équestre portugais.

FLEURON NATIONAL

Créé pour fournir les écuries du roi, l'alter real appartient aujourd'hui au patrimoine culturel du Portugal.

TROIS CENTS JUMENTS FONDATRICES

L'histoire de l'alter real commence en 1747, date à laquelle on importa d'Espagne – plus exactement de Jerez de la Frontera – 300 juments andalouses, que l'on installa au haras royal de Vila de Portal. Ces magnifiques poulinières permirent de fonder une nouvelle race, que l'on baptisa d'après le nom de la localité – Alter do Chao. Real, en portugais, signifie tout simplement « royal ».

HARAS ROYAL

Cette région avait été choisie parce que son sol et sa végétation permettaient d'entreprendre un élevage de qualité. Le haras devait fournir aux écuries royales, selon la demande du roi José Ier, des chevaux d'élite capables d'évoluer avec aisance et d'acquérir facilement les bases de l'équitation classique telle qu'on l'entendait alors : il fallait donc des montures de belle prestance, assez fortes mais élégantes, douées pour le rassembler et les airs relevés.

Sorrel

Sorrel

Gros plan

L'alter real possède une tête typiquement ibérique, avec un profil généralement busqué et, parfois, un peu long, des ganaches légères, une expression intelligente et douce, un nez rond.

LA CONTRIBUTION D'UN GRAND MAÎTRE

Naturellement, la seule étiquette de fournisseur du roi aurait suffi a établir la renommée du haras et à asseoir la valeur de la race. Néanmoins, la célébrité des alter real, qui s'étendit à toute l'Europe au XVIIIe siècle, dut aussi beaucoup à un écuyer de talent, qui contribua grandement à démontrer les dons de la race pour le dressage. Il s'agit du marquis de Marialva, cavalier éclairé qui fit profondément évoluer l'équitation classique dans toute la péninsule Ibérique et qui régna en maître sur les écuries royales à partir de 1770.

LE DÉCLIN

Malheureusement, la royale carrière de l'alter real fut brisée par les guerres napoléoniennes. Au début du XIXe siècle, les troupes françaises dispersèrent les reproducteurs, et le haras royal fut fermé en 1834. On s'efforça par la suite de recréer de nouvelles lignées, selon la mode de l'époque, en procédant à des apports de sang divers : pur-sang bien sûr, hanovrien et, surtout, arabe. Aucun de ces croisements ne donna de bons résultats, le sang arabe, pour une fois,

ORIGINE

L'alter real a été créé au haras de Vila de Portal, près d'Alter do Chao, dans la province portugaise d'Alentejo. Aujourd'hui encore, c'est surtout dans cette région aux sols riches qu'on l'élève.

n'opérant aucune amélioration et contribuant même à une rapide dégradation des qualités de la race.

LA RENAISSANCE

C'est le sang andalou qui sauva l'alter real de la disparition.

LE BON INFLUX ANDALOU

À la fin du XIXe siècle, les éleveurs s'efforcèrent de redonner naissance à la race par l'apport de sang andalou très pur. On employa pour ce faire des juments du haras de Zapata. L'amélioration fut sensible, mais la dissolution de la monarchie fit peser une nouvelle menace sur le haras royal. Fort heureusement, le docteur Ruy d'Andrade, une autorité dans le monde équestre portugais, sauva quelques souches. En 1932, le haras passa aux mains du ministère de l'Agriculture et, en quelques décennies, la race commença à renaître.

Type et tempérament

On dit que les alter real d'aujourd'hui ressemblent beaucoup à leurs ancêtres du XVIIIe siècle : ce sont des chevaux merveilleusement adaptés à la haute école de tradition portugaise.

Modèle

Avec son corps rond, puissant et équilibré, son encolure incurvée et portée haut qui favorise le ramener, l'alter real ressemble beaucoup aux autres chevaux ibériques. Mais il s'en distingue par son dos long et droit, sa croupe haute et, surtout, par la longueur de ses canons et de ses pâturons : le bras est parfois plus court que le canon! S'il est longjointé, l'alter real possède des jarrets forts et bien placés. Cette morphologie favorise le report du poids sur l'arrière-main, donc le rassembler.

Taille

1,50 m à 1,60 m.

Robe

Bai et bai-brun.

Tempérament

Après les croisements malheureux entrepris au XIXe siècle, l'alter real avait la réputation d'être un cheval capricieux, difficile à soumettre, par-fois violent. Aujourd'hui, il ne reste rien de ce mauvais caractère. L'alter real est intelligent et volontaire. Brillant, impétueux mais restant aux ordres, il fait merveille dans tout le travail de haute école s'il est monté par un cavalier fin et juste.

Sorrel

L'alter real est, de nos jours, l'un des plus beaux chevaux ibériques destinés au travail de haute école. On dit qu'il ressemble beaucoup à ses ancêtres royaux.

Sorrel

Le coin du pro

Les allures

Les allures de l'alter real sont très marquées, le genou et le jarret fléchissant et se levant de façon presque exagérée. Mais cela convient parfaitement à l'équitation de haute école classique, qui tire magnifiquement parti de l'aptitude de ce cheval à se rassembler et de son talent pour les airs relevés.

L'alter real est doué pour les airs relevés.

Sorrel

Le trotteur américain

Ce beau cheval qui se prête avec constance aux difficiles efforts de la course attelée est une vraie star dans son pays, où il concurrence sérieusement le pur-sang – et où il atteint des prix tout aussi déraisonnables que celui-ci.

TROTTEUR ET FILS DE PUR-SANG

Le trotteur américain, qu'on nomme aussi americain standardbred, est le fruit d'une longue lignée de champions dont le premier fut un pur-sang.

MESSENGER

Le père des trotteurs américains, importé aux États-Unis à la fin du XVIIIe siècle, était un... pur-sang. Il s'appelait Messenger. Il avait couru avec succès en Angleterre avant de faire la traversée vers le Nouveau Monde. Lui-même n'avait jamais couru attelé, mais il comptait parmi ses ancêtres quelques trotteurs qui s'étaient illustrés dans sa contrée d'origine. Mambrino, son père, était un fameux trotteur, arrière-petit-fils de Blaze, célèbre pour avoir parcouru 24,5 km en une heure, au trot bien entendu. Messenger vécut vingt longues années aux États-Unis, où il saillit de nombreuses juments dans les haras des États de Pennsylvanie, de New York et du New Jersey. On lui présenta beaucoup de juments qui possédaient l'allure latérale amblée recherchée – morgan, canadian, narragansett pacer. Hambletonian

Si Messenger ne fut pas le seul étalon à engendrer des trotteurs américains, il joua un rôle déterminant dans l'évolution de la race. Il possédait une action plus basse et plus étendue que le morgan ou le clays et une croupe haute que l'on retrouva chez son plus célèbre descendant, Hambletonian, considéré comme le véritable fondateur de la race. Né en 1849, mort en 1875, Hambletonian engendra plus de 1300 poulains. Bien qu'il n'ait jamais trotté en course attelée, on raconte qu'il pouvait couvrir un mile en 2 minutes, 48 secondes et 5 dixièmes. Il possédait une conformation bien particulière : la pointe de sa croupe dépassait de cinq centimètres sa hauteur au garrot, ce qui permettait à ses postérieurs de fournir une poussée spectaculaire.

Le coin du pro

Trotteur américain ou standardbred

Le trotteur américain est appelé standardbred dans son pays car, pour appartenir à la race, il doit répondre au standard de vitesse exigé. Celui-ci était de 3 mn par mile en 1879. Il est aujourd'hui de 2 mn 30 pour les trotteurs, 2 mn 15 pour les ambleurs. Trotteur et ambleur sont tous deux considérés comme des standardbred.

Kit Houghton

GROS PLAN

Bien que l'influence du morgan ait été tempérée par de nombreux autres apports, elle est encore sensible chez certains standardbreds, notamment dans la forte élévation du genou.

Kit Houghton

Le saviez-vous ?

Pourquoi l'amble ?

La majorité des trotteurs américains sont des ambleurs : la raison pour laquelle les Américains préfèrent cette allure est qu'elle favorise moins le break (allure désunie ou départ au galop) que le trot – surtout quand on utilise des abots, ces curieux enrênements qui entraînent ensemble les deux membres d'un même latéral.

Toutefois, on voit aux États-Unis des ambleurs et des trotteurs se côtoyer et disputer les mêmes courses. Ci-dessous, le cheval de gauche (sur la photo) est un trotteur, le cheval de droite un ambleur.

Kit Houghton

Presque tous les trotteurs américains descendent d'Hambletonian.

DEXTER

L'un des plus remarquables fils d'Hambletonian, Dexter, semblait devoir pulvériser les records paternels. Mais il n'eut pas l'occasion de le prouver, car un riche amateur, qui montait pour son seul plaisir, fit son acquisition pour la somme de 25 000 dollars. Il fallut donc attendre 1897 pour qu'un cheval trotte le mile en moins de 2 minutes : il s'agissait de Pointer Star, un ambleur à qui il ne fallut pas plus de 1 minute 59 secondes et 25 centièmes pour couvrir cette distance.

AUJOURD'HUI

Depuis, les Américains n'ont cessé de travailler à l'amélioration du standard – c'est-à-dire de la vitesse – du trotteur américain. Ils ont pour cela procédé à différents croisements et le stud-book est encore ouvert. Le standardbred américain est la race de trotteurs la plus représentée dans le monde.

AMBLEUR ET TROTTEUR

L'american standardbred peut être un trotteur ou un ambleur : l'important est qu'il aille vite !

ORIGINE

La race se développa d'abord, au XIXe siècle, dans l'est des États-Unis, où les haras disposaient de riches herbages. Depuis, les trotteurs américains sont élevés dans la plupart des États du pays. Nombre d'entre eux sont importés en Australie, en Nouvelle-Zélande, en Europe, où ils contribuent à l'amélioration de certaines lignées de trotteurs.

Bob Langrish

Bien qu'il soit difficile d'isoler une conformation type, le trotteur américain présente souvent la particularité de posséder une croupe plus haute que son garrot. C'est ce qui lui confère une poussée particulièrement puissante.

Type et tempérament

Cet animal, qui atteint parfois une valeur très élevée, se présente en général comme un cheval moyen, solide et bien charpenté, plutôt long et bas. Toutefois, le modèle est assez variable, car le critère de sélection est la vitesse, non la conformation.

Modèle

La tête est belle, avec une expression intelligente et plutôt tranquille. Le chanfrein est droit ou parfois à peine busqué, les oreilles plutôt grandes et bien dessinées, le nez carré. L'encolure longue et bien plantée prend naissance dans une poitrine large et profonde. L'épaule n'est pas aussi inclinée que celle du pur-sang, mais elle n'est plus droite comme chez certains trotteurs du passé. Le dos est long, le rein puissant. La croupe est généralement plus haute que le garrot, ce qui permet une action ample et une poussée puissante des postérieurs. Les membres doivent être sains, avec des aplombs parfaits et une action droite – faute de quoi le cheval ne peut exceller dans le trot. Les articulations sont généralement solides et bien placées.

Kit Houghton

Taille

1,60 m en moyenne.

Robe

Alezan, bai et bai brun, noir.

Tempérament

Le critère de sélection étant la vitesse, on trouve des animaux aux tempéraments assez divers. Dans l'ensemble, les trotteurs américains sont intelligents, durs à la tâche, d'un caractère courageux et bien trempé. Le rude entraînement qu'ils subissent provoque fréquemment des troubles du comportement, ce à quoi il faut veiller si l'on désire acheter un standardbred réformé.

Le tennessee walking horse

Le tennessee walking horse a été créé par les planteurs du sud des États-Unis qui désiraient une monture confortable et résistante. Il est aujourd'hui élevé et dressé avant tout pour le spectacle. Ses allures particulières en font, en effet, un cheval d'exhibition très populaire.

UN CHEVAL AUX ALLURES INHABITUELLES

Ce sont ses allures très spéciales qui ont conditionné l'histoire du tennessee walking horse (appelé aussi tennessee walker).

LA MONTURE DES PROPRIÉTAIRES DE PLANTATIONS

Le tennessee walking horse dérive d'une souche unique et, précisément, de Black Allan, un standardbred (trotteur américain) qui arrive dans le Tennessee en 1903. Croisé en particulier avec des saddlebreds (selles américains), cet étalon donne naissance à la race du tennessee walker. Les planteurs de coton ne tardent pas à s'apercevoir des qualités de cette race. Obéissant, robuste et confortable, le tennessee walker est en effet la monture idéale pour leurs tournées d'inspection sur leurs immenses domaines. Obtenue par des croisements avec des pur-sang anglais, des saddlebreds ou encore des ambleurs canadiens ou américains, la version actuelle du tennessee walking horse est recherchée surtout pour les exhibitions. Mais son caractère et sa résistance en font aussi un excellent cheval de loisir, notamment pour la randonnée et l'endurance.

DES ALLURES PARTICULIÈRES

Les allures spéciales du tennessee walker sont innées. Le *running walk* (c'est-à-dire le pas de course) est un pas très allongé et souple : c'est une allure à quatre temps, moitié posée, moitié sautée. Les postérieurs du cheval viennent se poser bien en avant des antérieurs, ce qui crée un pas très doux et extrêmement agréable pour le cavalier. Le *flat-foot* walk est un pas d'une cadence plus lente : il se caractérise par une très forte action des épaules. Le mouvement de la tête, en rythme avec le poser et le lever des pieds, marque les temps. Quant au *rocking chair canter*, c'est un petit galop rassemblé à l'extrême. Cette allure doit son nom à la sensation qu'a le cavalier d'être agréablement bercé. Certains enthousiastes vont jusqu'à dire que le tennessee walker est le cheval le plus confortable au monde!

Bob Langrish

LA STAR DES EXHIBITIONS

Les allures spécifiques de cette race n'ont pas seulement l'avantage d'être confortables pour le cavalier. Elles sont également très spectaculaires. La spécialité du tennessee walker est en effet de lever très haut ses genoux à toutes les allures.

Cette aptitude explique pourquoi cette race est actuellement si demandée dans les milieux du spectacle. Les Américains adorant ce genre de manifestation équestre, les chevaux d'allures sont de plus en plus recherchés et le tennessee walking horse n'échappe pas à la règle.

UN COMPAGNON RÊVÉ

Beau, aimable et solide, le tennessee walking horse mérite mieux que les shows qui le caricaturent.

ORIGINE

Comme l'indique son nom, c'est dans l'État du Tennessee que cette race a ses origines. Aujourd'hui encore, le tennessee walking horse est surtout élevé aux États-Unis. Il reste peu connu en Europe.

LE SAVIEZ-VOUS ?

Les allures particulières du tennessee walker sont des allures naturelles. La preuve : les poulains pratiquent le running walk aux côtés de leurs mères avec la même aisance que les chevaux plus âgés.

Type et tempérament

Modèle

Le tennessee walking horse possède un corps massif et robuste. La tête est assez importante, le chanfrein parfois busqué. Les yeux ont une expression docile et les oreilles, plutôt grandes, sont bien dessinées et plantées haut. L'encolure est puissante et élégante. L'épaule, forte et oblique, rend le cheval confortable quand on le monte. Le dos est court et solide, très droit. La croupe est bien musclée mais les membres postérieurs sont parfois un peu faibles.

Sorrel

Taille

Le tennessee walker est de taille moyenne : environ 1,50 m à 1,60 m au garrot.

Robe

Les robes les plus courantes sont l'alezan, le bai-brun et le noir. Mais d'autres couleurs (par exemple le gris) sont aussi possibles. Les tennessee walker alezans ou rouans sont souvent dotés de marques et de balzanes.

Caractère

D'un caractère particulièrement agréable, le tennessee walker est gentil et docile. Gai et de bonne volonté, il était apprécié des planteurs pour sa résistance et la solidité de son moral. Outre ses aptitudes pour les exhibitions, le tennessee walking horse possède donc des qualités très utiles pour certaines disciplines comme la randonnée et l'endurance.

Le saviez-vous ?

Des méthodes douloureuses

Si les allures spéciales du tennessee walker sont innées, les dresseurs recourent malheureusement aussi à des méthodes barbares pour les rendre plus spectaculaires encore. Ils utilisent, par exemple, des chaînes attachées à la couronne des membres antérieurs. Celles-ci provoquent une douleur quand le pied touche le sol et incitent par conséquent le cheval à remonter davantage ses genoux. On ajoute également une sorte de sabot en bois, très inconfortable, sur les antérieurs.

Chez les chevaux d'exhibition, la queue est portée haut par anglaisage (c'est-à-dire à la mode anglaise du XIXe siècle, qui consiste à sectionner certains tendons). Cette pratique semble heureusement sur le point de disparaître.

Kit Houghton

Kit Houghton

BON À SAVOIR

Si le tennessee walker est généralement considéré comme confortable, il semble pourtant que les rares propriétaires européens de chevaux de cette race éprouvent parfois des difficulté à s'adapter à leurs allures particulières. Beaucoup d'entre eux doivent même, au début, faire appel à un spécialiste !

Bob Langrish

Le tennessee walking horse est naturellement élégant et doté d'allures spectaculaires : les méthodes douloureuses employées pour les shows semblent donc aussi barbares qu'inutiles. (Ci-contre, l'étalon Powerful Escapade.)

Le tarpan

Certains le considèrent comme l'ancêtre du cheval domestique moderne. Cet énigmatique cheval sauvage polonais reste en fait assez peu connu. On a toutefois tenté de reconstituer des souches similaires à partir de poneys domestiques koniks et huçuls.

LE CHEVAL SAUVAGE D'EUROPE

Le tarpan, le vrai, a irrémédiablement disparu. Le dernier tarpan libre aurait été capturé en Pologne en 1879. Le dernier spécimen de l'espèce est mort dans un zoo de Munich en 1887.

AUJOURD'HUI DISPARU

Les équidés qu'aujourd'hui on nomme tarpans sont des poneys domestiques polonais qui ressemblent assez à l'animal disparu.

Le mot tarpan est d'origine russe et signifie « cheval sauvage ». Les tarpans étaient les derniers véritables chevaux sauvages d'Occident. Ce n'étaient donc pas tout à fait les mêmes animaux que nos chevaux domestiques actuels. Ils appartenaient à une autre espèce ou, peut-être, à une sous-espèce. Les savants lui donnent d'ailleurs le nom latin d'*Equus gmelini antonius* pour le distinguer du cheval domestique qui est, lui, un *Equus caballus*.

UN INCONNU CÉLÈBRE

On sait très peu de choses du tarpan car on ne le connaît qu'à travers des descriptions. On ne possède que deux squelettes considérés comme appartenant à ce cheval. Ils proviennent du zoo de Moscou où ces animaux sont morts, le dernier ayant cessé d'y vivre en 1884.

Il existe également un dessin de tarpan que l'on doit à G.S. Gmelin, qui le réalisa en 1770, en Russie. Il représente une pouliche yearling à la courte crinière dressée (ce qui est une caractéristique des équidés sauvages) et au long poil. L'essentiel de nos connaissances sur cet animal repose donc sur les descriptions que nous en ont laissé des voyageurs-explorateurs.

Miriski/Cogis

Miriski/Cogis

Le saviez-vous ?

Il n'existe aucune photo de tarpan – toutes celles que vous verrez ne sont en fait que des photos d'un cheval obtenu par croisement de poneys konik, race qui n'est pas sans rappeler le petit cheval sauvage disparu à la fin du XIXe siècle.

BON À SAVOIR

Il faut bien distinguer les chevaux domestiques retournés à l'état sauvage, comme les mustangs ou les brumbies australiens, et les véritables chevaux sauvages, qui n'ont subi, de la part de l'homme, ni domestication ni sélection.

On dit encore, pour les premiers (mais le terme a vieilli) chevaux marrons. Les seconds ont aujourd'hui totalement disparu dans la nature. Ils ne sont plus représentés que par le cheval de Przewalski (découvert en Mongolie en 1876), cousin sauvage du cheval qui ne survit plus que dans les zoos ou dans quelques réserves.

Sorrel

Type et tempérament

On sait peu de choses du tarpan. On ne peut le décrire que grâce à quelques rares documents et aux deux squelettes dont nous disposons. Il semble qu'il n'ait possédé que 64 couples de chromosomes, comme le cheval domestique, et non 66 comme le Przewalski.

Modèle

Le tarpan était un cheval petit et plutôt trapu. Il possédait une crinière érigée, presque sans toupet, comme la plupart des équidés sauvages. Sa tête était assez courte, sa queue semblable à celle du cheval domestique.

Taille

Sa taille moyenne aurait été de 1,30 m.

Robe

La robe était le plus souvent souris, mais il semble qu'il y ait également eu des tarpans isabelle. À la saison froide, ces animaux devenaient presque blancs sous leur pelage d'hiver.

Caractère

Le tarpan sauvage était un animal migrateur. Il se déplaçait sur des distances considérables, en été vers le nord et, en automne, vers le sud. Les familles de tarpans se rassemblaient en vastes hardes de centaines d'individus. Ceux-ci se déplaçaient en file indienne et préféraient les territoires dégagés, la steppe, surtout en altitude.

CHASSÉ PAR L'HOMME

On sait qu'au Moyen-Âge, les aristocrates d'Europe centrale aimaient chasser les chevaux sauvages. En 1409, en Pologne, le roi Ladislas III organisa ainsi une grande chasse au tarpan, dans la forêt de Bialowieza, en l'honneur de son cousin Witold de Lituanie. Les tarpans fuyaient déjà l'homme et se cachaient dans les forêts, comme le faisaient les bisons européens et les aurochs. En 1845, le Britannique Hamilton Smith parle du tarpan comme d'un petit cheval de la taille d'une mule et de couleur souris ou isabelle. Scientifiques et historiens ont émis l'hypothèse que le tarpan pourrait être l'ancêtre du cheval domestique – mais rien ne permet de l'affirmer avec certitude.

En hiver, le tarpan se couvrait d'un pelage abondant presque blanc, comme le konik (ci-dessus).

Miriski/Cogis

RECRÉÉ EN POLOGNE

Le tarpan disparu revit aujourd'hui à travers le konik, un de ses probables descendants. Les éleveurs polonais ont réussi, par des croisements, à se rapprocher du tarpan tel, du moins, que nous l'imaginons.

ORIGINE

Le tarpan vivait en Europe orientale. On considère que son influence s'est faite sentir des Carpates jusqu'au Turkestan.

Bon à savoir

Le tarpan reconstitué

En Pologne, on a sélectionné des poneys koniks qui ressemblaient aux tarpans et on les a croisés avec des poneys huçuls, autre souche rustique, pour créer une nouvelle race de chevaux domestiques aussi proche que possible de l'animal sauvage disparu. Une initiative du même genre a vu le jour en Allemagne au zoo de Munich.

Le konik est un poney domestique polonais qui présente une certaine ressemblance avec le tarpan – un peu de sang de ce dernier coule dans ses veines. Il est probable, en effet, que quelques ancêtres domestiques du konik aient eu l'occasion de s'accoupler avec le cheval sauvage. Comme le tarpan le konik a une robe qui blanchit durant l'hiver en même temps que son poil s'allonge. Le huçul, originaire d'Ukraine, est également un descendant probable du tarpan, bien que son apparence le relie à celui-ci de façon moins évidente.

Farissier/Cogis

Le criollo

Originaire d'Argentine, où il fut la monture des gauchos, le criollo est présent dans toute l'Amérique du Sud, sous des noms différents, avec de légères variations de son type : on le nomme crioulo brazileiro *au Brésil,* costeno *et* morochuco *au Pérou,* corralero *au Chili et au Venezuela.*

UN CHEVAL RUSTIQUE ET INDÉPENDANT

La personnalité du criollo, qui est celle de tous les chevaux proches de la nature (camargues, mustangs, etc.), nécessite compétence et détermination de la part du cavalier.

DU TEMPS DES CONQUISTADORES

Le criollo descend des lointains andalous importés en Amérique au XVIe siècle, lesquels avaient une forte ascendance de sang barbe. Les premières importations notables remontent à 1535, lorsque le conquistador Pedro Mendoza fonda Buenos Aires. La ville ayant été par la suite mise à sac par les Indiens, ces chevaux sont retournés à l'état sauvage dans les grandes plaines puis ont été utilisés et élevés par les Indiens.

LES STANDARDS DE LA RACE

C'est autour de 1910 que le docteur Emilio Solanet, professeur à l'École supérieure vétérinaire de Buenos Aires, fixa le standard de la race en Argentine, standard que la Société rurale argentine adopta en 1922.

Aujourd'hui, le criollo est la monture utilisée pour le travail du bétail et les déplacements. Il a aussi joué un rôle non négligeable dans la création du célèbre poney de polo argentin.

Gros plan

Le criollo est un excellent cheval d'extérieur. De célèbres cavaliers au long cours, tels Jean-François Ballereau, Marc-Antoine Calonne ou John Labouchere, ont révélé la capacité d'endurance et la volonté des criollos, contribuant ainsi à les faire connaître dans le monde entier.

Sorrel

Sorrel

LE SAVIEZ-VOUS ?

Chaque année, en Argentine, l'association des éleveurs de criollos organise une course d'endurance, la marcha de los criollos. Durant la course (750 km à parcourir en 14 jours), les chevaux, qui portent au moins 110 kg, se nourrissent uniquement de l'herbe de la pampa. Les animaux sont conduits sur place 30 jours avant le début de l'épreuve et vivent un mois ensemble au pré, sans entraînement aucun, afin qu'ils soient tous au même niveau de forme au moment de la course. Le but de celle-ci est de juger et de comparer les aptitudes des diverses lignées.

UNE LONGÉVITÉ REMARQUABLE

Élevé en pleine nature, capable de survivre sous un climat parfois rude et dans un milieu à la végétation souvent pauvre, le criollo est devenu un des chevaux les plus résistants à la fatigue et à la maladie. Il est en mesure de supporter des climats extrêmes sans rien perdre ni de sa frugalité ni de sa puissance. Sa longévité est également remarquable : le criollo semble bien détenir le record du monde de la plus longue espérance de vie. On se souvient de Mancha et Gato, ambassadeurs de la race, qu'ils firent entrer dans la légende, et qui, à l'âge de 15 et 16 ans, respectivement, entamèrent, sous la selle du suisse Tschiffely, un fabuleux raid de trois ans reliant Buenos Aires à New York. Non seulement ils survécurent à cette difficile aventure, mais moururent de mort naturelle, tous deux, à plus de 40 ans.

LE CHEVAL DE LA PAMPA

Presque toujours de petite taille, le criollo est parfaitement adapté à son milieu.

Le saviez-vous ?

Sans le criollo, le gaucho ne serait pas lui-même : ce cavalier est en selle par tous les temps. Son recado, sorte de selle, lui sert à la fois pour monter et pour dormir. Un dicton affirme que, privés de leur cheval, les gauchos sont privés de leurs jambes!

Un tempérament bien trempé, voilà une grande qualité du criollo quand il n'a pas subi le débourrage brutal qui se pratique encore trop souvent en Argentine.

Bob Langrish

Le criollo est résistant et frugal. Il peut rester dehors toute l'année.

Sorrel

Type et tempérament

Le criollo donne une impression générale d'équilibre. C'est un cheval musculeux, solidement charpenté et bien proportionné.

Modèle

La tête, de longueur moyenne, est parfois convexe, réminiscence de l'origine andalouse. Les naseaux sont ouverts, les yeux vifs, les oreilles petites et pointues. Le corps est court et le thorax profond, les côtes bien arquées, le dos et les reins sont larges et puissants. Les membres sont plutôt courts, solides, à l'ossature et aux articulations bien développées ; les pâturons sont courts et les sabots petits. Les crins sont abondants et épais, traditionnellement coupés (crinière et toupet rasés, queue taillée droite au niveau du jarret).

Taille

La taille varie entre 1,38 m et 1,50 m au garrot.

Robe

La robe la plus courante est l'isabelle, mais il existe une bonne centaine de robes répertoriées. Les éleveurs refusent parfois les chevaux qui présentent un albinisme partiel ou complet. La raie de mulet et des zébrures sur les jambes sont en revanche autorisées pour certaines robes.

Caractère

La fermeté, l'indépendance et la rusticité du criollo contrastent avec sa générosité et ses excellentes capacités d'adaptation. C'est le cheval idéal pour renouer avec l'équitation de plaisir et d'aventure, les randonnées, le TREC, mais aussi le polo ou le horse-ball. Cependant, les chevaux qui ont été débourrés en Argentine, selon les méthodes – plus que rudes – qui y sont encore en vigueur, sont profondément marqués et ne font jamais tout à fait confiance à l'homme.

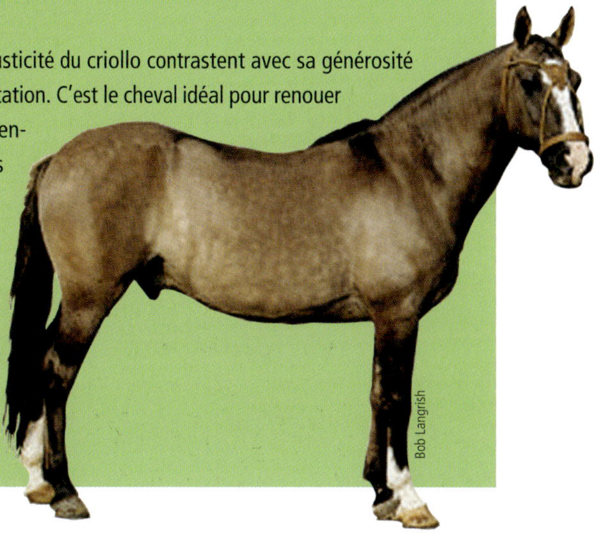

Bob Langrish

Les arabes shagya et gidran

L'arabe shagya et l'arabe gidran (ou anglo-arabe hongrois) sont deux races distinctes issues du sang arabe et créées par les grands haras hongrois au XIXe siècle pour fournir des montures polyvalentes aux célèbres hussards de leur cavalerie légère.

LE FLEURON DE L'ÉLEVAGE HONGROIS

Bien qu'issu d'un croisement, le shagya conserve les caractéristiques propres au pur-sang.

UN HARAS PRESTIGIEUX

Le shagya est sans doute le cheval le plus prestigieux issu du haras militaire austro-hongrois de Babolna, dont la création remonte à 1789. L'objectif de ce haras était d'élever un cheval arabe de cavalerie et d'attelage capable de produire des étalons améliorateurs pour toutes les races utilisées en Autriche-Hongrie. À partir de 1816, l'élevage se focalisa sur les purs arabes du « désert », les croisements se firent avec des étalons arabes et des poulinières à prédominance arabe, mais dont certaines avaient du sang d'andalou, de hongrois ou de pur-sang.

SHAGYA, CHEF DE LIGNÉE

Né en 1810 dans la tribu bédouine syrienne des Bani-Saher et acheté en 1836 par le haras, Shagya est l'étalon arabe fondateur qui a donné son nom à la lignée. Plutôt grand (il aurait mesuré 160 cm), sa robe était grise de type koheil-siglavy. L'histoire de la lignée shagya, depuis sa création, se lit comme un roman : il n'est pas rare de trouver au stud-book des pedigrees comptant jusqu'à vingt générations ; toutes les saillies y ont été scrupuleusement notées, malgré les guerres, les dévastations et les épidémies subies par le pays au XXe siècle, lesquelles ont décimé dangereusement les effectifs de la race.

Parfois, mais très rarement, on note la présence de pur-sang anglais et de lipizzans, qui ont été utilisés afin d'obtenir plus d'étoffe et d'amplitude. Actuellement, l'apport de sang neuf se fait uniquement grâce à des pur-sang arabes.

Sorrel

LE GIDRAN OU ANGLO-ARABE HONGROIS

Le croisement qui donna naissance au gidran avait pour but d'associer la vigueur et la solidité de l'arabe à la vitesse et aux aptitudes du pur-sang.

POLYVALENT

Le gidran, ou anglo-arabe hongrois, a hérité de l'arabe l'endurance, l'équilibre et l'adaptation au terrain varié ; du pur-sang, il a l'influx nerveux et la vitesse. Ces caractéristiques font de lui un cheval pluridisciplinaire, adapté au sport et à l'équitation de loisir, mais également aux courses dans les hippodromes.

BON À SAVOIR

Pour en savoir plus sur le shagya ;

Association française du cheval arabe shagya

Haras de la Crouzière 81140 Castelnau-de-Montmiral

Téléphone : 05 63 33 11 12

LE SHAGYA

Modèle

Le shagya a toutes les caractéristiques de l'arabe, mais est plus grand et plus solide ; la tête est très typée, le front large et légèrement bombé ; encolure et ligne supérieure sont bien dessinées, le garrot est plus accentué et les épaules plus obliques ; les postérieurs sont plus forts, la croupe est longue, la queue bien portée.

Taille

1,50 m à 1,60 m.

Robe

Toutes les robes simples se rencontrent chez le shagya, mais le gris est la couleur la plus répandue.

Tempérament

Le shagya a tous les avantages du pur-sang arabe – noblesse, résistance, endurance, feu et générosité – alliés à une grande intelligence. Ses mouvements sont amples et élastiques. C'est un excellent cheval de loisir ; remarquable en endurance, il montre des aptitudes satisfaisantes en dressage et à l'obstacle et fait un bon cheval d'attelage léger.

Sorrel

Le saviez-vous ?

On trouve du sang shagya chez les ancêtres de nombreux chevaux ayant accompli de grandes performances, comme Sissi de la Lande, que montait Michel Robert, ou le regretté Milton. En France, l'un des plus célèbres shagya est Out Law Persik, champion national et international d'endurance et fils de Persik (pur-sang arabe).

GIDRAN, PÈRE DE LA RACE

La race fut développée au XIXe siècle à partir de l'étalon arabe Gidran. Importé en Hongrie en 1816 et inscrit également au stud-book de Babolna, il saillit de nombreuses juments hongroises. La nouvelle race se répandit ensuite en Bulgarie et en Pologne ; dans ce dernier pays, elle contribua à l'élaboration de l'anglo-arabe polonais, connu aussi sous le nom de malapolski. Depuis 1960, la race a reçu l'apport du shagya arabe, du pur-sang anglais et du demi-sang kisber (hongrois).

Gros plan

À l'heure actuelle, la race shagya ne compte pas plus d'un millier de reproducteurs dans le monde, dont une trentaine en France. Le shagya est toujours utilisé comme améliorateur des races. En ce qui concerne le gidran, le faible nombre de reproducteurs encore en service fait que, malheureusement, la race est en danger.

Sorrel

LE GIDRAN

Modèle

Plus proche extérieurement du pur-sang que de l'arabe, le gidran a un dos droit, des épaules inclinées et un garrot saillant. Son profil est rectiligne. Les membres élancés indiquent l'aptitude au galop.

Robe

La robe la plus répandue est l'alezan clair.

Taille

1,60 m à 1,70 m.

Sorrel

Le maremmano

Le maremmano est le cheval de labeur toscan. Du fait de sa rusticité, de son calme et de son aptitude à côtoyer les troupeaux, c'est le cheval préféré des butteri, *gardiens de bétail de la Maremme.*

UN CHEVAL RUSTIQUE ET ENDURANT

Terre encore largement consacrée à l'élevage, la région de la Maremme, en Toscane, est à la fois le berceau et le royaume du maremmano, auquel elle a donné son nom.

PAS UN TYPE

Le maremmano n'est pas un type totalement fixé et n'a pas une origine strictement italienne. Les nombreux métissages qu'il a subis rendent difficile l'identification de ses ascendants. Ce cheval sans doute très ancien, dont la force a fait qu'il a longtemps servi aux militaires, est vraisemblablement le résultat de multiples croisements obtenus, au départ, à partir du napolitain.

La race a été modifiée et déterminée au XIXe siècle, lorsque les chevaux de souche ont été croisés avec des chevaux anglais, en particulier demi-sang et norfolk roadsters, qui ont amélioré surtout son action et sa solidité. D'autres apports ont encore affiné la race : l'andalou a contribué à augmenter sa taille ; le barbe lui a apporté sa vitalité, sa rusticité et sa grande vigueur.

UNE SOUCHE NOUVELLE

La souche ancienne est quasi éteinte dans sa forme originale. La race nouvelle, qui est mêlée de pur-sang, est apparue avec l'étalon Fauno, en 1902. Les sujets actuels, toujours mêlés de pur-sang, ont un tempérament plus nerveux que leurs ancêtres et sont réputés avoir beaucoup de caractère.

UNE RÉGION DE MARÉCAGES

La Maremme, aux confins du Latium, était jadis une région de marécages, infestée de brigands et peuplée de bergers. Aujourd'hui, assainie et bonifiée, elle est couverte

Bien qu'il devienne, de plus en plus, un cheval de loisir, le maremmano reste présent dans la vie des villages, où il est encore parfois utilisé pour le trait léger et les travaux agricoles.

Gros plan

D'abord élevé pour les travaux agricoles légers, puis cheval des gardiens de troupeaux, les butteri, *le maremmano est devenu un cheval agile et polyvalent, apte aux loisirs. C'est la monture de prédilection de la police montée italienne.*

de la végétation caractéristique du maquis méditerranéen qui comprend de nombreuses espèces bien adaptées à son sol sablonneux et saumâtre. Sur cette terre propice à l'élevage, le maremmano, comme le camargue en Camargue, est particulièrement apprécié pour le travail du bétail.

UNE CULTURE PARTICULIÈRE

Résistant à l'extrême, le maremmano est ainsi indissociable du travail des butteri (les « cow-boys » italiens) par son aptitude à couvrir aisément une distance de 50 km par jour parmi collines et larges plaines. Une véritable culture « maremmana » s'est donc développée. Il existe ainsi une selle « maremmana », selle de travail en cuir ouvragée, au châssis en bois et à la forte matelassure, qui ressemble un peu à la selle à piquer. De même, les exigences du travail (le rassemblement du bétail) ont fini par donner un style particulier de monte, dite « à la maremmana », aujourd'hui reconnu et défendu par l'Association nationale de monte maremmana.

UNE RACE SE DESSINE

Malgré l'absence d'une politique d'élevage rigoureuse, le maremmano a acquis quelques caractéristiques propres qui lui tiennent lieu de standard.

ORIGINE

Le maremmano, d'abord produit au haras de Grossetto, est toujours élevé dans la Maremme, en Toscane.

Type et tempérament

D'aspect plutôt ordinaire, le maremmano est solide, endurant et docile ; sa polyvalence, sa frugalité et sa résistance aux mauvaises conditions climatiques ont de tout temps été fort appréciées.

Modèle

Le maremmano possède une tête généralement bien proportionnée, au profil droit ou légèrement convexe. Son encolure longue et musclée est très forte à la base ; le garrot est net, les épaules assez obliques, le poitrail bien éclaté. Sa poitrine est profonde et son dos court et droit. Les membres du maremmano sont un de ses points de force : solides et courts, bien charpentés, avec des jarrets puissants et bien placés. Les sabots, plutôt larges, sont faits d'une corne noire solide.

Taille

1,60 m en moyenne.

Robe

Toutes les robes simples sont admises, mais le bai et le noir dominent.

Caractère

Heureux mélange de chevaux rustiques et de chevaux de sang, le maremmano possède un tempérament tranquille mais non dépourvu d'une certaine ardeur. Généralement complaisant et assez facile à dresser, il a malgré tout la réputation d'avoir un certain caractère.

Kit Houghton

Le saviez-vous ?

Le maremmano est lui-même à l'origine d'autres types, comme le « cheval de Catria », originaire de la province de Pesaro, obtenu par croisement de juments « maremmane » avec des étalons franches-montagnes.

Bob Langrish

Il y a une selle « maremmana » et, même, …

… une équitation « maremmana ».

Kit Houghton

BON À SAVOIR

Pour en savoir plus :

Associazione nazionale allevatori cavallo razza maremmana

Via Canova 13/A – 58100 Grossetto. Téléphone: 0564. 417087 ; fax : 0564.25081.

Associazione nazionale monta maremmana, Provincia di Pisa

Piazza Martiri della Libertà – 56127 Pisa. Téléphone : 050.554039.

Le groningen

Ce solide cheval au tempérament complaisant a beaucoup évolué au cours du XXe siècle. Il est en effet passé du statut de cheval d'attelage populaire à celui de cheval de loisir sans perdre la vigueur et le calme qui le caractérisent.

UN CHEVAL POPULAIRE

Issu d'un pays qui a su se distinguer par des races remarquables malgré des conditions d'élevage peu favorables, le groningen est un produit très populaire.

À L'ORIGINE

Le groningen fut d'abord un cheval de trait qui répondait aux besoins d'une région où la terre lourde et collante nécessitait des animaux puissants, aux pieds larges et solides, et d'un naturel complaisant. Il fut souvent croisé au frison et à l'oldenbourg, qui lui donnèrent de l'allant. Au XIXe siècle, son croisement avec le suffolk punch accrut sa force et son poids. Le groningen devint un cheval lourd très répandu en Hollande. Il servait à tous les travaux agricoles, où il faisait preuve d'une force et d'une résistance remarquables. On l'employait également beaucoup à l'attelage : il faisait un cheval de coche puissant et endurant, quoique dépourvu d'élégance et de fougue.

VERS UN TYPE PLUS LÉGER

Avec la mécanisation de l'agriculture, le besoin de chevaux lourds s'amenuisant, les éleveurs croisèrent le groningen avec des races plus légères et plus rapides. Le type d'origine disparut peu à peu au profit d'un cheval plus léger, polyvalent, pouvant servir sous la selle et à l'attelage. Le groningen eut sa part dans la création du sang-chaud hollandais, mais lui-même ne tarda pas à disparaître presque complètement : en 1970, on ne comptait plus qu'un seul étalon de pure race groningen.

Kit Houghton

Le groningen a failli s'éteindre en 1970. La race a ensuite rendu d'immenses services dans la création du sang-chaud hollandais. Malheureusement, elle est désormais peu recherchée pour les croisements, aussi peut-on craindre qu'elle disparaisse de nouveau.

Sorrel

LE GRONINGEN AUJOURD'HUI

Fort heureusement, quelques éleveurs unirent leurs efforts pour sauvegarder le véritable groningen. Sans chercher à recréer le type d'origine, lourd, avec ses membres courts, ses articulations noyées et son dos long, ils sont parvenus à sauver la solidité caractéristique de cette race dont les juments ont toujours produit des poulains remarquablement vigoureux et sains. Le groningen est aujourd'hui un cheval d'attelage et de loisir assez répandu dans son pays, mais peu exporté.

LE SAVIEZ-VOUS ?

Les juments groningens sont des poulinières fertiles qui donnent des poulains vigoureux et sains. C'est l'une des raisons pour lesquelles la race a été utilisée dans de nombreux croisements.

GENTIL ET COURAGEUX

Apprécié de tous pour sa bravoure, aimé des enfants pour sa gentillesse, le groningen est un cheval puissant et sûr.

ORIGINE

Le groningen provient de la région dont il porte le nom et qui est située au nord des Pays-Bas, en bordure de la mer du Nord. Il a tiré de ces terres littorales une nature vigoureuse.

Le coin du pro

L'ancien type a disparu au profit d'un cheval polyvalent. Mais on retrouve encore chez certains groningens les caractéristiques des souches anciennes : une épaule un peu droite mais une arrière-main remarquable, une ossature solide que l'on repère à l'épaisseur des canons.

Kit Houghton

Type et tempérament

Le groningen n'a rien d'un élégant cheval de parade. Mais sa vigueur débonnaire et son allure sympathique ont conquis de nombreux amateurs.

Modèle

La tête est plutôt grande, parfois un peu lourde, avec un chanfrein souvent busqué. Le regard est franc et intelligent. L'encolure vigoureuse et courte est plantée sur une épaule suffisamment inclinée pour permettre des allures assez déliées. Le passage de sangle est très profond. Le dos est long, l'arrière-main remarquablement puissante, la croupe plate et large. Les membres sont courts, très musclés, pourvus d'une ossature solide et épaisse. Les articulations sont larges sans être noyées comme dans l'ancien type. Les sabots sont ronds, bien formés et faits d'une corne de bonne qualité. Les crins ne sont pas très abondants et les membres ne portent pas de fanons.

Robe

Les robes dominantes sont le bai, le bai-brun et le noir.

Bob Langrish

Taille

Entre 1,52 m et 1,63 m.

Tempérament

Le groningen est un cheval d'instruction idéal qui se montre toujours gentil et patient lors de soins. Sa docilité, associée à de bonnes capacités d'apprentissage, en fait un cheval de loisir très agréable. Il possède également un sang-froid et un courage qui lui permettent d'affronter la plupart des situations sans s'affoler et avec la vigueur nécessaire. Son tempérament est d'ailleurs son meilleur atout. Aussi a-t-on, afin de transmettre ces bonnes dispositions à des chevaux de sport de haut niveau, beaucoup utilisé ce cheval dans la création du sang-chaud hollandais. La puissante arrière-main du groningen a contribué à faire du sang-chaud hollandais, ou KWNP, un remarquable sauteur.

Kit Houghton

Sorrel

***La tête du groningen n'est pas toujours élégante** mais elle respire la franchise et la gentillesse. Ce cheval intelligent et posé, doté d'allures actives, mérite l'intérêt des cavaliers de loisir et fait un excellent cheval d'attelage.*

Les chevaux australiens

Le cheval est arrivé en Australie il y a un peu plus de deux siècles seulement. Aujourd'hui, on compte essentiellement trois races locales : le stock horse, le brumby et le poney australien.

LE WALER

Première race fixée en Australie, le waler est aujourd'hui disparu.

UN GRAND CHEVAL DE CAVALERIE

Les premiers chevaux importés en Australie, en 1788, étaient originaires d'Afrique du Sud. Par la suite, les Australiens importèrent beaucoup d'autres chevaux, avec une nette majorité d'arabes et de pur-sang. De croisements divers naquit le waler, utilisé sous la selle et comme bête de trait par les éleveurs de moutons et de bœufs. Il devint également un cheval de cavalerie de grande qualité. L'Australie exporta au XIXe siècle et jusqu'au début du XXe vers divers pays et, en premier lieu, vers la Grande-Bretagne et l'Inde, des dizaines de milliers de walers destinés aux militaires.

Bob Langrish

Bob Langrish

GROS PLAN
Le brumby

À la fin de la grande ruée vers l'or, après 1851, de nombreux chevaux s'échappèrent ou furent abandonnés. Retournant à la vie sauvage, ils se croisèrent entre eux et se dispersèrent dans le pays. Le résultat, ce sont ces brumbies, petits chevaux agiles, résistants, présentant une conformation peu élégante mais qui sont remarquablement adaptés au climat sec et éprouvant de leur pays.

Leur nombre croissant irrite régulièrement éleveurs et cultivateurs, qui ont entrepris à plusieurs reprises de s'en débarrasser par différents moyens, tous assez barbares, allant de la simple chasse au fusil aux poursuites- massacres en avion (plusieurs milliers de chevaux abattus). Les organisations internationales de protection de l'environnement et de la vie animale s'en sont indignées, mais, aujourd'hui, le problème du brumby, dans une Australie moderne qui n'a que faire de ce petit cheval rustique, n'est toujours pas résolu.

Modèle
L'australian stock horse est un heureux mélange des races qui ont dominé sa formation. Agile et vif, il possède un excellent équilibre naturel. La tête rappelle celle du pur-sang, mais souvent avec les formes plus carrées du quarter horse ; le poitrail est profond, les épaules inclinées et bien musclées, la croupe puissante et les jarrets bas. L'ossature solide, les canons courts et les pieds durs sont caractéristiques : cela tient à la qualité des herbages, particulièrement riches en sels minéraux.

Taille
Très variable, de 1,50 m à 1,68 m.

Robe
Toutes les robes unies sont admises.

Caractère
Cheval de sang polyvalent, endurant et énergique, le stock horse jouit d'un tempérament équilibré qui le rend agréable à dresser et à monter.

Bob Langrish

MORT AU COMBAT

Ces exportations et les grandes pertes essuyées lors de divers conflits expliquent la disparition du waler, dont la race s'est éteinte après la Seconde Guerre mondiale. Le waler était un cheval de taille moyenne, énergique et agile, qui possédait une solide ossature. Il était rustique et résistait remarquablement bien à la chaleur. C'était, en outre, un excellent sauteur.

LE STOCK HORSE

Après la dispartition du waler, la relève a été prise par l'australian stock horse. C'est un cheval de sang agréable et résistant.

LA PART DU QUARTER

Si le stock horse révèle nettement l'influence des anglo-arabes et des pur-sang, c'est aussi un descendant assez caractéristique des quarter horses qui ont été généreusement importés en Australie dans la seconde moitié du XXe siècle. L'Australian Stock Horse society s'est efforcée de définir et de stabiliser le standard de cette race née de multiples croisements. On trouve encore aujourd'hui des conformations relativement différentes, mais le type du stock horse semble désormais établi.

Bon à savoir

En Australie comme en Nouvelle-Zélande, l'épreuve reine est le complet. Le CSO est pratiqué sur des parcours plus espacés et moins techniques, le dressage est en forte progression : les Australiens sont en train de constituer leur propre race de sang-chaud à partir d'étalons allemands et hollandais.

Le saviez-vous ?

Les Australiens sont de grands amateurs de courses : il y a des hippodromes partout, même dans les zones arides et peu habitées. Chaque année, le 1er mardi de novembre, la course de galopeurs de la coupe de Melbourne, « The Melbourne Cup », interrompt le travail dans toute l'Australie pendant quelques minutes !

LE PONEY AUSTRALIEN

Le poney australien est désormais une race distincte, contrôlée par le stud-book de la Société des Poneys australiens, qui a établi un standard détaillé.

ORIGINE

Le poney australien est issu de diverses races importées par les colons : le premier poney arriva en Australie en 1803, mais c'est seulement en 1920 qu'un stud-book fut institué. Les welsh mountain ponies ont constitué l'essentiel de la souche, avec un apport de sang de shetland, de hackney et, comme toujours, d'arabe et de pur-sang.

Modèle
La conformation d'ensemble évoque celle du welsh mountain pony. Compact, bien bâti et puissant, le poney australien possède une action excellente. La tête est sèche, avec un profil légèrement concave et de grands yeux ; l'encolure est finement incurvée, les épaules bien inclinées, l'arrière-main puissante et bien conformée.

Taille
Entre 1,20 m et 1,40 m.

Robe
Toutes les robes unies sont admises.

Caractère
Intelligent, vif et de bonne volonté, le poney australien a un tempérament excellent, assez proche de celui de son cousin gallois.

Bob Langrish

Le murgese

Le murgese est originaire des Murge, région des Pouilles (Italie méridionale). Métissé de sang napolitain et d'avelignese, il devint célèbre au XVIe siècle. Il s'éteignit au XIXe siècle pour renaître, différent, au XXe siècle.

UN DEMI-SANG

Le murgese actuel est un cheval de trait léger, qui fait un peu songer au frison. Son type n'est pas encore bien fixé.

UN BEAU MÉLANGE

L'ancêtre de l'actuel murgese apparut, il y a environ 500 ans, dans le sud de l'Italie, plus précisément dans les Pouilles. Il était alors élevé sur le plateau calcaire des Murge, qui lui donna son nom. À l'époque, la région avait la réputation de produire d'admirables chevaux de selle – le sang napolitain n'était pas loin.

Le murgese semble avoir été le produit d'un mélange de sang indigène, d'avelignese, trait lourd italien, de sang oriental et, surtout, de sang napolitain – les napolitains étant alors considérés comme les meilleurs chevaux de selle et de combat.

LA FOUGUE NAPOLITAINE ET LA DOUCEUR AVELIGNESE

Le murgese acquiert vite une excellente réputation. Le cheval napolitain lui procure énergie, vivacité et puissance tandis que l'avelignese lui apporte de la hauteur et tempère son caractère.

Pendant la Renaissance, le murgese est très populaire. Endurant, pourvu d'excellents pieds, il est apprécié comme coursier monté ou attelé, comme cheval de transport et comme cheval de guerre.

Pendant les siècles qui suivent, cependant, l'intérêt qu'il suscite diminue peu à peu. C'est si grave qu'en fait il s'éteint doucement. Au XIXe siècle, alors que l'on ne veut plus que des chevaux lourds pour le travail et des chevaux de sang pour la selle, le murgese devient un « entre-deux » dont plus personne ne veut. Les éleveurs le délaissent et la race disparaît.

RENAISSANCE

Le régime fasciste, cependant, accorde une importance nouvelle à l'élevage. Les éleveurs sont incités à mettre en valeur les produits locaux et à développer le cheptel. Le murgese fera partie des « ressuscités ». Opérant divers croisements, les éleveurs parviennent à créer un nouveau murgese, qui ne ressemble pas tout à fait à son

Le saviez-vous ?

Du XVe au XVIIIe siècle, le cheval napolitain, élevé sur les domaines des grandes familles du royaume de Naples, brille en Europe. Élégant, vigoureux, doux et maniable, il sert de destrier, de cheval de chasse ou de trait léger, mais aussi d'améliorateur des races. Rien d'étonnant donc que son sang coule dans les veines du murgese.

Bob Langrish

GROS PLAN

Le murgese à parfois une tête un peu lourde, mais ses grands yeux et ses naseaux fins et ouverts lui confèrent toujours une certaine noblesse. Cette tête exprime bien son tempérament, qui est à la fois vif et doux.

Bob Langrish

ancêtre si l'on en croit les documents disponibles. Moins solidement bâti, il est devenu un cheval de trait léger et de selle. Son type reste à fixer et les objectifs semblent encore flous entre les deux guerres. Les éleveurs semblent tiraillés entre les chevaux orientaux et les chevaux italiens mi-lourds.

CRÉATION DU STUD-BOOK

Dès 1926, le stud-book est créé et les éleveurs entreprennent un travail de sélection pour essayer d'arriver à obtenir des produits plus homogènes. Ils veulent éviter la multiplication des croisements intempestifs avec des pur-sang et autres chevaux à sang chaud qui, s'ils sont à la mode, ne correspondent pas au type originel du murgese. Mais de nombreuses influences sont nécessaires pour recréer cette race éteinte.

POUR LE TRAVAIL ET LES LOISIRS

Le murgese moderne n'a ni le physique ni le tempérament de son ancêtre. Mais c'est un cheval solide et élégant, assez polyvalent pour se prêter aux petits travaux agricoles, à l'attelage et à l'équitation de loisir.

ORIGINE

C'est dans les Pouilles, au sud de l'Italie, dans une région à la végétation assez pauvre, que le murgese est apparu ; de là son tempérament frugal.

Type et tempérament

Oscillant entre trait léger et cheval de selle, le murgese moderne est un cheval plutôt élégant.

Modèle

Le murgese a une tête au profil droit ou, plus généralement, légèrement busqué, avec des ganaches un peu lourdes dues à ses ascendants à sang froid. Le front est large avec de grands yeux expressifs. L'encolure est forte, bien plantée et doit être, selon les nouveaux standards, portée haut. Le garrot est long et moyennement saillant. Le poitrail doit être large et le passage de sangle profond – une qualité qui fait encore souvent défaut. Le dos musclé ne devrait pas être trop long. La croupe est plutôt brève, souvent assez inclinée, et musclée. Les membres solides et plutôt longs ont de bons aplombs. Les jarrets, qui présentaient des faiblesses, ont été bien améliorés. Les pieds, remarquablement solides, sont bien faits ; la corne des sabots est noire et dure.

Taille

De 1,55 m à 1,65 m.

Robe

Alezan, bai brun ou noir zain ; les marques blanches ne sont pas acceptées.

Caractère

De même que son modèle, encore incertain, les dispositions du murgese peuvent varier. Certains sujets alertes et souples, pleins de vivacité, se montrent aptes au dressage. D'autres, plus forts et lourds, d'un tempérament plus placide, s'adaptent mieux aux travaux agricoles ou à l'attelage. Mais, d'une manière générale, le murgese est un cheval plutôt énergique, intelligent et doté d'un caractère aimable.

Bob Langrish

Le coin du pro

Les agriculteurs utilisaient encore ces dernières années le murgese pour les petits travaux de la campagne et la production des mulets. Le murgese devrait pourtant se tailler une jolie réputation comme cheval de loisir, car il est confortable, souple et possède un pied remarquablement sûr en terrain escarpé. Les éleveurs souhaitent aussi faire valoir ses aptitudes au dressage.

Le type du murgese n'étant pas encore bien fixé, des différences sensibles peuvent se présenter d'un animal à l'autre.

Bob Langrish

Bob Langrish

Le cheval de la Caspienne

Ce tout petit cheval iranien, rapide et élégant, est considéré comme l'une des plus anciennes races de chevaux. Il possède des caractéristiques qui le différencient des autres races et qui permettent de le rattacher à ses très lointains ancêtres.

UNE RACE PROTÉGÉE

Le cheval de la Caspienne, sauvé de justesse de l'extinction, reste rare ; aussi est-il de nos jours protégé.

DE L'HISTOIRE ANCIENNE

Les représentations d'un petit cheval élégant, d'un type similaire à celui des chevaux arabes, sur les bas-reliefs d'Égypte et de Mésopotamie constituent peut-être l'un des plus anciens témoignages de l'existence des ancêtres du cheval de la Caspienne. Beaucoup plus tard, vers 500 av. J.-C., on retrouve de petits chevaux assez semblables sur le sceau de Darius le Grand, roi de Perse.

Des ossements analogues à ceux du cheval de la Caspienne ont d'ailleurs été retrouvés dans des grottes datant du mésolithique, près de Kermanchah, entre Bagdad et Téhéran. On pense ainsi pouvoir établir un lien entre ces lointains ancêtres et les petits chevaux que les tribus de la région de Kermanchah, chassées de leurs territoires, emmenèrent au pied de l'Elbourz, au bord de la mer Caspienne.

UNE GRANDE DÉCOUVERTE

On croyait ce petit cheval définitivement disparu quand, en 1965, l'Américaine Louise Firouz découvrit une harde d'une trentaine de têtes dans une région reculée du nord de l'Iran, sur la mer Caspienne. Une recherche systématique lui confirma la présence, sur toute la côte sud de la mer Caspienne, d'une cinquantaine d'animaux présentant les caractéristiques du cheval de la Caspienne. Elle entreprit alors de protéger cette race et d'en faire l'élevage.

Elle conserva la direction de cet élevage « de souche » jusqu'en 1974, date à laquelle la Royal Horses Society of Iran en prit la gestion.

Bob Langrish

GROS PLAN

Les grands yeux en amande, légèrement protubérants, sont caractéristiques du cheval de la Caspienne.

Bob Langrish

UN SAUVETAGE DIFFICILE

Louise Firouz entreprit alors de nouvelles recherches et découvrit une poignée d'autres chevaux de la Caspienne, ce qui lui permit de fonder une nouvelle harde en 1975.

Le saviez-vous ?

Tout comme celles du cheval de Przewalski et du tarpan, la découverte du cheval de la Caspienne a été capitale pour les recherches sur l'histoire des équidés.
Des examens scientifiques (tests d'ADN, examens du sang et des os) ont permis aux chercheurs de confirmer que les chevaux découverts par Louise Firouz sont probablement les descendants des animaux représentés sur les bas-reliefs de la Perse ancienne.
D'après ces recherches, le cheval de la Caspienne serait, très vraisemblablement, un ancêtre du cheval arabe, c'est-à-dire l'ancêtre de tous les chevaux de sang !

La Royal Horses Society of Iran saisit les animaux de cette lignée et interdit, en 1977, l'exportation des chevaux de la Caspienne. Hélas, durant le conflit Irak-Iran (1980-1988), tous les chevaux furent dispersés : vendus pour la boucherie ou utilisés pour déminer (!) avant le passage des troupes. En 1992, il ne restait plus, en Iran, que 38 chevaux de la Caspienne. En 1993 fut entrepris un sauvetage de dernière minute : sept chevaux résistèrent à la traversée de la Russie et à une longue quarantaine en Biélorussie. Après huit mois de voyage, ils parvinrent en Angleterre. Ce furent là, sans doute, les derniers chevaux de la Caspienne à sortir d'Iran.

LE CHEVAL DE LA CASPIENNE AUJOURD'HUI

Protégé, aujourd'hui, par la International Caspian Society Registry, le cheval de la Caspienne est élevé en Iran. Quelques lignées ont pu être établies à partir des rares animaux exportés : de nos jours, on élève cette race en Europe, en Australie et aux États-Unis. Il existe environ 500 chevaux de la Caspienne dans le monde.

UN BEL AVENIR

Cet extraordinaire petit cheval ne peut que susciter l'enthousiasme. Désormais à l'abri de l'extinction, il est promis à un bel avenir.

Bob Langrish

Le cheval de la Caspienne possède des allures élastiques et légères, avec des foulées longues et rasantes : au trot et au galop, il semble flotter au-dessus du sol.

Les premiers poulains nés hors de leur région d'origine sont maintenant adultes : l'avenir de la race semble assuré.

Bob Langrish

ORIGINE

Originaire du nord de l'Iran – c'est à Amol, sur les rives de la Caspienne, qu'il fut redécouvert en 1965 –, où il est toujours présent, le cheval de la Caspienne est élevé dans divers pays, dont les États-Unis, qui possèdent le cheptel le plus important après l'Iran.

Type et tempérament

Malgré sa petite taille, le cheval de la Caspienne possède toutes les caractéristiques d'un cheval et n'est donc pas classé parmi les poneys.

Modèle

L'impression générale est harmonieuse : le cheval de la Caspienne est élégant et bien proportionné. Il possède des allures déliées et élastiques, avec un pas et un trot amples, un galop bien cadencé qui peut être très rapide. C'est aussi un excellent sauteur. La tête est petite, fine et expressive, avec de grands yeux légèrement proéminents et de petites oreilles (maximum 11 cm de long). L'encolure est harmonieuse et bien orientée, l'épaule longue, le passage de sangle profond, le garrot marqué. L'arrière-main est puissante et ronde, avec une queue attachée très haut. Les membres sont fins et longs, mais l'ossature remarquablement solide. Les sabots sont d'une corne très dure qui ne nécessite pas de ferrure. La peau est fine, comme celle de l'arabe, et les crins abondants.

Bob Langrish

Taille

Entre 1,02 m et 1,22 m.

Robe

Le bai, le gris et l'alezan dominent. On rencontre aussi, mais plus rarement, des noirs et des crème.

Caractère

Le cheval de la Caspienne est un cheval de sang, intelligent et plein de fougue. Il est cependant facile à dresser et c'est une bonne monture pour les enfants. Son ardeur et sa rapidité en font un cheval d'attelage hors pair.

Le sang-chaud danois

Patrimoine vivant du Danemark, le sang-chaud danois est un cheval de sport né au XXe siècle d'un mélange de races indigènes et de pur-sang anglais. Plein de noblesse, souple, vif, plutôt grand et musclé, il brille en dressage et en CSO.

LE CHEVAL DE LA COURONNE DANOISE

Soutenu par la société d'éleveurs Dansk Varmblod (sang-chaud danois), ce cheval de qualité est surtout destiné à la compétition.

DES RACINES DANOISES ET ÉTRANGÈRES

Le sang-chaud danois, apparu au début du XXe siècle sous le nom de « cheval de sport danois », est le résultat, comme la plupart des races de sport, de multiples croisements. L'une des « mères » de la race est la solide jument indigène frederiksborg, elle-même descendante d'étalons andalous importés au XIVe siècle sur les terres scandinaves. Cette lignée devait aussi beaucoup aux holsteins, chevaux élevés sur le territoire du même nom, qui fut la propriété du roi du Danemark entre 1460 et 1866, date à laquelle il fut annexé par la Prusse. L'autre grande lignée du sang-chaud danois est, bien sûr, le pur-sang anglais.

POPULAIRE EN SON ROYAUME

Dans les années 1900, la naissance des sports équestres s'accompagne de la création de races adaptées aux nouvelles exigences des cavaliers. Les éleveurs danois effectuent une première sélection, avec des frederiksborg et des pur-sang anglais, afin d'alléger le cheval autochtone. Le cheval de sport danois naît de ce mariage. Les éleveurs poursuivent leur effort de sélection en croisant les juments danoises et les étalons de sang des meilleures lignées d'Europe. Le résultat escompté semble atteint en 1960, date à laquelle le cheval de sport danois est rebaptisé Dansk Varmblod (sang-chaud danois) et son stud-book ouvert.

Bob Langrish

Intelligent et vif, le sang-chaud danois est un cheval au tempérament équilibré.

Bob Langrish

AUJOURD'HUI

Le sang-chaud danois est désormais un cheval de sport de renommée internationale capable de pratiquer la compétition sportive à haut niveau en dressage et en jumping. C'est la monture de la plupart des cavaliers danois.

Son altesse la princesse Benedikte, cavalière et éleveuse, parraine la Dansk Varmblod, la société protectrice de la race, qui est établie dans le Jutland et qui rassemble environ 5 000 membres.

LE COIN DU PRO

Chaque année, les étalons, juments et poulains sont soumis à des tests de confirmation par la société Dansk Varmblod. Les juges de la commission se déplacent, au Danemark, en Angleterre et aux États-Unis, pour évaluer la qualité de chaque produit présenté.

BELLE ALLURE

Avec son allure élégante, le sang-chaud danois en séduit plus d'un – mais son prix est souvent élevé. Très présent dans son pays où il est souvent employé pour le loisir, il est, dans le reste de l'Europe et aux États-Unis, essentiellement réservé à la compétition.

ORIGINE

Le sang chaud danois est élevé au Danemark, bien sûr, mais aussi à l'étranger et notamment aux États-Unis (dans le Colorado, la Louisiane, le Connecticut) et en Grande-Bretagne.

Kit Houghton

Le saviez-vous ?

Marzog, un sang-chaud danois monté par la championne Anne Grethe Törnblad dans les années 1980, fut élu meilleur cheval de dressage du XXe siècle.
Ces dernières années, bien d'autres cavaliers internationaux se sont distingués grâce à des sang-chaud danois. Aux Jeux olympiques de Sydney, en 2000, neuf pays comptaient un sang-chaud danois dans leur équipe.

Heureux mélange de puissance et de souplesse, le sang-chaud danois possède généralement de très belles allures.

Bob Langrish

BON À SAVOIR

Les meilleurs chevaux participent à l'exposition de juments d'élite à la fin de l'été ou à l'exposition nationale d'étalons en mars. Les sujets âgés de cinq ou six ans peuvent concourir au Trophée des Éleveurs (environ 3 000 produits présentés en 2000.) Des tests de présélection en dressage et jumping sont prévus dans le courant de l'année, la finale se déroulant durant un week-end de septembre au centre équestre national, à Vilhelmsborg, dans le Jutland.

Modèle

Sa tête au profil rectiligne possède des yeux expressifs, de belles oreilles mobiles, un nez fin, des ganaches peu épaisses qui le prédisposent au dressage. L'encolure est élégante, l'épaule puissante, longue et inclinée, surmontée d'un garrot saillant. Le dos, robuste, est assez court, l'arrière-main forte et harmonieuse. Les membres sont secs avec de belles articulations et des « sabots parfaits ».

Taille

En moyenne, entre 1,65 m et 1,70 m au garrot.

Robe

Toutes les robes sont admises.

Caractère

Équilibré, intelligent et de bonne volonté, le sang-chaud danois est vif, voire impétueux, et d'une grande force. Il convient aux cavaliers expérimentés pour la compétition ou les loisirs. Cheval de selle avant tout, il excelle en dressage et peut révéler de réelles aptitudes dans d'autres disciplines, comme le saut d'obstacles.

Kit Houghton

Gros plan

La marque du sang-chaud danois est une couronne surmontant une vague. Elle est réservée aux produits agréés par la société de tutelle de la race.

L'einsiedler

L'einsiedler est un demi-sang suisse, de type anglo-normand, originaire du canton de Schwyz. Ancienne monture de cavalerie, il est devenu un bon cheval de sport et de loisirs. Doué pour le saut, il peut exceller en CSO à haut niveau.

DU HAUT MOYEN-ÂGE À NOS JOURS

Né en 1064, l'einsiedler doit son nom aux moines de l'abbaye bénédictine helvète d'Einsiedeln. C'est, aujourd'hui, un cheval de sport très coté.

DES SOUCHES ANGLO-NORMANDES

Au Moyen-Âge, les moines de l'abbaye bénédictine d'Einsiedeln possédaient un élevage d'excellente renommée. En 1064, leur travail de sélection à partir du « cavallo della Madonna » aboutit à la création d'une race nouvelle à laquelle ils donnèrent le nom de leur abbaye. Au fil des siècles, son type a beaucoup évolué. Le premier registre fut ouvert en 1655, mais quelques croisements malheureux firent un peu se perdre le type et entraînèrent des incohérences qui obligèrent les éleveurs à créer un second registre en 1784. Au XIXe siècle, l'einsiedler fut métissé et amélioré grâce à du sang holstein et surtout anglo-normand – il reçut même le nom d'anglo-normand suisse.

LA STAR DE L'ÉLEVAGE SUISSE

L'ensiedler était devenu une monture robuste, rapide et adroite, dont l'aptitude à la selle fut appréciée de la cavalerie helvétique. Ses qualités de trait léger séduisirent également les éleveurs. Jusqu'au milieu du XIXe siècle, il fit la renommée des haras suisses de la vallée de l'Emme (Emmental), de l'Oberland bernois et des Ormonts (canton de Vaud).

Kit Houghton

L'einsiedler est, encore aujourd'hui, le cheval de l'armée suisse.

UN NOUVEAU STANDARD

Dans les années 1960, les éleveurs suisses s'intéressent à un nouveau courant en Europe : l'élevage de chevaux de loisir et de sport. Leur objectif étant de produire une monture plus compétitive dans ces domaines, ils introduisent quelques changements dans le type de l'einsiedler. Au haras fédéral d'Avenches, qui se charge désormais de la production de la race, des juments einsiedler sont saillies par des étalons demi-sang français, allemands, irlandais ou suédois de valeur. Le standard de la race est modifié. Ainsi naît le cheval de sport demi-sang CH.

Bob Langrish

LE SAVIEZ-VOUS?

En Suisse, la sélection des chevaux demi-sang CH âgés de quatre à sept ans se fait grâce aux épreuves Promotion CH. Chaque année, des épreuves de qualification permettent de choisir les meilleurs chevaux de sport élevés dans le pays. Les sujets retenus participent à la finale, qui se déroule à Avenches, en automne.

Bob Langrish

Les éleveurs suisses se sont efforcés d'obtenir un cheval de sport capable de briller en compétition et, notamment, à l'obstacle. Avec l'einsiedler, c'est chose faite.

Modèle

L'einsiedler actuel est un cheval léger et fort. De type anglo-normand, il possède une excellente conformation et donne une impression de grande harmonie. La tête fine et expressive fait songer au pur-sang. L'encolure est bien plantée, le poitrail large avec une tendance à faire une «poitrine». Les épaules sont inclinées, l'arrière-main puissante, les membres longs avec des articulations plates et solides. Les allures sont amples et déliées.

Taille

Entre 1,53 m et 1,62 m au garrot.

Bob Langrish

Robe

Baie et alezan surtout, mais toutes les couleurs franches sont admises.

Caractère

De tempérament calme, l'einsiedler est un cheval intelligent et courageux. Maniable et adroit, il est facile à dresser. Il se plie avec beaucoup de constance et de bonne volonté aux efforts que l'on exige de lui. Il peut briller en CSO mais aussi dans d'autres disciplines olympiques. Les cavaliers et les meneurs l'apprécient aussi comme cheval de loisirs car il est fiable et vigoureux.

QUELQUES GRANDS NOMS

Doué pour le saut (première discipline de sélection de cet élevage), le dressage et dans une moindre mesure le concours complet, l'einsiedler peut même, en compétition, accéder au niveau international. Flying Shark, Galant XVIII, Walido et Wandonga, par exemple, sont devenus de grands champions de saut d'obstacles. Gauguin de Lully, Lillebror et Orlando en dressage ou Gai Jeannot, Mimorey et Orée de la Brasserie en concours complet ont prouvé également leur talent.

UN ÉLÉGANT PRODUIT HELVÉTIQUE

Suisse depuis les origines, l'ensiedler fait, à juste titre, la fierté des éleveurs de son pays. Ce cheval sain et puissant est aussi élégant et souple.

ORIGINE

Cheval de selle élevé en Suisse dont la race est protégée par la Fédération d'élevage du cheval de sport et le haras fédéral d'Avenches.

Deux einsiedlers ou sang-chaud suisses devant le Haras national suisse à Avenches.

Bob Langrish

GROS PLAN

- **Fédération suisse des organisations d'élevage chevalin,** FSEC, Les Longs Prés, Case postale 190 CH-1580, Avenches, Suisse. Tél. : 00 41 026 676 63 30 ; Fax : 00 41 26 676 63 96.
- **Fédération d'élevage du cheval de sport CH** (FECH), même adresse, Tél. : 00 41 026 676 63 40 ; Fax. : 00 41 026 676 63 45.
- **Haras fédéral, même adresse.** Tél. : 00 41 26 676 61 11.

Le sang-chaud tchécoslovaque

Peu connu en Europe, le sang-chaud tchécoslovaque est un cheval de selle élevé en Bohême. Polyvalent, il est employé avec succès en jumping, en voltige, pour la chasse à courre et à l'attelage. Comme la plupart des races, il fait de plus en plus l'objet d'une sélection sévère en vue des compétitions.

LE CHEVAL DE SPORT TCHÈQUE

Le sang-chaud tchécoslovaque est élevé depuis longtemps en Moravie et en Slovaquie – les deux modèles ne présentant que de légères différences. Aujourd'hui, en République tchèque, il reçoit le sang des meilleures lignées allemandes.

MÉTISSAGE

Jusque vers les années 1900, les éleveurs tchèques et slovaques se sont efforcés d'effectuer un travail d'amélioration des chevaux indigènes par divers apports étrangers, notamment espagnol. Leur objectif était, alors, de répondre aux besoins du moment : produire des chevaux capables de servir dans l'agriculture et les transports, ce qui explique les apports répétés de sang-froid, lequel favorise la robustesse, la docilité et la frugalité. Le léger pur-sang anglais ne convient pas encore aux nécessités du pays.

ÉVOLUTION ET MODÈLES

Entre les deux guerres mondiales, des consignes gouvernementales contraignent les éleveurs à concentrer l'élevage des chevaux à sang-chaud dans certaines régions – l'objectif étant de contrôler le développement d'un bon cheval de selle. Les consignes ne seront pas suivies, mais les éleveurs ont compris le message et s'efforcent de modifier leur cheptel pour produire un sang-chaud tchécoslovaque adapté à l'évolution des besoins.

Bob Langrish

Bon galopeur et bon sauteur, souvent doté d'allures amples, le sang-chaud tchécoslovaque possède d'excellentes aptitudes de cheval de sport.

Le cheval de Bohême subit divers croisements et reçoit des infusions de sang oldenbourg et frison. Moins rapide et moins léger que l'oldenbourg, il se montre plus précoce et plus adapté aux travaux des champs. La race, élevée dans la région du haras provincial de Nemosice, demeure très présente en Moravie.

APRÈS LA GUERRE

Jusqu'en 1945, des différences de standard sont sensibles entre les différents types de chevaux tchécoslovaques sang-chaud. Les produits du cheptel morave sont plus élégants que les chevaux de Bohême, plus forts et de taille plus grande.

Dès les années 1960, toutefois, la politique de l'élevage change d'orientation.

Bob Langrish

BON À SAVOIR

National Stud-farm Topolcianky,
Parková ulica 13 ; 951 93 Topolcianky.
Téléphone :+421/814/6301 613-15.
Fax :+421/814/6301 611.
E-mail : zrebcin@miesto.sk

Bob Langrish

Un modèle harmonieux qui prend de plus en plus aux grandes lignées des chevaux de sport allemands.

À la fois résistant et rapide, courageux, le sang-chaud tchécoslovaque a fait ses preuves comme cheval de chasse à courre.

Bob Langrish

La Tchécoslovaquie suit la nouvelle vogue des sports équestres. Il faut séduire une clientèle de cavaliers et de meneurs, d'amateurs de concours ou de loisirs sportifs.

Un cheval de selle tchécoslovaque, polyvalent, naît de multiples métissages avec des étalons étrangers importés – anglo-normands, hanovriens, oldenbourgs, frisons, orientaux, etc. Aujourd'hui, le haras de Topolcianky utilise, pour améliorer ses produits, comme beaucoup d'autres haras nationaux en Europe, les meilleures lignées des chevaux de sport allemands.

TYPE ET TEMPÉRAMENT

Le sang-chaud tchécoslovaque actuel est surtout élevé en République tchèque. Ce cheval de selle et d'attelage se montre puissant, brave, sportif.

ORIGINE

Le sang-chaud tchécoslovaque a été produit essentiellement en Bohême et en Moravie.

Gros plan

Le haras national de Topolcianky est situé à environ 120 km au nord-est de Bratislava, près de la ville de Zlaté Moravce. Fondé en 1921, il est contigu au château de Topolcianky, résidence d'été du premier président de la République fédérative tchèque et slovaque, et à son immense parc. 500 chevaux environ y sont élevés au cœur des montagnes, dans un superbe cadre naturel : des tchécoslovaques sang-chaud, surtout, mais aussi des arabes, des lipizzans et des guzuls.

Modèle

Le modèle du sang-chaud tchécoslovaque est encore un peu instable, les apports multiples étant relativement récents. Les éleveurs cherchent toutefois à obtenir une meilleure homogénéité.

La tête, de taille moyenne, est expressive et bien attachée. L'encolure, longue et déliée, prend naissance dans une épaule qui ne cesse de s'améliorer de génération en génération. Le garrot demeure peu proéminent. Le dos est plutôt long, le rein large, l'arrière-main puissante. Les membres sont sains et solides, avec de belles articulations. Les paturons sont plutôt courts. Les crins sont fournis.

Taille

1,55 m au garrot en moyenne.

Robe

Toutes les robes simples sont admises, les plus courantes étant le bai et l'alezan.

Caractère

De même qu'il est encore difficile de dégager un type parfaitement homogène, il est encore un peu délicat de définir le caractère du sang-chaud tchécoslovaque. Plutôt vif et intelligent, tenant de ses nombreux ancêtres lourds une certaine propension à la docilité et beaucoup de vaillance, c'est un cheval qui se prête de bonne volonté à toutes sortes de tâches, du dressage en CSO à l'attelage et à la chasse à courre.

Généralement aimable et facile à manipuler, c'est aussi un bon cheval d'école.

Bob Langrish

Les chevaux de selle de Russie

L'immense Russie élève depuis longtemps une grande variété de races de selle. Venus de contrées aux climats généralement rudes, ces chevaux ont tous en commun une grande rusticité et une résistance à toute épreuve.

DES STEPPES AU STADE

Don, tersky, kabardin, budyonny... ces chevaux de travail endurants révèlent aujourd'hui, sous la selle des cavaliers de sport ou de loisir, de belles capacités.

LE DON, UNE FORCE DE LA NATURE

Ce cheval de selle descend du nagaï, de type mongol, qui est élevé dans le nord du Caucase depuis le XIIIe siècle au moins. Jadis monture favorite des cosaques installés sur les rives du Don, ce cheval brave, sobre et robuste parvenait à subsister dans les difficiles conditions qui sont celles de la steppe. Il fut d'une grande aide sur les champs de bataille, notamment pendant la campagne de Russie.

Bob Langrish

Au XIXe siècle, les éleveurs procédèrent à divers croisements : avec le trotteur orlov, le pur-sang arabe de Perse, le strelet, le turkmène et le karabakh. Ces divers apports transformèrent le don, qui devint plus élancé et plus rapide. Il servit dans la cavalerie jusqu'en 1945. Aujourd'hui, élevé en semi-liberté dans les herbages, il sert de monture de travail aux gardiens de bétail. C'est aussi un cheval de selle très solide, endurant et vigoureux, qui possède de grandes aptitudes pour le dressage.

LE KABARDIN

Né dans les montagnes du nord du Caucase, le kabardin était un robuste cheval indigène déjà réputé pour sa force au XVIe siècle. Il fut amélioré par le sang turkmène et arabe. Il a grandi et est devenu, dans sa catégorie, un cheval bien bâti, rapide, au pied sûr, facile à dresser et très maniable. Toujours élevé dans le Caucase, il est employé comme animal de bât et de selle et donne d'excellents résultats en endurance. C'est un cheval très apprécié pour les longues randonnées.

Le tersky.

Bob Langrish

LE BUDYONNY

Le budyonny, élevé au haras de Rostov, au nord-est de Moscou, porte le nom du maréchal Budyonny, illustre officier de cavalerie de la Révolution russe. Né d'un métissage entre des étalons pur-sang et des juments don, il fut d'abord appelé « anglo-don ». Du sang kazakh et kirghiz coule aussi dans ses veines. La race fut reconnue dès 1948, date d'ouverture du stud-book.

Avec sa tête noble aux yeux expressifs, son encolure longue et forte, son épaule musclée et ses jambes longues, c'est un cheval puissant, rapide et adroit. Intelligent, actif et équilibré, cet ancien cheval de cavalerie

Bon à savoir

En Russie, il n'y a pas de place pour des chevaux délicats : les éleveurs se sont toujours attachés à préserver la résistance et la rusticité de leurs lignées, même lorsqu'ils cherchent à améliorer leurs performances sportives.

Bob Langrish

GROS PLAN

Le cheval orlov vit le jour en 1777, au haras de Khrenov. Il porte le nom de son créateur, le comte Grigori Grigorievitch Orlov (1734-1783). Au XVIIIe siècle, cet officier russe décida d'accoupler une jument flamande à son étalon pur-sang arabe Smetanka. Le fruit de ce croisement, l'étalon Polkan, fut à son tour accouplé à une jument frisonne. Le poulain né de ces amours, Bars I, est le fondateur de la race orlov. Aujourd'hui, cet étonnant trotteur gris est destiné à l'attelage, aux courses de trot attelé mais aussi au sport et au loisir. Le trotteur russe, qui descend de lui, est un cheval de sport bai ou noir, plus léger et plus rapide, employé pour la selle ou le sulky.

est aujourd'hui employé aussi bien en steeple-chase que dans les différentes compétitions équestres.

LE TERSKY

Ce cheval tchétchène, originaire du nord du Caucase, a été élevé et sélectionné pour devenir une monture polyvalente, vive et résistante.

TROIS CHEVAUX EN UN

Apparu au début du XXe siècle, le tersky est un mélange de strelet, de kabardin, de don et de pur-sang arabe. Il est élevé aux haras de Tersk et de Stavropol, dans le nord du Caucase. On distingue trois types de tersky : un léger, un moyen et un lourd. Le modèle varie donc selon le type, mais les caractéristiques de la race demeurent une belle tête au profil rectiligne, avec des yeux brillants et de longues oreilles pointues, une encolure longue bien greffée, des épaules parfaites, un garrot bien sorti, un dos long mais soutenu par des reins puissants, des jambes fines avec une bonne ossature.

Le tersky est un petit cheval – 1,50 m en moyenne –, de robe grise, souvent pommelée. Intelligent, complaisant et maniable, le modèle léger est un excellent cheval d'extérieur, qui peut aussi bien réussir en dressage. C'est aussi un cheval de vitesse qui a des dons pour la course.

Le don.

Bob Langrish

Le kabardin.

Bob Langrish

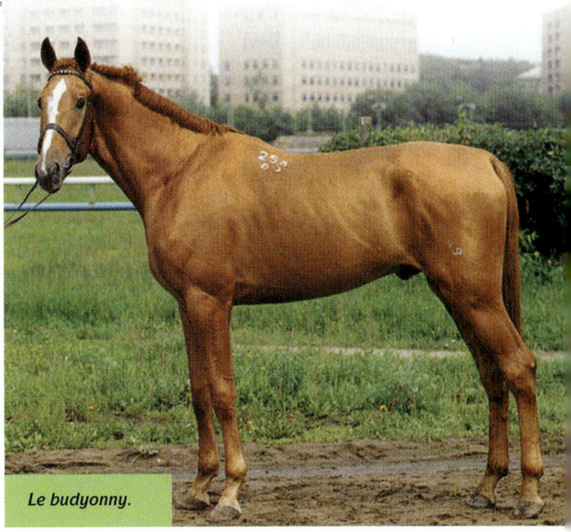

Bob Langrish

Le budyonny.

Le hack

Plus qu'une race, le hack est un type de cheval choisi pour son élégance et le brio de ses allures. Il doit être aussi agréable à monter qu'il est plaisant à regarder – le juge s'en assure en le montant lui-même !

LE HACK AU XIXᴱ SIÈCLE

Le hack est un « heval de plaisance » qui est apparu au XIXe siècle. On distinguait alors deux types : le cover hack et le park hack.

MONTURE DE LA BONNE SOCIÉTÉ

Le hack était, au XIXe siècle, la monture élégante des gens de la bonne société. Pur-sang ou près du sang, on lui demandait surtout de présenter bien et de se déplacer avec grâce. Il devait également être très bien dressé afin de garder une belle attitude et de rester maniable et agréable à monter même quand son cavalier faisait la conversation ou se pliait à ses devoirs de politesse. Le « cover hack », quoique toujours bien fait, était un peu plus solide ; le « park hack » se distinguait par une plus grande élégance.

RENDEZ-VOUS

Le cover hack était utilisé pour se rendre au rendez-vous de chasse : il fallait qu'il soit assez rapide et d'aspect flatteur pour que le cavalier se présente sous un jour favorable au rendez-vous. On le laissait le temps de la chasse – pour laquelle on préférait employer le solide hunter. Le cover hack était donc un joli modèle, qui avait des allures plaisantes et efficaces, était moins raffiné que le park hack que l'on n'aurait pas soumis à des conditions aussi rustiques, mais qui ne possédait ni la force, ni la résistance d'un cheval de chasse.

EXHIBITION

Le park hack, lui, devait contribuer à l'élégance de son maître. On l'employait pour se promener en ville et pour aller au parc : on en voyait beaucoup à Hyde Park, à Londres. Le park hack devait posséder des jambes longues et fines, un modèle très harmonieux, une tête élégante et expressive ainsi qu'un joli port. Ses allures gracieuses et fluides devaient être aussi confortables qu'elles étaient brillantes. Enfin, il devait être d'un tempérament à la fois vif et gai (pour le brio de la prestation) et docile pour la sécurité de son maître. Les hacks étaient impeccablement dressés afin qu'ils puissent être montés d'une main, ce qui donnait plus de liberté et d'élégance à leurs maîtres.

Bob Langrish

Un hack doit être parfaitement dressé : on en voit d'ailleurs régulièrement sur les rectangles de dressage.

Bob Langrish

LE HACK MODERNE

De nos jours, le cover hack a complètement disparu. Le hack possède toutes les caractéristiques du park hack : beauté, brio des

LE SAVIEZ-VOUS

Les hacks sont répartis en trois catégories :

- le petit hack (1,47 m à 1,52 m)
- le grand hack (1,52 m à 1,60 m)
- le hack pour femme (1,47 m à 1,60 m), qui est présenté sous une selle d'amazone.

Gros plan

La qualité des allures est essentielle dans une épreuve hack. Le pas doit être ample et libre, les postérieurs s'engageant loin sous la masse.
Le trot doit être étendu mais relativement rasant pour rester confortable, le cheval lançant ses antérieurs loin devant lui dans un geste généreux.
Le galop (on ne teste qu'un galop lent) est doux, cadencé, parfaitement léger et équilibré. Dans toutes ces allures, l'action doit être vive et brillante et toujours parfaitement droite.

allures, vivacité, aptitude au dressage. Il doit donner une impression de finesse, de légèreté et de souplesse tout en se déplaçant avec vivacité. Ses allures font l'objet de toute l'attention des juges, qui s'attendent à des aplombs parfaits pour que l'action soit franche, directe et ample.

Les hacks sont généralement des pur-sang, mais on trouve également quelques anglo-arabes dans les exhibitions.

Bob Langrish

MONSIEUR PRESTANCE

Sa beauté est sa carte de visite, son tempérament gracieux son laisser-passer.

ORIGINE

Le hack n'est pas une race, mais un type de cheval. Il ne fait pas l'objet d'un élevage spécifique, mais est sélectionné un peu partout en Grande-Bretagne, généralement parmi les pur-sang anglais ou irlandais, parfois dans d'autres races très proches du sang.

Modèle

Finesse, grâce, légèreté, harmonie : le hack se présente comme un très beau pur-sang au modèle léger. La tête doit être belle, bien attachée, avec un chanfrein rectiligne et un bout de nez fin. L'expressivité est un atout, la beauté des yeux, la vivacité du regard, la mobilité des oreilles bien dessinées sont donc importantes. L'encolure, longue et fine, mais portée haut, descend doucement vers le garrot bien marqué et les épaules longues à l'inclinaison parfaite. Le passage de sangle doit être profond, le corps élégamment allongé sans que le dos soit trop long. L'arrière-main est joliment arrondie mais sans lourdeur, la musculature des fesses et des cuisses restant longiligne. Les membres sont fins et longs – toutefois l'os du canon ne doit pas excéder 20 cm.

Taille

De 1,47 m à 1,60 m.

Robe

Seules les robes unies sont admises. Le poil et les crins doivent être soyeux, la peau fine.

Caractère

Gai, allant, un brin cabotin mais toujours complaisant, le hack est un enfant... bien élevé! Il doit savoir faire preuve de brio et exprimer sa personnalité en restant toujours à sa place. Les hacks sont en général doués de bonnes capacités d'apprentissage, ce qui les prédispose à l'obéissance.

Bob Langrish

Bob Langrish

Bon à savoir

Bête de scène

Comme il a été sélectionné pour sa finesse et son élégance, le hack ne présente pas, généralement, une solidité suffisante pour devenir un cheval de sport. Il est donc confiné aux exhibitions, qui se tiennent essentiellement en Grande-Bretagne – elles existent également, mais dans une moindre proportion, en Afrique du Sud et en Australie.
Lors de ces exhibitions à la gloire d'une époque révolue, les hacks sont présentés au pas, au trot et au galop, montés à califourchon ou en amazone. Le cavalier doit faire une démonstration qui témoigne du haut niveau de dressage de sa monture. Le juge se met ensuite en selle à son tour : le cheval doit être agréable à monter et bien dressé : avoir de bonnes manières, en somme !

Le choktaw

Ce cheval indien, qui descend des montures des conquistadores – dont il a conservé le type –, est aujourd'hui en péril : les élevages sont rares et le cheptel maigre. Sans le travail de l'association qui le protège, il aurait déjà disparu.

Encore les Espagnols...

L'histoire du cheval en Amérique est marquée du sceau des premiers envahisseurs espagnols, qui introduisirent cet animal sur ce continent où les équidés avaient disparu depuis des millénaires.

LES PREMIERS TROUPEAUX

Les conquistadores emmenèrent en Amérique, au cours de leurs divers voyages, un certain nombre de chevaux. Lors de l'un de ces périples, en 1539, ils longèrent la côte et firent de nombreuses escales au cours desquelles ils rencontrèrent et affrontèrent diverses tribus indiennes. Nombre de celles-ci, après avoir dérobé des chevaux ou récupéré ceux qui échappaient à la vigilance des envahisseurs, en firent l'élevage avec beaucoup de maîtrise. Les Choktaws, notamment, s'emparèrent de plusieurs chevaux et parvinrent à constituer un troupeau qu'ils firent prospérer.

UNE HISTOIRE TRISTE

Ce peuple nomade se déplaça vers le Mississippi, puis l'Oklahoma. Commerçants, peu belliqueux, les Choktaws surent développer un cheptel important tout en sélectionnant avec beaucoup d'intelligence les qualités qu'ils attendaient de leurs chevaux – la robe pie avec des dessins bien marqués et des taches intéressantes en étant une. Hélas, cette richesse ne devait pas survivre à la politique des Blancs : lorsque l'Oklahoma devint un État américain, les Indiens Choktaws furent confinés dans des réserves. Pour leur retirer toute mobilité, les Américains abattirent une grande partie de leurs chevaux.

Bob Langrish

Bob Langrish

Le type ibérique est bien plus perceptible chez le choktaw que chez le mustang.

UNE RACE EN PÉRIL

En 1970, il ne restait plus que 1500 choktaws dans tout le territoire américain. De nombreux chevaux furent encore sacrifiés dans les décennies suivantes pour le commerce de la viande, si bien qu'au tournant du siècle, il ne restait guère qu'une centaine d'animaux.

Le coin du pro

Les Indiens Choktaws avaient une culture orale très riche. Ils se sont transmis de génération en génération leurs connaissances d'éleveurs, ce qui permet de retracer l'histoire de leurs chevaux des tout premiers troupeaux jusqu'au début du XIXe siècle.

Bob Langrish

Les marques de couleur et les particularités – comme cet œil bleu – avaient un sens et une valeur particulière pour les Indiens.

Fort heureusement, quelques passionnés prirent alors fait et cause pour cette race et obtinrent qu'elle soit protégée. Désormais, on en a repris l'élevage au Texas, dans l'Oklahoma et au Nouveau-Mexique. Mais les choktaws ne sont pas encore tirés d'affaire : il faudra attendre quelques décennies pour savoir si l'on parviendra à sauver ces descendants des chevaux des conquistadores.

DES COUSINS

Les choktaws sont des cousins des mustangs. Mais ils ont conservé un type plus proche de leurs ancêtres ibériques.

ORIGINE

Les Indiens Choktaws rassemblèrent leurs premiers troupeaux en Caroline du Nord, puis développèrent l'élevage au fil de leurs migrations vers le Mississippi et l'Oklahoma. Aujourd'hui, on trouve des choktaws porteurs du type originel au Texas, dans l'Oklahoma et au Nouveau-Mexique.

BON À SAVOIR

Beaucoup de choktaws amblent naturellement, ce qui est considéré comme un atout puisque cette allure est particulièrement confortable.

Modèle

Comme ses ancêtres ibériques, le choktaw possède une tête expressive, un front large, un chanfrein droit ou légèrement convexe et long, des yeux vifs, des oreilles mobiles et plutôt petites. Son encolure est bien plantée et souvent légèrement rouée ; sa poitrine, peu éclatée, est puissante et profonde. Son garrot n'est pas très marqué ; son dos est un peu long et ses reins larges. Sa queue est attachée bas sur une croupe inclinée. Ses membres sont longs et fins avec des articulations solides ; la corne des pieds est remarquablement dure.

Taille

Bien qu'il appartienne à la catégorie des chevaux, le choktaw, par sa taille, pourrait être un poney, la hauteur moyenne au garrot étant comprise entre 1,32 m et 1,42 m.

Robe

Toutes les robes sont admises, mais on trouve une grande majorité de pie, de bais et bai-brun.

Caractère

Difficile de se faire une idée du tempérament des choktaws alors qu'il en reste si peu et qu'une poignée d'entre eux seulement sont montés. Aux dires des éleveurs, ils se plient aimablement aux manipulations et se montrent à la fois équilibrés et vifs.

Bien que sa petite taille lui vaille parfois l'appellation de poney, le choktaw possède la morphologie du cheval.

Bob Langrish

Bob Langrish

Lacz/Sunset

LES CHEVAUX LOURDS

Qu'est-ce qu'un cheval lourd ?

Un cheval lourd est, bien sûr, un cheval plus massif et plus lourd que les chevaux de selle. Plus puissant aussi. Des champs de bataille au halage des péniches en passant par le débardage du bois, il a été le paisible compagnon de l'homme dans les travaux les plus durs.

DE FORÊTS EN HERBAGES

Un cheval lourd est aussi appelé « cheval de trait » parce qu'il est le plus apte à tirer de lourdes charges. Calme et peu émotif, il est également dit « à sang froid ».

QUESTIONS...

Pourquoi les races lourdes sont-elles devenues si corpulentes ? Parce que, pendant des générations, leurs ancêtres ont pu profiter d'aliments nutritifs sans avoir à fournir beaucoup d'efforts. Et pourquoi ces animaux sont-ils si calmes ? Déplacer une telle masse demande beaucoup d'énergie. Pour galoper ou faire des sauts de cabri en soulevant 800 kg, il faut déployer des moyens considérables : les chevaux lourds s'en tiennent donc, en général, à un mode de déplacement qui économise les calories chèrement acquises au prix de longues heures de pâturage.

UN CURIEUX ET LOINTAIN ANCÊTRE

Il y a quelques dizaines de milliers d'années, un changement climatique a fait apparaître des forêts humides. Certains chevaux se sont peu à peu adaptés à ce milieu. Par rapport aux chevaux des plaines, ils étaient à la fois moins exposés aux prédateurs et moins à même d'utiliser la fuite au galop. La marche dans les sous-bois, où le sol est souvent mou, a fait s'élargir leurs sabots

Bob Langrish

Bob Langrish

Les chevaux lourds font aujourd'hui la fierté de leurs propriétaires : on reconnaît la beauté de leur puissance imposante et tranquille. Des races comme le shire (ci-dessus) disparaîtraient sans doute sans le soutien des amateurs qui les élèvent.

pour qu'ils puissent se déplacer plus facilement sur les terrains incertains. Son évolution terminée, le « cheval de forêt » aurait mesuré environ 1,50 m au garrot pour un poids supérieur à 500 kg. Corps massif, membres courts et épais, il était doté d'un poil rêche et de crins fournis. Sa robe foncée, mouchetée ou marquée de rayures, avait tout de la tenue de camouflage. C'est de ce cheval, aujourd'hui disparu depuis plusieurs milliers d'années, que descendraient tous les chevaux lourds.

DE MULTIPLES CROISEMENTS

Si on excepte leur masse et leur poids, les actuels chevaux lourds ressemblent bien peu à leurs ancêtres des forêts.

Le saviez-vous ?

Du nord au sud

On trouve des chevaux lourds jusque dans les pays scandinaves, en Suède, en Norvège et même en Finlande, le pays du soleil de minuit. En Italie du Nord, on élève également un cheval de trait lourd. Mais, plus au sud de l'Europe, on ne trouve plus aucune race de ces massifs et puissants animaux. En Ukraine, en Norvège, en Angleterre, en Normandie ou en Belgique, les prairies sont grasses à souhait. Mais en Calabre ou en Castille, les pâtures sont trop maigres pour maintenir en état un comtois ou un shire.

De nombreuses régions s'efforcent de faire la part belle à ce trésor du patrimoine que sont les chevaux de trait. Le tourisme permet de leur trouver des emplois.

Sorrel

La gentillesse et le caractère paisible de la plupart des chevaux lourds en font les amis des enfants!

Sorrel

En revanche, ils ont un petit air de famille avec les chevaux légers, avec qui ils partagent des ancêtres communs. Les hommes, en transportant des chevaux d'un continent à l'autre, sont à l'origine de bien des mélanges. Ils ont pratiqué dès l'époque romaine de multiples croisements pour alléger les chevaux lourds et donner du corps aux chevaux légers. L'arabe, par exemple, a donné beaucoup de son sang à la race percheronne.

LE SAVIEZ-VOUS ?

De riches berceaux

La qualité de la nourriture a une influence extrêmement importante sur le développement et l'évolution des chevaux au fil des siècles. Les chevaux les plus petits et les moins corpulents ont pour berceau des régions arides, pauvres en herbes et plantes nutritives : landes, déserts, îles aux climats extrêmes, etc. À l'inverse, les races les plus grandes et les plus lourdes ont toutes pour berceau des terroirs aux riches herbages.

Kit Houghton

LE CHEVAL AU TRAVAIL

L'image que l'on associe généralement au cheval lourd, c'est celle du percheron tirant la charrue. Pourtant, les chevaux de trait ont peu participé à cette tâche agricole.

D'HIER...

Les chevaux lourds ont avant tout servi à la guerre. Au Moyen Age, vêtus de la « pourpointe » (armure pour cheval), ils ont couru les champs de bataille, portant des cavaliers lourdement armés (épée, masse d'arme, hache à double tranchant, etc.). Les chevaux lourds servaient également au trait : ils tiraient les voitures, de la charrette au carrosse, halaient les péniches le long des fleuves et débardaient les grumes dans les forêts. L'image traditionnelle du cheval à la charrue est un peu mensongère. Jusqu'au XVIIIe siècle, les paysans ont préféré les bœufs, plus lents, mais plus puissants et plus frugaux. Et moins chers. À partir du XVIIIe siècle, les chevaux ont commencé à participer plus activement aux travaux des champs dans les régions riches en grasses prairies. Mais, dans les territoires plus arides ou plus pauvres, bœufs, ânes et mules ont continué d'assurer la plupart de ces tâches.

... À AUJOURD'HUI

Les tracteurs ont peu à peu remplacé les chevaux dans la plupart des pays occidentaux. Pourtant, le cheval ne pollue pas, produit un excellent engrais, se reproduit et coûte moins cher qu'une machine ! Aujourd'hui, de nombreux amateurs attellent un boulonnais ou un ardennais pour le plaisir. Mais, hélas, beaucoup de chevaux lourds sont élevés pour la boucherie.

Bon pour le moral

De nombreux agriculteurs, après s'être convertis aux machines, retrouvent avec plaisir un compagnon de bonne volonté pour assurer des tâches variées sur les petites parcelles et les sentiers tortueux.

Kit Houghton

Le percheron

Ce cheval de trait est si élégant qu'il est parfois comparé à un arabe ayant pris du poids ! Ce qui est logique, puisque la race est bien issue de croisements lointains entre des chevaux normands et des chevaux orientaux.

LE CHEVAL DE TRAIT LE PLUS POPULAIRE DU MONDE

Le percheron a toujours été un cheval de trait fort apprécié. Son succès est dû à sa puissance, mais aussi à sa beauté et à sa gentillesse.

UNE SÉLECTION RIGOUREUSE

En France, le vrai percheron est obligatoirement né et élevé dans le Perche, qui comprend les départements de l'Orne, de la Sarthe, de l'Eure-et-Loir et du Loir-et-Cher. Ceux qui voient le jour et grandissent dans d'autres régions – le Berry, le Nivernais, l'Auge, le Maine et la Loire – sont inscrits dans des stud-books particuliers. C'est dire à quel point les éleveurs veillent à la pureté de la race qui leur est chère.

ENTRE LE CHARROI ET LE LABOUR

Les qualités du percheron l'ont fait rechercher, depuis très longtemps, par les rouliers (transporteurs) et par les agriculteurs. Durant des siècles, il a tiré de lourdes voitures de marchandises sur toutes les routes de France ainsi que des péniches le long des chemins de halage. Et, jusqu'après la Seconde Guerre mondiale, il a été attelé à la charrue, à la herse, au rouleau ou à la faucheuse des cultivateurs. Qui voulait alors acheter un bon cheval de trait sur une foire commençait souvent par repérer les percherons en vente. Ceux-ci avaient en outre la réputation – parfois vraie, parfois fausse – de travailler jusqu'à un âge fort avancé.

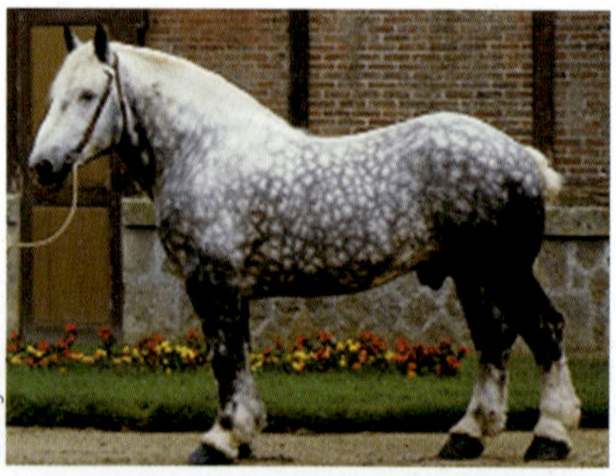

Kit Houghton

Les rondeurs du percheron n'ont rien de lourd. Ce cheval plein de sang déploie sa force avec beaucoup de bonne volonté.

UNE NOTORIÉTÉ MONDIALE

Le percheron est connu et apprécié dans un grand nombre de pays. Ayant mis en place leurs propres élevages de percherons, Japonais, Américains et Anglais importent régulièrement des sujets originaires du berceau afin de conserver à la race ses qualités. Cela est fort important pour eux, car ils ne destinent pas leurs produits à la boucherie,

Sorrel

LE SAVIEZ-VOUS ?
Amélioration anglaise

Au Royaume-Uni, les percherons n'ont pas toujours donné entière satisfaction à leurs utilisateurs. Il y a quelques décennies encore, on leur reprochait, par exemple, d'avoir parfois de longs poils disgracieux sur les jambes. Les éleveurs anglais ont donc fait porter tous leurs efforts de sélection sur l'élimination de ces poils. Ils ont aussi souvent croisé le percheron avec des pur-sang afin de produire de bons chevaux de chasse à courre, pour lesquels la demande est encore relativement importante.

Type et tempérament

Chez le percheron, tout est puissance, élégance et grâce. De l'arabe, il tient son port altier et ses beaux mouvements bien équilibrés. De ses ancêtres normands, il a le gabarit et la force, qui l'ont tant fait apprécier au fil des siècles.

Modèle

Sa tête au profil rectiligne est fine, dotée d'yeux écartés et de naseaux bien ouverts. Sa forte encolure rouée domine une avant-main massive et une ample poitrine. Son corps ramassé, ses reins forts et sa croupe arrondie dénotent puissance et vigueur. Ses jambes, qui peuvent paraître moyennes par rapport à sa masse, sont sèches et musculeuses.

Taille

De 1,52 m et 1,70 m.

Sorrel

Robe

Autrefois, diverses robes étaient admises. Le standard de la race n'admet aujourd'hui que le noir et le gris.

Caractère

Énergique, le percheron est aussi fort intelligent. Les anciens charretiers le savaient bien, eux qui lui laissaient souvent l'initiative dans les passages délicats, lorsque, par exemple, leur voiture commençait à s'embourber. Cet imposant cheval est aussi très docile et facile à manier. La preuve : il se laisse gentiment manœuvrer par de tout jeunes enfants.

comme c'est le cas pour trop de races de chevaux de trait. Chez eux, le percheron travaille souvent encore de diverses manières, parfois étonnantes !

DU JEU AU TRAVAIL D'AUTREFOIS

Au Japon, les percherons sont avant tout considérés comme des chevaux de course ! On les attelle à des traîneaux pour qu'ils se mesurent dans des compétitions sur gazon. Voilà qui permet aux spectateurs d'engager des paris comme sur les hippodromes. Aux États-Unis, les premiers percherons ont été importés en 1839. Ils y ont suscité une très vive admiration. Et, curieusement, aujourd'hui, ils rivalisent parfois avec succès avec le tracteur ! Certains ranchers de l'Ouest leur font encore tirer des chariots ou d'antiques machines agricoles pour couper, récolter et transporter le foin.

Pourquoi ? Voici la réponse d'un de ces fans du cheval du Perche : « Deux chevaux coûtent moins à entretenir qu'un tracteur. Et, en hiver, malgré des congères qui arrêteraient une machine même très puissante, ils tirent sans problème un chariot de fourrage destiné aux vaches vivant en liberté. »

Sorrel

Sa majestueuse beauté et son intelligence valent au percheron un certain succès auprès des artistes du cirque et du spectacle.

Kit Houghton

Splendide attelage à quatre percherons lors du Lion d'Angers.

LES GRASSES PRAIRIES DU PERCHE

Le berceau de la race percheronne est une région de grasses prairies qui ignore les hivers rigoureux et les étés torrides. On pourrait donc penser que ce cheval, n'ayant jamais eu à lutter pour survivre, est d'un naturel mou. Il n'en est rien. Pour en juger, il n'est que d'observer avec quelle énergie et quel courage il s'active aux brancards.

Aux États-Unis, le percheron est parfois à la pointe du progrès!

Rameaux

Lacz/Sunset

Voir le percheron au travail n'est plus un spectacle courant de nos jours. Ce compagnon agréable et intelligent est pourtant fort utile sur les petites parcelles, où il revient moins cher qu'une machine !

Le jutland

Le jutland, présent au Danemark dès le Moyen-Âge, est un cheval lourd, rond et paisible, qui ne manque ni de puissance ni d'énergie. Il n'est plus guère employé au travail de la terre, et ses effectifs ont beaucoup baissé pendant la seconde moitié du XXe siècle.

LE DANOIS SANG-FROID

Le jutland, originaire de la péninsule du même nom, ressemble à l'épais suffolk, qu'il a peut-être influencé dans un premier temps pour être à son tour, plus tard, marqué par lui.

L'APPORT DES VIKINGS ?

D'après certains auteurs, l'ancêtre du jutland existait déjà à l'époque des Vikings (dès le IXe siècle) – qui l'auraient employé lors de leurs pillages. Les Vikings ont donc peut-être importé en Grande-Bretagne ce vigoureux cheval, qui aurait ensuite servi de souche pour la création de certaines races, notamment pour le suffolk punch.

DÈS LE XIIE SIÈCLE

L'existence de la race elle-même est attestée au Danemark dès le XIIe siècle, époque à laquelle le jutland est employé comme cheval de guerre. De constitution solide, brave au combat, ce vaillant destrier fut largement exporté au Moyen-Âge vers la France, la Grande-Bretagne et dans les pays de l'empire allemand.

LES GRANDES LIGNÉES

Au XVIIIe siècle, on croisa les souches locales avec le frederiksborg, cheval danois très influencé par les chevaux espagnols, qui apporta au jutland une action plus ample et plus vive.

Bob Langrish

Gros plan

En 1950, 405 haras danois élevaient encore des jutlands, dont le cheptel dépassait 16 000 têtes. Ce nombre a nettement décru depuis, mais l'élevage du jutland est encore bien vivant.

Bob Langrish

Au cours du siècle suivant, on tenta des infusions de sang anglais. Le bai de Cleveland fut mis à contribution, avec des résultats discutables, de même que le yorkshire. Mais c'est surtout le suffolk punch qui influença le jutland. L'étalon Oppenheimer, importé d'Angleterre vers 1860, fut accouplé de nombreuses fois avec des juments jutland. Ses descendants continuèrent de faire évoluer les souches locales. Six générations plus tard naquit l'étalon Aldrup Menkedal, qu'on considère comme le fondateur de la race jutland telle que nous la connaissons aujourd'hui. De nombreux sujets contemporains descendent de cette illustre lignée.

Le saviez-vous ?

Le jutland a servi de souche pour la création de son voisin et cousin, le schleswig, au début du XIXe siècle. Les métissages entre les deux races se sont poursuivis jusqu'au début du XXe siècle.

Bob Langrish

Avec ses pieds larges et arrondis et ses fanons abondants, le jutland est adapté aux sols profonds tel qu'il en rencontrait dans sa région d'origine.

Bob Langrish

La tête du jutland n'est pas très élégante mais elle exprime bien son tempérament fort et doux.

LE SAVIEZ-VOUS ?

Jadis, le jutland était employé au transport des charges lourdes et à d'autres gros travaux agricoles. Aujourd'hui, on ne le voit plus guère aux champs, mais il est présent en ville, où il tire des attelages utilitaires ou touristiques. Depuis 1928, les brasseries Carlsberg utilisent des jutlands pour tracter leurs attelages publicitaires et transporter la bière dans Copenhague. 210 chevaux effectuaient ce travail au début – ils ne sont plus qu'une vingtaine aujourd'hui! Le jutland est aussi très populaire comme cheval de spectacle : on fait souvent appel à lui pour les shows, les festivals et les films.

FORT ET DOUX

Le jutland ne prétend pas à l'élégance, mais c'est un compagnon docile que les meneurs apprécient beaucoup.

ORIGINE

Le jutland est originaire de la péninsule danoise appelée Jylland (Jutland, autrefois, en français). Dans cette région où les hivers sont rudes, il a développé une bonne résistance au froid.

Modèle

La tête, un peu lourde, est pleine de douceur ; le profil est droit et les oreilles longues. L'encolure, courte et épaisse, est bien plantée dans une avant-main fortement musclée. Le poitrail est remarquablement large et le passage de sangle très profond et cylindrique. Le corps est compact et rond, l'arrière-main puissante. La croupe ronde peut être plus haute que son garrot. Les membres courts, forts et musclés, aux articulations charnues, sont ornés de fanons abondants. Les sabots sont larges et arrondis.

Taille

En moyenne, de 1,52 m à 1,65 m au garrot, le poids allant de 650 kg à 800 kg.

Robe

Le plus souvent alezan foncé crins lavés. Les robes baies ou noires sont rares et non autorisées par le standard de la race.

Caractère

Le jutland est plein de qualités lui permettant d'exceller à la traction. D'un tempérament calme, gentil et obéissant, il est très coopératif. Au travail, il se montre actif et presque infatigable. Maniable, puissant, avec des allures énergiques, il est très apprécié à l'attelage.

Bob Langrish

Le shire

En Angleterre, son pays d'origine, ce cheval de trait compte autant de détracteurs que d'admirateurs. Son origine est bien mystérieuse. Il n'en demeure pas moins l'un des plus grands chevaux du monde et... un spécialiste de la publicité !

L'UN DES PLUS GRANDS CHEVAUX DU MONDE

L'histoire du shire se perd entre... la nuit des temps et les élucubrations de certains de ses amoureux ! La race, telle qu'elle est aujourd'hui, n'a été fixée qu'au XIXe siècle, juste avant l'arrivée des machines, camions et autres tracteurs.

DES ORIGINES MYSTÉRIEUSES

D'où vient le shire ? Les explications données ici et là sont pour le moins vagues. On dit qu'il aurait pour ancêtre « l'ancien cheval noir anglais », lui-même issu du *great horse*, « grand destrier du Moyen-Âge». Qu'étaient donc ces deux animaux ? On ne trouve aucune réponse précise à cette question. Le great horse serait un descendant direct des montures des chevaliers, reconverti à l'attelage à la Renaissance, après la fin de la chevalerie. Un homme politique anglais, Olivier Cromwell, désignait par l'expression english black (noir anglais) le cheval employé par les agriculteurs à la fin du XVIIe et au début du XVIIIe siècle. Il s'agissait sans doute de frisons, souvent importés dans les décennies précédentes. Mais le terme passa dans la langue pour désigner le cheval de labour anglais.

DES CHEVAUX POUR L'INDUSTRIE

Au XIXe siècle, avec les débuts de l'industrialisation, les transports (minerais, marchandises, etc.) se multiplièrent. La demande en bons chevaux de trait, pour tirer charrois et péniches, se fit alors très forte. Les éleveurs ne purent fournir que difficilement le marché anglais et cherchèrent à améliorer leur production par toutes sortes d'apports. Le shire tel que nous le connaissons est le résultat de leurs travaux. Bientôt, la race devint très prisée. Le stud-book du shire apparut au XIXe siècle, avec la création de la Shire Horse Society, en 1884. Elle gère toujours le stud-book de la race.

Maier / Sunset

Bon à savoir

Les partisans du shire aiment sa prestance, ses allures pleines de panache et sa fabuleuse puissance – il peut tirer plus de cinq tonnes. En 1924, en Angleterre, deux shires attelés en tandem parvinrent à tracter 18,5 tonnes sur des pavés glissants!
Ses détracteurs, eux, avancent qu'il est trop grand et qu'il nécessite des écuries spécialement conçues pour son gabarit. Ils le jugent aussi trop coûteux à nourrir, étant donné sa taille, sans qu'il fournisse pour autant un travail très supérieur à celui de bien d'autres chevaux de trait moins gourmands.

FLPA/Sunset

LA MACHINE EN ÉCHEC

Il a suffi de quelques décennies pour que le plus grand cheval du monde soit détrôné par les machines, comme les chevaux de trait de tant d'autres races. Mais pas partout ! Les brasseurs l'ont encore longtemps préféré aux camions pour livrer fûts et caisses de bière aux petits bistrots comme aux grands pubs des villes et des villages. Pourquoi ? Tout bonnement parce qu'un bel attelage de shires, aussi élégants que puissants, attire infailliblement le regard des passants, contribue à mettre en évidence la voiture, son contenu et surtout les pancartes à la gloire de la marque, placées sur les ridelles ou sur la bâche.

DE LA BONNE PUBLICITÉ

De nos jours, les shires ont cédé la place aux camions, plus rapides qu'eux. Ils ne livrent plus la bière. Mais ils tirent encore de grosses voitures vantant les qualités des produits de telle ou telle brasserie. Ils trottent à travers les villes anglaises ou dans des défilés en transportant des fûts vides ! En deux mots, ils sont devenus agents publicitaires !

MÊME EN AUSTRALIE !

Lacz/Sunset

Les shires prêtaient autrefois leur force à toutes sortes de travaux agricoles. Ils tournaient, par exemple, des meules comme celle-ci.

Ces attelages de shires sont si efficaces pour faire connaître une marque de bière que des brasseurs australiens, imitant leurs collègues anglais, se sont mis eux aussi à en entretenir. Mais, à n'en pas douter, les badauds et spectateurs de telle ou telle manifestation regardent davantage les grands chevaux qui y sont exhibés que les panneaux publicitaires d'aujourd'hui!

Georges / Sunset

Les poils abondants et soyeux qui ornent les membres du shire sont un de ses traits distinctifs.

VENU DES GRASSES PRAIRIES ANGLAISES

Originaire des comtés du centre de l'Angleterre, région de grasses prairies, le shire ne doit pas sa taille uniquement à une nourriture riche. Au siècle dernier, on l'a souvent croisé avec des pur-sang afin de faire naître des animaux le plus imposants possible.

Caractéristiques

Le shire a tout pour plaire à un charretier. Sa force est légendaire, son endurance évidente et, de plus, il a la réputation de jouir d'une solide santé.

Modèle

Il a une tête bien proportionnée au profil légèrement convexe, avec un front large, des yeux très doux et de petites oreilles. Son encolure est longue et légèrement rouée, bien attachée sur de solides épaules. Il a un corps compact, un dos large, des reins forts, une arrière-main puissante et une croupe souvent avalée. Ses jambes à l'ossature dense sont longues et couvertes de poils abondants, fins et soyeux sur les paturons.

Taille

En moyenne 1,70 m, mais il peut atteindre et même dépasser 1,80 m.

Maier / Sunset

Robe

Le noir avec des balzanes blanches est le plus recherché, mais le bai et le bai brun sont les robes les plus communes, toujours avec des marques blanches. On trouve aussi des gris.

Caractère

Le shire s'adapte à toutes les situations. Sa gentillesse est à l'égal de sa taille. Il est si doux et docile qu'on peut le confier sans crainte à un enfant : il ne lui jouera jamais de vilain tour. Mais, derrière la façade de son grand calme, il dissimule une énergie et une endurance exceptionnelles.

Georges / Sunset

Les shires livraient encore de la bière dans toute l'Angleterre au début du XXe siècle.

Le noriker

Nombre d'entre vous s'exclameront sans doute : « Tiens, un appaloosa ! », en voyant la photo ci-dessous, à gauche. Pas du tout ! Il s'agit d'un noriker, un autre tacheté, un cheval d'attelage non pas américain, mais autrichien.

UN TRAIT DE MONTAGNE

Avec sa robe parfois tachetée comme celle d'un léopard, son physique robuste de montagnard et ses pieds de chamois, le noriker a bien des atouts pour séduire. Il bénéficie en plus de l'équilibre des chevaux élevés au grand air en semi-liberté.

SON HISTOIRE

Le mot « noriker » vient de Noricum, nom de la province romaine qui occupait l'actuelle Autriche. Les légions romaines avaient besoin de chevaux de trait et de bât pour franchir les cols et parcourir les voies pavées. C'est au nord de la Grèce que les Romains trouvèrent les chevaux de trait et de guerre qui allaient faire souche dans les montagnes autrichiennes. Ces mêmes Romains ont, les premiers, organisé l'élevage dans cette région en y créant des haras.

UNE ORIGINE GRECQUE, MAIS PAS SEULEMENT

Le berceau d'origine du noriker jouxte également, au sud, la région de Venise, en Italie, qui est connue pour avoir élevé des chevaux dès 900 av. J.-C. Une avancée culturelle dont l'actuelle Autriche a sans doute profité. Le noriker a également un lien de parenté étroit avec le haflinger et avec l'avelignese élevé dans les montagnes italiennes.

Kit Houghton

On sent l'influence de l'ibérique et de sa belle crinière.

UN PARRAIN ARCHEVÊQUE

Il semble que la véritable patrie du noriker soit Salzbourg et le haras de Juvanum, qui se trouvait tout près. Au Moyen-Âge, ce sont surtout les moines qui élevèrent ce cheval et qui prirent ainsi le relais des

Sorrel

LE SAVIEZ-VOUS ?

Son type bréviligne et sa puissance destinent évidemment le noriker au trait, mais c'est aussi un cheval souple et docile, plus agréable à monter qu'il ne paraît.

Kit Houghton

Romains. Avec le parrainage du prince-archevêque de Salzbourg, ils commencèrent le livre généalogique de larace. Des chevaux de dressage napolitains et espagnols furent utilisés pour améliorer le noriker. C'est d'ailleurs à ses ancêtres ibériques que le noriker, comme l'appaloosa, doit sa robe tachetée.

LE NORIKER AUJOURD'HUI

On distingua ensuite quatre types de chevaux différents : le carinthien, le steier, le tyrol et le bavarois, appelé aussi cheval à sang-froid d'Allemagne du Sud. De nos jours, la race englobe aussi le pinzgauer, du Tyrol, qui est souvent tacheté.

LE DEMI-LOURD ÉLEVÉ EN MONTAGNE

Le stud-book est très strict sur les critères de la race et exclut chaque année les animaux qui ne réussissent pas les tests d'aptitude propres au noriker. On estime à environ 8 000 le nombre de norikers qui vivent en Autriche. C'est, actuellement, l'un des seuls chevaux de trait en Europe à bénéficier encore d'un véritable berceau de race et à être élevé en liberté et en altitude.

UNE GRANDE FAMILLE

Le noriker et l'appaloosa, qu'un océan sépare, ont sûrement des ancêtres communs du côté de l'Espagne. Le noriker arbore aussi parfois de faux airs de haflinger, surtout lorsqu'il possède des crins lavés ou argentés. Le noriker est né dans les régions montagneuses du sud de l'Autriche, où il est encore souvent élevé en liberté.

Modèle

Le noriker est un cheval de trait moins lourd que ceux que l'on connaît en France. Par rapport au percheron ou au boulonnais, c'est une... demi-portion ! Comme tous les chevaux d'attelage, il a l'épaule moins inclinée que les chevaux de selle. Son arrière-main est puissante et symétrique. Elle lui confère une allure d'ensemble plutôt ramassée. Ce cheval a du coffre. Son tour de thorax dépasse souvent la longueur du bras du coude au sol. Les aplombs sont corrects et les membres puissants mais secs.

Taille

De 1,63 m à 1,73 m, ce qui est plutôt grand pour un cheval d'attelage.

Robe

La plus frappante est, bien entendu, la robe tachetée. Mais il existe bien d'autres robes dans la race : gris pommelé, bai brun, alezan, alezan brûlé crins lavés, etc.

Sorrel

Caractère

À la fois cheval d'attelage et de montagne, le noriker est calme, endurant et courageux. Il est extrêmement facile à manœuvrer et ne résiste qu'exceptionnellement à l'homme. Il sait se montrer attachant. Sa gentillesse ne l'empêche cependant pas de faire preuve de personnalité. Malgré son tempérament placide, il sait réagir vite et montre un pied très sûr quand le besoin s'en fait sentir.

Sorrel

La robe tachetée, qui n'est pas la plus fréquente, souligne le cousinage qui existe entre l'appaloosa et le noriker.

Bob Langrish

Ce cheval de montagne de taille moyenne est solidement charpenté sans avoir des proportions de colosse. Sa constitution comme son pied ont été rendus particulièrement solides par la vie en altitude.

Le clydesdale

Ce cheval de trait écossais n'existait pas encore il y a deux siècles. Mais, depuis la création de la race, sa prestance et ses qualités l'ont rendu célèbre dans le monde entier.

DES MINES À LA CHAUSSÉE

Le clydesdale est au Royaume-Uni ce que le percheron est à la France. On a commencé à bâtir la race au début du XVIIIe siècle et il a fallu cent cinquante ans pour la fixer.

LE DÉBUT D'UNE LONGUE HISTOIRE

Au début du XVIIIe siècle, on commença à exploiter des mines de charbon dans la vallée écossaise de la Clyde. Les routes de la région étaient très mauvaises ; tous les transports avaient été assurés jusque-là par des trains d'animaux bâtés.

Pour évacuer la production de charbon, il devint nécessaire d'améliorer et d'élargir les routes afin de les rendre praticables pour de lourds chariots. Il s'ensuivit une soudaine demande de chevaux de trait puissants, alors inexistants dans la contrée. Les éleveurs s'empressèrent, bien évidemment, de tenter de satisfaire cette demande nouvelle. C'est ainsi que commence l'histoire du clydesdale.

CROISEMENTS DE HASARD

La souche de chevaux de trait locale étant de peu de valeur, on importa vers 1720 des étalons flamands réputés pour leur puissance et leur résistance.

À cette époque, on utilisa sans doute également, pour la monte, quelques étalons de race shire. Les croisements ayant été effectués sans aucune rigueur, les résultats furent fort inégaux. Les éleveurs parvinrent à satisfaire la demande du marché, mais la race des clydesdales n'en était qu'à ses balbutiements.

Bob Langrish

La préparation d'un clydesdale pour une présentation n'est pas une mince affaire. Les crins sont longuement toilettés et ornés de décorations traditionnelles très complexes. Les fanons sont nettoyés et brossés avec un soin particulier qui met en valeur leur apparence soyeuse.

LA FONDATION DE LA RACE

Peu à peu, les animaux furent utilisés autant pour la traction en ville que pour le transport du charbon. On chercha donc à sélectionner des chevaux plus élégants et plus vifs. Au XIXe siècle, une politique d'élevage fut mise en place. On employa les services de grands étalons, dont Prince of Wales et Darnley, qui engendrèrent deux lignées de chevaux de valeur. Leurs descendants furent croisés avec un certain bonheur et constituèrent la souche du clydesdale. Mais la véritable naissance de celui-ci est due à l'étalon Glancer. Ses fils devinrent des reproducteurs très recherchés, car ils avaient la capacité de transmettre régulièrement leurs caractéristiques. Celui dont le nom est resté dans toutes les mémoires, portait le nom de... Clyde !

Le saviez-vous ?

Le clydesdale a été exporté dans le monde entier. On l'apprécie dans divers états de l'ex-URSS, tout comme dans les pays anglo-saxons : le Canada et les États-Unis, où « il a labouré la prairie », l'Afrique du Sud, la Nouvelle-Zélande et l'Australie, « que la race a bâtie » !

LE COIN DU PRO

Malgré leur beauté, les grandes marques blanches ne sont pas appréciées de tous : elles sont souvent le siège, sous les épais fanons, d'un eczéma récurrent.

Kit Houghton

Pour le travail de tous les jours, le toilettage est plus simple... mais le clydesdale conserve toute sa prestance.

Bob Langrish

DEUX STUD-BOOKS !

En 1878, la race semblait fixée. La Clydesdale Horse Society ouvrit donc son stud-book. Mais deux éleveurs, Lawrence Drew et David Rydell, pensaient que le standard devait encore évoluer, le clydesdale et le shire n'étant que deux variantes de la même souche. Ils favorisèrent donc encore les apports en poulinières shire, jusqu'au jour où ils jugèrent à leur tour la race fixée. En 1883, ils créèrent la Select Clydesdale Horse Society et ouvrirent un nouveau stud-book. Au fil du temps, la race devint réellement homogène si bien qu'elle n'a plus aujourd'hui qu'un seul stud-book.

TRAIT DES VILLES ET TRAIT DES CHAMPS

D'abord destinés à tirer les lourds charrois de charbon, les ancêtres du clydesdale furent aussi beaucoup utilisés pour la traction en ville, ce qui explique qu'on ait sélectionné des animaux particulièrement allants et élégants. Le stud-book précise que l'animal possède « un style flamboyant, un port altier et fougueux et une action relevée ».

ORIGINES

Le clydesdale est né dans la vallée de la Clyde, au sud-est de l'Écosse, où il est toujours élevé avec le plus grand soin.

Modèle

Le clydesdale possède une tête importante marquée par un profil plutôt rectiligne – parfois convexe, mais nettement moins que celui des shires – et un front large encadré de grands yeux brillants. L'encolure est assez longue et la poitrine profonde sous un garrot nettement marqué. L'arrière-main, ronde et massive, est très imposante. Les membres aux grosses articulations, garnis d'épais fanons soyeux, sont plus longs que chez la plupart des races de trait. Leur qualité et leur endurance sont très prisées. Les pieds sont plats et larges, avec une fourchette bien formée, adaptés au sol dur des chaussées urbaines.

Taille

Elle se situe en moyenne autour de 1,70 m, pour un poids dépassant souvent une tonne.

Robe

Elle est le plus souvent baie ou bai brun, mais le gris, le noir et le rouan ne sont pas rares.

Caractère

Comme beaucoup de chevaux lourds, le clydesdale est calme, gentil et docile. Cela ne l'empêche pas, en cas de difficulté, de faire preuve tout à la fois de courage et d'un grand brio. Chez les éleveurs écossais, il a la réputation de veiller, sitôt attelé, à la largeur de la voiture qu'il tire.

Bob Langrish

Le trait italien

Le vif et distingué cheval de trait italien, ou Tiro Pesante Rapido (T.P.R.), gagne en popularité depuis les années 1990. Véloce et puissant, ce séculaire vénitien de souche bretonne révèle ses vraies aptitudes à la traction.

LE T.P.R. : ACTIF ET SÉDUISANT

Cette race polyvalente, adaptée aux travaux agricoles comme au tourisme, séduit de plus en plus d'amateurs.

DÈS LE XIXE SIÈCLE

Il suffit de remonter d'un peu plus d'un siècle dans le passé pour retrouver les ancêtres du trait italien. Ils apparaissent vers 1860 dans le nord et le centre de la péninsule italienne, surtout dans la région du Frioul et les plaines de Ferrare et de Venise. À l'époque, la jument autochtone ne ressemble guère au modèle actuel ; elle faisait plutôt penser, selon certains auteurs, à l'avelignese, un trait alpin alezan clair.

QUELQUES CROISEMENTS PLUS TARD...

Après quelques décennies et de nombreux croisements, les caractéristiques d'une race nouvelle se dessinèrent : on en arriva au fameux cheval mi-lourd italien, destiné à l'artillerie, puis à l'agriculture et aux loisirs.

On s'essaya à divers croisements avec des chevaux étrangers – des brabançons, mais les produits étaient trop lourds ; des percherons et des boulonnais, mais il fallait encore alléger. C'est le breton qui parvint le mieux à améliorer la race. Aussi, dès 1911, le dépôt d'étalons de Ferrare importa-t-il des produits bretons. On pratiqua, bien sûr, d'autres croisements, en particulier avec des trotteurs rapides et élancés comme le hackney.

Monnier/Cogis

Le trait italien, comme beaucoup de ses congénères, est de plus en plus orienté vers le tourisme.

LE CAP DIFFICILE DE LA MÉCANISATION

Son trot rapide très commode pour les déplacements en charrette, sa puissance,

Kit Houghton

LE COIN DU PRO

Bien qu'il puisse s'adapter à la montagne et à des climats assez rigoureux, la région de prédilection du T.P.R. reste les plaines tempérées du nord et du centre de l'Italie.

Monnier/Cogis

Le saviez-vous ?

Les chevaux de trait italiens participent à de multiples rendez-vous équestres locaux dans leur pays natal. Néanmoins, un seul événement annuel important les met en vedette : la foire de Vérone, connue du public international.

Kit Houghton

sa taille moyenne, sa frugalité et son bon caractère font du T.P.R. l'animal de travail préféré dans le nord et le centre de l'Italie au début du XXe siècle.

Mais, après un net développement et la création, en 1950, de son livre généalogique, le T.P.R. est victime, comme tous les chevaux lourds, de la mécanisation. Dans les années 1970, on ne l'élève plus guère que pour le transformer en viande.

LE T.P.R. AUJOURD'HUI

Heureusement, le trait italien bénéficie des efforts de quelques éleveurs. Désormais protégée par l'Associazione Nazionale Allevatori del Cavallo Agricolo Italiano TPR, sise à Vérone, la race sort peu à peu de l'oubli. Le cheptel rassemble de nos jours environ 6 500 sujets en Italie, dont 300 juments.

Voué aux transports lourds mais rapides, au travail agricole, à l'attelage de loisir, le T.P.R. trouve depuis 1990 diverses voies : agrotourisme, fermes biologiques et biodynamiques, débardage, etc.

UN ÉLEVAGE BIEN VIVANT

De nos jours, il existe en Italie environ 1 000 élevages de T.P.R. répartis dans quinze régions. Ce beau cheval semble avoir trouvé sa voie.

ORIGINE

Le T.P.R. est originaire du nord de l'Italie. De nombreux élevages se sont établis autour de Ferrare et dans les plaines du Frioul, mais c'est en Vénétie que ce cheval se développe le mieux.

Type et tempérament

Le T.P.R. est un cheval robuste mi-lourd, dont le poids moyen atteint 600 kg et peut aller jusqu'à 700 ou 800 kg. À 8 mois, un poulain pèse déjà plus de 400 kg !

Modèle

La tête est plutôt longue, expressive et éveillée, avec un nez rond. L'avant-main est éclatée, l'encolure courte et puissante, bien sortie et portée haut. La poitrine est profonde. Le garrot peu ou pas sorti précède un dos large et plat. L'arrière-main est forte et arrondie, la croupe généralement haute et parfois en pupitre.

Les membres sont musclés, munis de fanons généreux, bien proportionnés, avec des articulations larges et une ossature solide. Toutefois, le T.P.R. est parfois droit-jointé.

Taille

1,46 m au minimum pour les femelles, 1,50 m pour les mâles.

Robes

Tous les tons de l'alezan et le rouan. Les crins sont souvent lavés.

Caractère

Fort, actif – il possède plus de sang qu'un trait lourd – mais facile à discipliner, de bonne volonté et gentil, le T.P.R. jouit d'un tempérament agréable qui lui permet de se tailler une belle place comme cheval de loisir. Très rustique, il peut rester dehors toute l'année. Son élégance naturelle associée à sa vivacité et à ses allures étendues et rapides lui donne une belle prestance, flatteuse à l'attelage.

La vivacité et la rapidité sont les qualités les plus remarquables du T.P.R.

/Cogis

Kit Houghton

Le muraközi

Ce cheval hongrois, qui a représenté le cinquième du cheptel équin de son pays, allie puissance et vivacité. Capable de labourer les sols les plus lourds, c'est aussi un excellent cheval d'attelage, rapide et alerte.

UN VRAI HONGROIS

Très présent dans toute l'Europe centrale, le muraközi est un produit caractéristique de l'âge d'or de l'élevage hongrois, qui se situe à cheval sur le XIXe et le XXe siècle.

FRUIT D'UN ÉLEVAGE DE QUALITÉ

Le muraközi porte le nom de sa région d'origine : la race est née dans le sud de la Hongrie, aux environs de Muraköz, sur la rivière Mura. C'est là que se tint, à la fin du XIXe siècle, un programme de sélection et d'élevage qui mêla les souches locales à de nombreuses autres races – avec toujours un apport important de sang arabe.

Pour améliorer le cheval de travail local, assez lourd, les éleveurs utilisèrent beaucoup les étalons arabes. Les produits des premières générations ont été des chevaux

Bob Langrish

de trait plus légers, avec une bonne action et déjà une certaine vivacité.

LA RACE PROSPÈRE

Pour améliorer encore la race, les éleveurs introduisirent également du sang percheron et ardennais. Au début du XXe siècle, on pouvait considérer que le type était fixé : un cheval grand et puissant, capable de travailler au champ, mais néanmoins assez alerte et rapide pour convenir à l'attelage. En cette période où l'agriculture, en Europe centrale, se développait fortement, le muraközi rencontra un grand succès aussi bien en Hongrie que dans les pays limitrophes. La race prospéra et le muraközi représentait, en 1920, 20 % du cheptel équin de son pays. En 1970, on comptait encore, en Hongrie, plus de 40 000 muraközis.

Kit Houghton

Gros plan

Contrairement à beaucoup de ses congénères de race lourde, le muraközi a des fanons peu importants.

PARENTHÈSE GUERRIÈRE

Comme la plupart des autres races européennes, le muraközi paya un lourd tribut à la Seconde Guerre mondiale, et les souches reproductrices avaient beaucoup régressé à la fin des hostilités. Entre 1947 et 1949, une soixantaine d'étalons ardennais furent importés de France et de Belgique pour insuffler un sang neuf à la race, qui se reforma rapidement.

LE MURAKÖZI AUJOURD'HUI

Aujourd'hui, on élève en Hongrie deux types de muraközis, l'un très grand et lourd, l'autre plus léger. Les deux types sont appréciés dans toute l'Europe : nombreux sont les amateurs d'attelage qui font l'acquisition d'un de ces animaux énergiques et calmes, pleins d'allant, peu coûteux à l'entretien.

UN LOURD QUI A DU SANG

Bien qu'il soit classé parmi les chevaux lourds, le muraközi a hérité de ses ancêtres arabes une vivacité, une finesse et une amplitude dans ses actions qui le rapprochent des chevaux de sang.

Kit Houghton

Rapide, actif, jouissant d'une belle action, le muraközi de type léger a sa place en compétition d'attelage.

ORIGINE

Ce cheval de travail fut d'abord élevé sur les rives de la Mura. De là, il se répandit dans toute l'Europe centrale. Il est de nos jours élevé essentiellement en Hongrie, en Pologne et en ex-Yougoslavie.

Bob Langrish

LE SAVIEZ-VOUS ?

Le muraközi est bien charnu, ce qui n'a pas échappé aux marchands de viande équine. Une part importante du cheptel est, hélas, utilisée pour la boucherie – la majeure partie de la viande équine consommée dans notre continent provient, comme on sait, d'Europe orientale.

Type et tempérament

Il existe actuellement deux types de muraközis : un trait lourd essentiellement destiné au travail agricole, qui mesure en général plus de 1,65 m au garrot ; un modèle plus léger et plus petit, plus actif aussi, qui est très polyvalent.

Modèle

Le muraközi est un cheval ramassé et puissant, néanmoins délié et non dépourvu d'une certaine élégance.

La tête est plutôt importante, parfois un peu lourde, avec un beau front large entouré d'yeux à l'expression douce et intelligente.

L'encolure est forte et arrondie, l'épaule joliment inclinée et longue pour un cheval de trait, le garrot peu saillant mais plus marqué que chez la plupart des chevaux lourds.

Le passage de sangle est remarquablement profond.

Le dos est long et droit, la croupe en pupitre mais ronde et puissante.

Les membres sont plutôt courts et assez forts – mais, et c'est là le point faible de la race, leur ossature est parfois un peu légère par rapport à la masse du cheval.

Robe

La plus courante est l'alezane crin-lavé, mais on trouve aussi des bais, des noirs et des gris.

Kit Houghton

Taille

Plus de 1,65 m pour le type lourd ; 1,60 m en moyenne pour le type léger.

Caractère

Aimable et énergique, voilà le muraközi résumé en deux mots. Ce cheval calme et facile à dresser se prête à la plupart des tâches avec bonne volonté et gentillesse.

Vif et intelligent, c'est un compagnon fiable et très attachant. Sa maturité précoce permet de le mettre au travail de bonne heure – dès deux ans dans son pays. Il est frugal et rustique.

Kit Houghton

Bon à savoir

On connaît surtout le muraközi alezan à pommelures dorées avec une belle crinière blonde. Cette robe est certes la plus courante – c'est surtout celle que l'on voit le plus dans les prospectus destinés à faire connaître la race, car elle est flatteuse. Ce n'est toutefois pas la seule couleur admise, la race comptant de nombreux bais et noirs.

Le cob normand

C'est le plus sportif des chevaux de trait français. Il possède la charpente et les allures d'un brillant cheval d'attelage sans avoir les lourdeurs de certains chevaux de trait. Les verts pâturages normands lui assurent une santé et une longévité exceptionnelle.

UN TRAIT PAS TRÈS LOURD

Moins épais que le comtois, moins colossal que le percheron, moins charnu que le breton : le cob normand est le cheval de trait qui se rapproche le plus du cheval de selle. On lui prédit donc un bel avenir dans les compétitions d'attelage !

UNE RÉGION D'ÉLEVAGE

La Normandie a acquis dès le Moyen-Âge une solide réputation comme région d'élevage. Elle produisait alors de puissants destriers, fort réputés pour leurs qualités au combat. Au XVIe siècle, le normand fut allégé, comme presque toutes les races françaises, par l'apport de sang arabe. Au XIXe siècle il fut croisé avec des étalons anglais (pur-sang, hunter, roadster). Ces croisements donnèrent l'anglo-normand, père du selle français.

NAISSANCE DU COB

Les haras nationaux français, et notamment le haras de Saint-Lô, berceau du cob normand, produisaient au début du siècle deux types d'anglo-normands : des animaux assez légers, destinés à la selle, pour l'armée ou l'équitation ; d'autres plus trapus, que l'on employait pour l'attelage ou les petits travaux agricoles (on réservait au percheron le travail de force du labour). Les chevaux d'attelage furent bientôt baptisés « cob » à cause de leur ressemblance avec le cheval anglais du même nom, et reconnus comme race à part entière.

PASSAGE À VIDE

Avec l'apparition des machines agricoles et la transformation de l'agriculture, le cob normand s'est trouvé, comme de nombreux chevaux lourds, sans emploi. Et comme beaucoup de ses congénères, il n'a plus été élevé que pour la boucherie.

Ce sont les haras nationaux français qui l'ont sauvé de l'extinction en poursuivant son élevage en dépit d'une baisse considérable de la demande.

Depuis quelques années, éleveurs et haras s'attachent à redonner au cob sa ligne et sa

Kit Houghton

LE SAVIEZ-VOUS ?

En Angleterre, on appelle «cob» les demi-sang qui sont utilisés aussi bien pour la selle que pour l'attelage. Leur gabarit, bien que plus solide que celui des chevaux de selle, est un peu plus fin que celui des cobs normands. Le cob anglais n'est toutefois pas une race, mais un type morphologique.

Bob Langrish

Kit Houghton

On coupait autrefois la queue (en retirant plusieurs vertèbres) des chevaux de trait pour éviter qu'elle se prenne dans les harnais. Cette intervention est désormais interdite.

prestance, ainsi que son emploi de cheval de traction, parfois même de sport (attelé).

L'ÉLEVAGE AUJOURD'HUI

Il n'existe pas de stud-book pour le cob normand. Cependant, de nombreuses épreuves de modèles et allures sont organisées pour tester les poulinières et leurs petits. Les candidats étalons font l'objet d'un signalement vérifié sous la mère.

En 1996, on comptait 1728 reproducteurs de cette race en France : 58 étalons et 1670 poulinières. Ces chiffres le placent loin derrière les races bretonne, comtoise et percheronne.

Il est important de préserver le patrimoine génétique du cob normand car il constitue un excellent réservoir pour la production de chevaux de selle. Pour l'attelage, il permettra sans doute de développer un animal à la fois adapté et sportif.

LA FORCE D'UN NORMAND

Le cob normand est sans doute le plus léger des chevaux de trait français. Il se déplace souvent avec brio, notamment au trot. Il bénéficie d'une longévité exceptionnelle et d'une santé remarquable.

ORIGINE

Le haras de Saint-Lô et le haras du Pin sont aujourd'hui les deux principaux lieux d'élevage du cob normand. Mais le véritable berceau de la race est incontestablement la Manche, avec son sol calcaire et ses riches pâturages.

Le cob est réputé pour ses allures actives et énergiques. Il possède notamment un trot régulier et élégant.

Bob Langrish

Modèle

Tête imposante avec un front large et des yeux plutôt petits qui expriment son tempérament docile. Le chanfrein est parfois busqué. L'encolure est forte et bien formée. Dans l'ensemble, le modèle est trapu et puissant, assez carré, avec une épaule forte et un peu plus inclinée que celle de la plupart des traits, ce qui lui donne une action ample. Charpenté, avec une ossature solide, il possède des membres plutôt courts, mais sans épaisseur. La jambe est très musclée et le jarret bien placé. Depuis quelques années, il est interdit d'amputer la queue des cobs normands, comme cela se pratiquait autrefois.

Taille

Le cob est plutôt grand : de 1,60 m à 1,70 m.

Robe

La robe la plus fréquente est l'alezan, mais on trouve aussi des bais et quelques rares gris, aubères et rouans.

Caractère

Le cob est réputé pour son courage et son énergie. Il est beaucoup moins placide que ses cousins de trait lourds, mais sait se montrer docile comme tous les chevaux d'attelage.

Kit Houghton

Bon à savoir

Comme beaucoup de chevaux de trait, le cob normand est souvent logé en stalle. Il s'y prête de bon gré, mais il n'en reste pas moins vrai que ce mode d'hébergement n'est pas adapté aux chevaux, si placides soient-ils.

Bob Langrish

Le poitevin ou trait mulassier

Le poitevin est un cas. Il n'est pas vraiment beau et ne travaille plus depuis longtemps. Cependant, il constitue une vraie richesse pour sa région d'origine car, sans lui, une espèce hybride serait condamnée à disparaître.

DES JUMENTS DE PEU, MÈRES DE FAMEUX BÂTARDS

La jument poitevine n'a pas grande valeur. Le baudet du Poitou n'en a guère plus qu'un autre âne. Cependant, leur union donne naissance à un animal d'exception.

LES ORIGINES

Au début du XVIIe siècle, sur ordre du roi Henri IV, on entreprit de drainer et d'assécher les marais du Poitou et de la Vendée. Pour cela, on fit venir du Danemark, de Norvège et des Pays-Bas des chevaux lourds ayant des pieds très larges. Cela leur donnait, pour évoluer sur les terrains marécageux, une efficacité supérieure à celle de bien d'autres races. Une fois le pays aménagé selon les désirs du roi, l'élevage de ces chevaux, dépourvus de beauté comme de vraies qualités, aurait logiquement dû être abandonné. Mais il n'en a rien été, car il s'est avéré que les juments poitevines, couvertes par des baudets du Poitou, donnaient naissance à des mules de grande qualité.

UN « MARI » AUX LONGUES OREILLES

Le baudet du Poitou, élevé depuis des temps très reculés dans la région, est remarquable à bien des égards. Sa taille, d'abord, est peu ordinaire parmi les races de son espèce, puisqu'il mesure en moyenne 1,50 m et atteint parfois jusqu'à 1,63 m. La longueur des ses membres, ensuite, n'est pas sans surprendre. Enfin, malgré une épaule verticale, l'animal a des allures amples et vives. Depuis 1885, sa race entre dans le même livre des origines que celle du poitevin.

Lacz/Sunset

Lacz/Sunset

Les juments que l'on destine à la reproduction des mules sont appelées mulassières.

DES « ENFANTS » VIGOUREUX

Dotés d'une excellente constitution et particulièrement de membres toujours sains, ces animaux allient souffle, puissance et endurance. Ayant, bien évidemment, un « pied de mule », ils sont aptes à circuler sur les terrains les plus difficiles, et donc particulièrement appréciés en montagne. Très frugales, les mules peuvent travailler sans rechigner durant de longues années, bâtées, attelées ou montées. Et il n'est pas rare qu'elles vivent plus de 25 ans. En des temps où les machines étaient encore à inventer, de tels animaux étaient d'une grande valeur.

UN SUCCÈS QUASI MONDIAL

Dès la fin du XVIIe siècle, les mules du Poitou ont été fort recherchées. Elles ont joué leur rôle dans la vie rurale de la plus grande partie des pays d'Europe. On en faisait venir

BON À SAVOIR

Mules, mulets et bardots sont des hybrides puisqu'ils sont le résultat du croisement de deux espèces différentes. Comme la plupart des hybrides, ils sont stériles (il arrive, exceptionnellement, que la mule soit féconde).

Bien que les juments soient d'abord destinées à la production des mules, les mâles poitevins continuent d'exister et de donner naissance à des poulains qui assurent la continuité de la race.

Kit Houghton

chaque année un bon nombre en Italie, en Espagne, au Portugal, en Grèce, en Allemagne et, même, en Russie. Si ces pays étaient de si grands demandeurs de mules, pourquoi n'ont-ils pas mis sur pied leur propre élevage? Parce que la mule est, bien sûr, stérile! Par ailleurs, le poitevin et le baudet du Poitou faisaient partie du patrimoine d'une région qui n'entendait pas exporter ses géniteurs. Car l'élevage des fameuses mules était fort lucratif.

ENTRE LES GUERRES

Dans la seconde partie du XIXe siècle, les Américains à leur tour sont devenus de très bons clients des éleveurs du Poitou. L'armée surtout prisait fort les mules, puissants et solides animaux de bât. Dans les années précédant la Première Guerre mondiale, le négoce de mules avec le Nouveau Monde était particulièrement florissant. Mais le grand conflit terminé, le cheptel se réduisit fortement. La Seconde Guerre mondiale fit encore chuter la production des mules. Ensuite, les machines remplacèrent presque totalement les animaux. De nos jours, cependant, la race des mules du Poitou ne semble pas menacée, car ceux qui en élèvent le font avant tout pour le plaisir.

LES DÉFAUTS DE SES QUALITÉS

Au premier regard, le poitevin ne semble pas très gâté par la nature, quelques sérieux défauts amoindrissant la valeur de ses solides qualités. Mais ses gènes semblent porteurs du meilleur.

ORIGINE

C'est dans les terres humides de la Vendée et du Poitou, dans l'ouest de la France, que le poitevin s'est développé à partir de chevaux lourds importés du Nord de l'Europe. Il s'est fort bien intégré dans cette région, où son élevage connaît un regain d'intérêt.

Le saviez-vous ?

La mule – ou le mulet – est le produit du croisement d'un âne et d'une jument. Le bardot naît du croisement d'un cheval et d'une ânesse. Le second est beaucoup plus rare, car les ânesses acceptent mal l'accouplement avec un cheval. Il a aussi la réputation d'être moins vigoureux et moins agile que la mule ou le mulet.

Kit Houghton

Type et tempérament

Qu'il soit mâle ou femelle, le poitevin donne au premier abord une certaine impression de mollesse. Pourtant, il ne manque ni de puissance ni d'ardeur au travail.

Modèle

Le corps, long et large, donne souvent l'impression d'un manque d'état. La tête est lourde, avec des oreilles épaisses et peu mobiles. L'encolure courte est plantée sur des épaules puissantes et droites. L'arrière-main est forte et la croupe généralement avalée. Les jambes massives sont couvertes de longs poils sur les paturons. Elles se terminent par des pieds très larges. Crinière et queue, abondantes et hirsutes, sont rêches au toucher.

Taille

1,65 m en moyenne.

Robe

Généralement isabelle ou louvet, le poitevin est parfois gris, bai ou alezan brûlé.

Caractère

Lacz/Sunset

Le poitevin manque un peu d'énergie. Ce cheval à la personnalité effacée semble parfois se laisser manipuler un peu comme une mécanique. Mais cette grande docilité et cette douceur plaisante sont aussi un avantage. Il peut toutefois lui arriver de faire preuve d'un entêtement violent, à la mesure de sa puissante carcasse, quand on le pousse à bout – ce qui est difficile.

Le frison

Ce splendide cheval noir doit beaucoup de sa beauté altière à un port de tête hors du commun. Cette merveille se négocie de nos jours à prix fort, mais les amateurs sont prêts à tout pour acquérir un frison !

À LA CONQUÊTE DU MONDE !

Le frison vient de la Frise, région d'élevage des Pays-Bas. Jusqu'à une époque récente, on connaissait surtout, de cette région, la frisonne, belle vache laitière pie. Mais, ces dernières années, c'est ce beau cheval noir qui a conquis le monde.

À TRAVERS L'HISTOIRE

Les Romains connaissaient déjà le frison. Ils considéraient ce cheval venu des régions bordant la mer du Nord comme une race… plutôt laide. Comme beaucoup de races répandues et largement utilisées alors, le frison présentait des caractères de frugalité, d'endurance et de robustesse qui lui permirent de servir, un millier d'années plus tard, sous la selle des chevaliers frisons et germains.

EFFICACE DANS TOUTES LES DISCIPLINES

Remarquable cheval de bataille, il fut amélioré et affiné par l'apport de sang oriental, puis de sang andalou et castillan lors de la domination espagnole aux Pays-Bas aux XVIe et XVIIe siècles. Sa docilité et sa bonne volonté étant restées inchangées, il devint un animal très prisé en Europe occidentale à l'attelage, sous la selle et pour le travail de la terre. Les paysans appréciaient sa frugalité : ce grand travailleur demandait peu pour conserver toute son énergie.

LA COQUELUCHE DE L'ÉLEVAGE

Exporté par voie terrestre mais aussi par voie maritime depuis les ports de la mer du Nord, le frison servit à améliorer de nombreuses races en Europe. Sa parenté avec le dales et le fell saute aux yeux ; il est en outre l'ancêtre incontesté du puissant shire. Il permit également de créer de nouvelles souches en Allemagne et en Norvège – l'oldenbourg, le wurtenberg et le døle-gudbrandsdal.

Bob Langrish

En Angleterre, les célèbres magasins Harrods ont choisi les frisons pour tirer leur très chic voiture de livraison.

Bob Langrish

CHEVAL DE COURSE

Au XIXe siècle, la carrière du frison se développa du côté des champs de courses. Ses qualités de trotteur incitèrent éleveurs et propriétaires à le croiser avec des races plus légères et plus rapides. Le type d'origine fut peu à peu délaissé. Au début du XXe, on pouvait compter les étalons frisons sur les doigts d'une main.

À QUELQUE CHOSE MALHEUR EST BON…

Paradoxalement, ce fut la guerre qui sauva le frison. Restriction d'essence et réquisition des véhicules remirent le frison au premier rang des animaux utilitaires. Il reprit du service à l'attelage et dans les fermes.

Après la fin de la guerre, la Société royale d'élevage de Hollande entreprit d'assurer la sauvegarde de la race et de préserver son type. De nos jours, le frison se distingue à l'attelage, mais on l'apprécie aussi comme cheval de dressage, de spectacle et de loisir.

TYPE ET TEMPÉRAMENT

Les conditions d'inscription au stud-book des frisons sont très sévères. Juments et étalons peuvent, selon leur qualité et leur modèle, être rattachés à différentes catégories : veulenboek ou stamboek et, pour les juments, deux autres catégories supérieures, ster et preferent. On prend aussi en considération leur bon caractère et leur docilité. Un étalon ou une jument dont les produits ne sont pas jugés satisfaisants sont rétrogradés et inscrits dans une catégorie inférieure.

Bob Langrish

Le frison est un cheval qu'on remarque immédiatement. Il est difficile d'en côtoyer un sans être sensible à son imposante beauté. Sa robe noire comme l'ébène contribue bien sûr à son modèle impressionnant, tout comme ses membres puissants ornés de poils abondants. Mais son type repose pour beaucoup sur sa superbe encolure, incurvée, portée très haut, qui lui donne vraiment beaucoup d'allure.

Caractéristiques

La frugalité et l'endurance du frison sont restées intactes. Malgré son modèle imposant, il mange modérément et se maintient dans une forme splendide sans grandes exigences. C'est un animal très sain et résistant, d'un entretien facile. Ses allures amples et élastiques, cadencées, avec un mouvement du genou assez relevé, font partie de ses meilleurs atouts.

Modèle

L'encolure très haute du frison, parfaitement attachée à des épaules larges et longues et à un garrot bien sorti, porte une tête importante mais sans lourdeur, expressive, avec un regard vif et des oreilles mobiles.

Le corps, structuré par une ossature plutôt lourde, est compact avec un dos court et fort. La croupe est légèrement oblique, la queue, élégante, est attachée assez bas. Les crins, très fournis et légèrement ondulés, se portent plutôt longs ! Les membres, secs, avec des articulations saines et solides, sont abondamment poilus au niveau du paturon. Les sabots sont durs et bien formés.

Taille

De 1,50 m à 1,63 m.

Robe

Seul le noir sans marques blanches est admis. Une minuscule étoile en tête et quelques poils gris aux lèvres peuvent être tolérés, mais pas pour les étalons haut de gamme.

Caractère

La Société royale d'élevage s'est appliquée à préserver la docilité et la gentillesse du frison. C'est un cheval facile à dresser et agréable à manipuler.

Bob Langrish

Sorrel

Le frison est un cheval de dressage très agréable.

Kit Houghton

N'est pas jument frisonne qui veut : les critères de sélection sont très sévères.

Le trait russe

Ce cheval courageux est devenu l'ouvrier indispensable du travail agricole dans l'ex-URSS. Créé pour des besoins économiques, le trait russe a encore la faveur des agriculteurs des pays de l'Est.

L'HISTOIRE DU TRAIT RUSSE

Les chevaux de trait russes ont surmonté bien des écueils.

BEAUCOUP D'ARDENNAIS

Jusqu'à la fin du XIXe siècle, la Russie donnait la préférence aux chevaux légers qui servaient à la fois sous la selle, attelés et dans les champs. Mais, déjà à partir de 1860, on chercha à créer des races plus lourdes et mieux adaptées au travail agricole. Comme ce fut souvent le cas pour d'autres races, on croisa de bons chevaux locaux avec des ardennais (importés de Suède). L'importation d'étalons ardennais alla bon train jusqu'aux premières années du XXe siècle. On insuffla également du sang percheron, brabançon et, pour la vivacité, un peu de trotteur orlov. Le but était de créer une race qui contribue à l'économie d'un pays en pleine évolution.

UNE NAISSANCE EN DEUX TEMPS

La création de la race ainsi que son amélioration sont avant tout le fait de l'Ukraine et, notamment, des haras de Khrenov et Derkul. Les premiers résultats furent présentés au monde entier lors de l'Exposition universelle de Paris de 1900. Jusque dans les années 1920, les produits ainsi obtenus furent désignés dans les registres comme « ardennais russes ». À la fin de la Première Guerre mondiale, la race frôla l'anéantissement. De nombreux étalons avaient disparu ; il fallut attendre 1937 pour parvenir à reconstituer un stud-book digne de son nom. Ce n'est qu'en 1952 que la race « trait lourd russe » fut officiellement enregistrée.

DE L'UKRAINE À LA SIBÉRIE

On pourrait croire que le cheval n'est plus aussi indispensable que dans le passé : pourtant, le trait lourd russe a encore sa place dans les campagnes de son pays.

UN CHEVAL TRÈS UTILISÉ

Dans bien des pays, et notamment dans ceux de l'Est européen, un tracteur reste un engin trop onéreux à la fois à l'achat, à l'usage (carburant) et à l'entretien. Il ne peut donc encore remplacer le cheval. C'est le cas en ex-URSS, où le trait russe est toujours le partenaire indispensable des agriculteurs. Dans les kolkhozes et les sovkhozes, il se révèle toujours d'une grande utilité. Actuellement, on compte près de 25 000 traits russes, qui vivent dans tout

Le saviez-vous ?

Le poids maximal jamais tiré par un trait russe est de 820 kg, soit 117 % de son poids moyen.

Sorrel

GROS PLAN

La maturité du trait russe est très précoce : il atteint pratiquement sa taille adulte à deux ans. Sa longévité n'est pas moins remarquable. Aussi peut-il commencer à travailler avant trois ans et servir jusqu'à un âge de 20 ou 25 ans !

Sorrel

le pays, mais surtout dans les régions reculées qui vont de l'Oural à la Sibérie.

DES ATOUTS

L'usage d'un cheval plutôt que d'un tracteur présente bien des avantages. Tout d'abord, le cheval produit une somme de travail importante par rapport à ce qu'il coûte en nourriture – le prix du foin et du grain ne rivalise pas, et de loin, avec celui du pétrole. Par ailleurs, les sabots des chevaux respectent mieux le sol que ne le font les pneus des gros engins, qui tassent la terre. Enfin, le cheval a la bonne idée de transformer en engrais – et non en pollution – le « carburant » qu'on lui fournit !

ROBUSTE ET VIF

Au fil du temps, le cheval de labeur russe s'est beaucoup amélioré, et le trait russe est aujourd'hui un bel animal, robuste, vif et plein de qualités.

ORIGINE

Le trait russe fut créé dans les haras de Khrenov et Derkul, en Ukraine, avant d'être élevé dans toute l'ex-URSS.

Type et tempérament

Râblé, puissant, courageux, le trait russe est un cheval parfaitement adapté au labeur et aux rudes conditions météorologiques.

Modèle

Le trait russe est un cheval alerte et tout en vigueur. Sa tête est plutôt légère et jolie, avec une expression vive et intelligente. L'encolure puissante et musclée est superbement plantée sur une épaule forte et pas trop droite.
Le garrot est bas et large, le poitrail profond, le dos court, droit et musclé, la croupe large et oblique. Les membres sont courts, à l'ossature solide, les sabots résistants et ornés de fanons abondants.

Taille

La moyenne se situe entre 1,47 m et 1, 50 m.

Robe

L'alezan et le rouan dominent, mais on trouve aussi des bais.

Caractère

C'est avant tout un cheval doté d'une excellente nature, docile et courageux à la fois. Travailleur remarquable, il ne rechigne jamais à la tâche.

Sorrel

Le modèle alerte du trait lourd russe fait un peu penser à celui du cob.

Grâce à son épaule assez longue, le trait russe dispose d'une belle action. Attelé, c'est un cheval rapide.

Sorrel

L'ardennais

Trapu et puissant, l'ardennais possède, parmi les chevaux de trait, l'un des modèles les plus massifs. Il se déplace néanmoins avec vivacité et semble toujours prêt à travailler. Tous ceux qui le côtoient apprécient sa grande douceur.

VAILLANT ET CONCILIANT

Déjà connus des Romains, les petits chevaux des Ardennes se sont taillé au fil des siècles une grande réputation sur les champs de bataille. Ils ont, on le sait, rendu de grands services lors de la Première Guerre mondiale.

LOINTAINES ORIGINES

L'ardennais est l'une des plus anciennes races de chevaux d'Europe. Les spécialistes pensent qu'il descend probablement du cheval préhistorique dont on a retrouvé les restes à Solutré. Les descendants du cheval de Solutré auraient parcouru le cours de la Meuse pour se fixer dans les Ardennes – aujourd'hui partagées entre la France et la Belgique. L'ardennais moderne a conservé certains traits primitifs, notamment l'ossature de la tête, qui lui donne ce nez carré bien particulier.

UNE LONGUE CARRIÈRE MILITAIRE

L'ancien type de l'ardennais était un cheval trapu et vif, pas très grand, d'une extraordinaire rusticité. Utilisé sous la selle et attelé, il devint peu à peu un excellent cheval de hussard. Il était aussi capable de tirer les canons et les chariots de l'artillerie. Il fut exporté comme cheval de guerre dans toute l'Europe. De nombreux ardennais prirent part aux guerres napoléoniennes – on dit qu'ils furent les seuls à supporter les rigueurs du climat lors de la campagne de Russie – puis à la Première Guerre mondiale.

Kit Houghton

Si l'ardennais est encore couramment employé pour le débardage des grumes en forêt, il est plus rare de le voir travailler aux champs, comme ici, dans les Ardennes.

Bob Langrish

VERS UN TYPE PLUS LOURD

Au XIXe siècle, comme presque toutes les races, l'ardennais reçut un peu de sang arabe et pur-sang, mais ces influences ne semblent pas avoir persisté.

Peu à peu, pour répondre aux besoins des agriculteurs, les éleveurs tentèrent de faire évoluer la race vers un type plus lourd. Quelques croisements furent entrepris avec des boulonnais et des percherons. Mais ce sont les traits belges, plus grands, qui modifièrent sensiblement le modèle des petits chevaux des Ardennes.

LE CHEVAL DES GRANDES EXPLOITATIONS

Devenu plus massif, l'ardennais se prêta aux travaux agricoles d'une certaine envergure. On le trouve durant toute la seconde moitié du XIXe siècle et jusqu'en 1950 dans les fermes importantes.

Naturellement, ces exploitations furent aussi les premières à adopter les engins motorisés. L'ardennais, comme tous ses congénères, perdit son emploi. De cheval de trait, il devint… cheval de boucherie.

L'ARDENNAIS AUJOURD'HUI

Aujourd'hui, la reproduction de l'ardennais est assurée par trois haras nationaux français et par de nombreux éleveurs dans toute l'Europe. Les effectifs restent faibles, mais le dynamisme des éleveurs, qui s'efforcent d'élargir ses débouchés, laisse présager un bon développement de la race. On vend des ardennais dans toute l'Europe.

UN CARACTÈRE AIMABLE

De plus en plus apprécié, l'ardennais se prête à des métiers divers, livrant de la bière, promenant des touristes en calèche, tirant des attelages sportifs ou servant au débardage du bois.

Origine

L'ardennais est autant belge que français. C'est dans les collines des Ardennes, aux rudes hivers, que ce cheval a développé son étonnante rusticité. C'est un des chevaux les plus lourds aujourd'hui produits par les haras français. Il est également élevé en Belgique, au Luxembourg, en Suède et en Hollande.

Type et tempérament

Aussi doux qu'il est massif et puissant, l'ardennais a de plus en plus de succès parmi les amateurs d'attelage. Sa résistance au chaud comme au froid, sa vigueur, son appétit modéré eu égard à sa taille sont autant d'atouts appréciés dans toute l'Europe.

Modèle

L'ardennais est un cheval bréviligne : tout chez lui est court, rond, massif et fort. La tête est importante et lourde, mais expressive, avec un chanfrein le plus souvent camus et un nez carré. L'encolure puissante, épaisse et ronde, est attachée à une épaule bien formée qui permet un geste assez ample. Le corps est dense, avec des reins remarquablement forts et des hanches larges. L'arrière-main est très musclée, tout comme les bras et les jambes. Les membres sont plutôt courts, avec des articulations épaisses et basses et des pieds solides et assez larges mais sans excès.

Sorrel

Taille

1,60 m pour les mâles, 1,58 m pour les femelles.

Robe

Bai ou rouan, parfois gris fer, alezan ou alezan brûlé. Le gris pommelé et le noir ne sont pas acceptés.

Caractère

Doux comme un agneau, gentil, généreux de sa force et de son travail : l'ardennais est un compagnon modèle. Son tempérament conciliant et paisible n'est pas pour rien dans le renouveau d'intérêt que lui portent les amateurs d'attelage. On le dit facile à débourrer et à dresser, et d'un caractère si aimable qu'un enfant peut le guider.

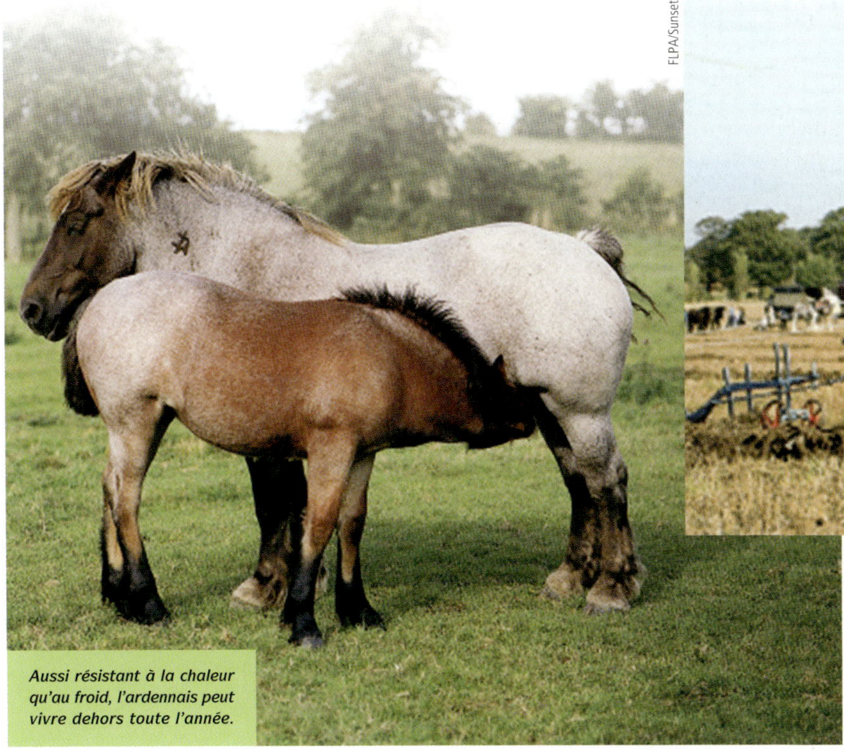

FLPA/Sunset

Aussi résistant à la chaleur qu'au froid, l'ardennais peut vivre dehors toute l'année.

Ces deux ardennais font une démonstration de leur force.

Bob Langrish

Le suffolk

Chez le suffolk, pas un angle, pas une longueur : tout est rond et court chez cet athlète au tempérament amène, qui promène d'un pas sec et vif sa masse imposante.

DES ANCÊTRES GUERRIERS

Les spécialistes font remonter son origine au Moyen-Âge : le suffolk descendrait en effet des puissants chevaux de combat que montaient les chevaliers anglais.

CHEVAL DE FERME

La race semble surtout devoir beaucoup aux chevaux de travail qui se développèrent dès le XIVe siècle sur la côte est du sud de l'Angleterre, dans le Suffolk et le Norfolk. Les fermiers de la région, isolés de leurs voisins par la mer du Nord au nord, à l'est et au sud, par les Fens à l'ouest, cherchèrent à obtenir un cheval capable de répondre aux besoins particuliers de leur terre. Leur sol lourd et argileux nécessitait des animaux puissants, mais aussi ardents, résistants et dociles.

UNE PURETÉ PRÉSERVÉE

La configuration de leur région ne facilitait pas les échanges. Par ailleurs, ces chevaux frugaux et d'une étonnante longévité rendaient longtemps de multiples services. Peu d'entre eux furent vendus hors de la région. Peu de chevaux furent importés. La race resta donc longtemps presque inconnue à l'extérieur et sa pureté fut longtemps préservée.

NAISSANCE DE LA RACE

L'étalon fondateur de la race, Horse of Ufford, naquit en 1768. Cet alezan massif et puissant, haut de 1,57 m, présentait une tête plus belle que la plupart de ses congénères. Il servit à la reproduction dans toute la région pendant de nombreuses années. La Suffolk Horse Society établit le standard et ouvrit le stud-book de la race dès 1880.

À LA FOIRE

Pour travailler la terre argileuse de la région, il fallait un cheval doué d'une grande force de traction et d'une grande volonté. Dans les foires locales, on testait les chevaux en les soumettant à diverses épreuves. L'une d'elles, restée fameuse, consistait à atteler l'animal à une énorme grume.

On considérait qu'il avait réussi le test, même s'il n'avait pas déplacé le tronc, s'il s'était agenouillé pour s'efforcer de le tracter. Le suffolk en a gardé une position de traction caractéristique dans laquelle les antérieurs sont fortement sous lui.

Kit Houghton

LE SAVIEZ-VOUS ?

Le suffolk a été introduit sur le continent européen au XIXe siècle. Il est aussi bien représenté aux Etats-Unis (ici, dans le Kentucky Horse Park). Le Pakistan a récemment importé de nombreux sujets pour remonter sa cavalerie : le suffolk s'est remarquablement bien adapté au climat de ce pays, où les juments sont employées à la production de mules.

Bob Langrish

Bob Langrish

Même petit, je suis costaud !

UN REPRODUCTEUR RECHERCHÉ

Avec l'avènement de la mécanisation, les suffolk ont perdu leur emploi. Ils ont longtemps continué à tirer les voitures des brasseurs, mais on ne les voit plus guère, aujourd'hui, que dans les manifestations qui leur sont consacrées.

Néanmoins, ce cheval est très recherché comme reproducteur. Sa grande pureté génétique permet d'enrichir et d'améliorer de nombreuses races lourdes.

UN COSTAUD DÉBONNAIRE

Tirer les charges les plus pesantes dans les terres les plus lourdes ne lui fait pas peur : Monsieur Costaud, c'est lui.

ORIGINE

Le suffolk est né sur la côte est du sud de l'Angleterre. C'est sur ces terres argileuses baignées par la mer du Nord qu'il a acquis sa force remarquable.

Le saviez-vous ?

Le suffolk, malgré son physique imposant, est réputé pour sa frugalité. Du temps où il travaillait à la ferme, il se contentait d'un seul repas en compensation de sa journée de travail, alors que les autres races en recevaient deux.

Bob Langrish

Type et tempérament

Le suffolk est volumineux, arrondi, court sur pattes. Tout en lui dégage une impression de force justifiée par une musculature massive et un «coffre» exceptionnel : le passage de sangle peut mesurer plus de 2 m, plus que celui de l'énorme shire. Sa charpente puissante est soutenue par une ossature saine et dense.

Modèle

La tête large mais pas trop longue, avec un nez plutôt fin, lui donne une expression tranquille et intelligente. Elle est attachée à une encolure épaisse, arquée, portée assez haut. L'épaule droite est parfaite pour la traction mais limite l'action – elle produit des allures sèches et courtes caractéristiques. Le poitrail remarquablement large est surmonté par un garrot peu prononcé. L'avant-main est plus basse que l'arrière-main, la croupe très épanouie, souvent double, dépassant en général la hauteur au garrot.

Les membres courts et forts, avec de belles articulations, ne portent pas les longs fanons qu'arborent beaucoup d'autres races lourdes – adaptation au sol argileux de sa région d'origine. Les antérieurs sont bien écartés, la largeur du poitrail entraînant fréquemment une tendance à billarder. Les postérieurs, en revanche, sont bien serrés et permettent au cheval de tracer des sillons précis.

Bob Langrish

Taille

De 1,63 m à 1,70 m.

Robe

Le suffolk est toujours alezan. Le stud-book de la race admet 7 nuances de cette robe, de la teinte la plus claire, presque café au lait, à l'alezan brûlé. Les marques blanches sont admises mais limitées aux membres et à la tête.

Caractère

Rien que du bon dans son caractère : le suffolk est aimable, équilibré, docile, prompt au travail et toujours de bonne volonté. Son courage à toute épreuve lui donne le cœur de tirer les charges les plus lourdes.

L'expression tranquille et pleine de douceur traduit bien le tempérament complaisant du suffolk.

Monnier/Cogis

Le døle-gudbrandsdal

Le døle-gudbrandsdal est un cheval norvégien à sang froid originaire de la vallée du Gudbrandsdal. Puissant et actif, excellent trotteur, il existe en version lourde et en version légère. On l'utilise pour la course, pour l'équitation de loisir et pour la traction.

TROTTEUR BIEN-AIMÉ

Cette race, qui s'est formée très lentement et n'a été reconnue officiellement qu'au XIXe siècle, est très populaire dans son pays.

DES SIÈCLES DE MÉTISSAGES

Bien qu'elle n'ait été reconnue qu'au XIXe siècle, la race était en formation depuis très longtemps. Dans ses lointaines origines, on trouve les chevaux nordiques autochtones, descendants directs du cheval des forêts. L'un des grands fondateurs des divers types de chevaux nordiques serait le puissant frison, lui-même descendant de juments à sang froid et de poneys celtiques. Rien d'étonnant à cela puisque, entre le Ve et IXe siècle ap. J.-C. les marchands de chevaux de Frise commerçaient avec la Norvège, la Grande-Bretagne et la région du delta du Rhin.

UNE RACE AMÉLIORÉE AU XIXE SIÈCLE

Comme la plupart des races, le døle a subi par la suite de multiples influences. Les représentations des chevaux de la région datant du Moyen-Âge montrent qu'il ne ressemble guère, alors, au modèle actuel. Il reçut, comme tous les chevaux d'Europe, les apports des chevaux arabes, puis, plus tard, anglais. Au XIXe siècle, son aspect évolue beaucoup. Vers 1820, il grandit par suite des croisements réalisés entre les chevaux norvégiens et danois. Du sang frison tout neuf l'aide également à se développer. L'apport du new forest renforce sa rusticité. Le pur-sang anglais est utilisé pour améliorer ses allures, sa vitesse et sa conformation.

D'ILLUSTRES LIGNÉES

Quelques chevaux exceptionnels marqueront cette race. En 1834, l'étalon Odin (ex-Partisan) est importé en Norvège. Selon les sources, on le dit trotteur norfolk (c'est l'hypothèse la plus vraisemblable) ou pur-sang anglais. De toute façon, son rôle est notable. De 1840 à 1860, trois autres étalons jouent un rôle de premier plan : Veikle Balder, Toftebrun et Dovre, ce dernier étant considéré comme le fondateur de la race.

Bob Langrish

LE COIN DU PRO

Ces dernières années, les éleveurs ont beaucoup travaillé à l'amélioration de la race. Les étalons reproducteurs sont rigoureusement sélectionnés. On leur fait passer des radios des genoux et des membres. Le moindre défaut suffit à écarter un reproducteur. Même leurs performances sont vérifiées : puissance à la traction, beauté et rapidité du trot (les plus légers doivent courir 1 000 m en 3 mn !). Les mâles peuvent être confirmés à partir de trois ans.

Bob Langrish

rish

Originaire de régions froides et humides, le døle a développé les caractéristiques typiques des chevaux vivant dans ce type d'environnement : sabots larges et ronds pour ne pas s'enfoncer dans le sol, fanons abondants, crinière et queue bien fournies.

Modèle

Ce cheval résistant, bien musclé et très puissant pour sa taille possède une tête carrée avec un profil droit, un toupet abondant lui retombant sur le front. Il a une belle encolure habillée d'une crinière fournie. Les épaules fortes et bien inclinées, surmontées d'un garrot large, précèdent un dos un peu long. La poitrine est large et profonde, la croupe généreuse, légèrement inclinée. Ses membres sont courts, forts, couverts de poils, munis de sabots larges et ronds à la corne dure.

Taille

Il mesure en moyenne entre 1,48 m et 1,54 m.

Robe

Le bai, le bai brun et le noir sont les couleurs dominantes. On trouve parfois des palominos, des gris et des louvets.

Caractère

Excellent trotteur, actif et courageux sous les traits, il est robuste et agile. Calme, mais énergique et endurant, il plaît beaucoup aux meneurs. Le modèle plus léger est destiné aux cavaliers autant qu'aux meneurs – il participe à des courses. En 1986, Alm Svarten, un cheval de cinq ans, couvre le kilomètre en1'21"6 et bat le record de vitesse. Aujourd'hui, les deux types se rapprochent et se confondent plus ou moins.

Bob Langrish

Bon à savoir

Le døle gudbrandsdal a joué un grand rôle dans la constitution de certaines races nordiques comme le suédois du Nord.

DEUX VERSIONS

La Seconde Guerre mondiale éclate. Des chevaux sont réquisitionnés et le døle, comme beaucoup d'autres, prend une part active au conflit. Il en existe deux modèles : un type lourd, qui travaille dans les fermes et sert au débardage du bois ; un type plus léger, reconnu en 1941, qui excelle à l'attelage où son trot rapide fait merveille. En 1962, le Gouvernement norvégien fait faire un bilan de l'état de la race et redéfinit son élevage, qu'il confie aux haras nationaux. En même temps, les responsables établissent un plan de sauvegarde pour le døle lourd, dont le cheptel a diminué à cause de la mécanisation.

Peu connu en France, le døle est très populaire dans son pays.

Bob Langrish

MÉCONNU

Le døle reste un cheval plutôt rare en dehors de son pays. Mais il a de grandes qualités et mérite d'être mieux connu.

ORIGINE

Le berceau du døle est la vallée du Gudbrandsdal, située entre la région d'Oslo et les côtes de la mer du Nord, au nord-ouest du lac Mjøsa.

Le saviez-vous ?

Les grands poneys de Grande-Bretagne, comme le dales et le fell, sont assez proches du døle. Ces races britanniques auraient les mêmes ancêtres : le lointain cheval des forêt et, plus tard, le frison.

Le brabançon ou cheval de trait belge

Le trait belge, cet ancestral colosse améliorateur de multiples races au sang froid, est encore de nos jours, en Belgique, son pays d'origine, un cheval puissant. Cet animal calme et vaillant est connu sous le nom de brabançon.

UN CHEVAL FORT ET TRANQUILLE

Sage et doux à la fois, le puissant trait belge natif du Brabant convient parfaitement pour les loisirs. La Société Royale, sise à Bruxelles, et ses éleveurs veillent sur son devenir.

UNE DATE DE NAISSANCE INCERTAINE

Selon certains auteurs, le premier aïeul du brabançon serait apparu à l'époque du quaternaire sous la forme d'un grand cheval qui aurait eu les caractéristiques du lourd ardennais d'Europe occidentale. Il est certain, en tout cas, que ses origines remontent au Moyen-Âge. Il ressemble alors aux lourds chevaux de combat élevés dans le Brabant et les Flandres. Plus tard, il reçoit, comme toutes les autres races, différents sangs étrangers sans qu'il en résulte aucune amélioration sérieuse. Les éleveurs décident alors de sélectionner les meilleurs sujets indigènes et de renoncer aux croisements. Au XIXe siècle, une amélioration intervient.

TROIS LIGNÉES CAPITALES

Le brabançon revu et corrigé, employé aux durs travaux de traction, tient désormais une place prépondérante dans l'agriculture. En 1886, la Société Royale du Cheval de Trait Belge voit le jour et, dès 1890, le studbook de la race est créé. Trois courants de sang, issus de lignées imposantes, le façonnent définitivement. Les Gros de la Dendre découlent de l'étalon Orange Ier. Très musclés, ils possèdent des membres et des pieds extrêmement solides. Les Gris de Nivelles, distingués, aux aplombs corrigés, émanent de Bayard. Quant aux Colosses de la Méhaigne, ils descendent de Jean Ier et ont un tempérament énergique. Entre les deux guerres mondiales, trois brillants étalons rouans marquent l'élevage du brabançon: il s'agit d'Albion d'Hor, de son fils Avenir d'Herse et de son petit-fils Espoir de Quaregnon. Dans les années 1930, les Américains importent de nombreux bra-

Mirski/Cogis

Bob Langrish

Gros plan

La couleur de la robe peut avoir une influence sur le prix de vente. Les rouans, qui sont les plus courants, sont les moins cotés. On trouve aussi beaucoup d'alezans crins lavés. Les bais et les bai-brun, plus rares, sont très prisés.

Rustique et vigoureux, le trait belge vit dehors toute l'année dans ses régions d'origine ; il s'adapte même à des climats plus rigoureux (ici au Colorado).

Bob Langrish

bançons et ouvrent un stud-book consacré au Belgian Draft Horse. L'après-guerre et la motorisation conduisent la race au bord de l'extinction.

UN CHEVAL DE LOISIR FIABLE

Aujourd'hui, sauvegardé, le trait belge a réussi à s'adapter à de multiples activités de loisir et de compétition, comme la Route du Poisson. Conçu pour la traction, on l'utilise, par exemple, pour le débardage ou le remorquage des filets de crevettes en bordure de mer. On comptait, en 1999, 1275 juments, 75 étalons et 920 poulains.

UN AIMABLE COLOSSE

Monumental : voilà comment apparaît le trait belge. Ce grand cheval de travail est un aimable colosse qui se prête avec bonne volonté aux travaux que les hommes lui imposent.

Le saviez-vous ?

Ce cheval colossal a joué un rôle essentiel dans la création de nombreuses races de trait comme le clydesdale, le shire ou le suffolk punch – tous chevaux d'une puissance considérable.

Le trait belge est énergique et facile à dresser. Les cavaliers sont de plus en plus nombreux à l'apprécier.

Bob Langrish

Bob Langrish

Type et tempérament

Celui que l'on considère comme l'un des plus puissants chevaux de trait du monde – et qui a influencé beaucoup de races – possède des allures actives et un tempérament doux mais énergique.

Modèle

Sa tête carrée est plutôt légère et alerte, avec de petites oreilles attentives et des yeux vifs. Son encolure, courte et épaisse, est portée assez haut. Son corps très puissant est doté d'un passage de sangle profond. Sa croupe est double, large, arrondie, la queue étant plantée bas. Ses membres massifs, forts, aux articulations sèches et larges, paraissent relativement courts. Parmi ses autres particularités, il faut noter des paturons souples, des sabots larges et solides, de légers fanons.

Taille

1,70 m au garrot en moyenne.

Robes

Noir, bai, alezan, rouan (60 % des sujets), gris fer, aubère et pommelé.

Caractère

Le trait belge se prête au labeur avec bonne humeur ; il est toujours de bonne volonté et reste obéissant en toutes circonstances. Fiable et docile, c'est le cheval d'attelage familial «idéal». Il se plie aux exigences du dressage, participe brillamment aux carrousels et séduit de plus en plus de cavaliers. Rustique, il peut rester dehors toute l'année et ne nécessite pas de soins particuliers.

Bob Langrish

Le boulonnais

Ce cheval de trait des bords de mer a tout pour plaire. Cependant, les amateurs de sa race se font de moins en moins nombreux. Pourquoi ? Peut-être, simplement, parce qu'il n'a plus son utilité d'antan.

UN CHEVAL DE MAREYEURS ET DE... PÊCHEURS !

Le boulonnais a des origines bien incertaines et il n'a pas la notoriété de son proche voisin, le percheron. C'est un cheval que le progrès n'a pas épargné : la machine accomplit désormais presque toutes ses tâches. Depuis maintenant des décennies, on se désintéresse de lui. Et pourtant...

DES ORIGINES FLOUES

Les chevaux lourds étaient présents dans le nord de la France avant le début de l'ère chrétienne. Les origines lointaines de la race ne peuvent donc être situées avec précision. Cependant, il est certain que le boulonnais a reçu un sérieux pourcentage de sang arabe et, probablement, espagnol. Des grands chevaux venus du Nord puis, plus tard, le mecklembourg, un très gros cheval allemand, ont été utilisés par les éleveurs de la région. Ce n'est qu'au XVIIe siècle que la race reçut son nom. Deux types existaient alors, un grand et un petit.

ATTELÉ DE TOUTES LES FAÇONS

Jusqu'à la fin du XIXe siècle, les élevages de boulonnais ont été mis à contribution permanente pour la remonte des armées. Ce cheval très puissant était parmi les meilleurs pour tirer voitures, caissons d'artillerie et canons. Dans sa région, il était utilisé de maintes manières. On l'attelait à toutes sortes de voitures et machines agricoles nécessitant une traction rapide: herses, rouleaux, etc. Bien souvent, il lui fallait tremper les pieds dans l'eau de mer : les maraîchers l'employaient en effet pour ramasser des algues utilisées comme engrais. Ils allaient les récolter à marée basse avec une voiture tirée par un boulonnais.

LA ROUTE DU POISSON

C'est encore les produits de la mer qui amenaient des boulonnais à effectuer des courses aussi longues que rapides aux brancards. En effet, pendant très longtemps, Paris fut un important débouché pour les mareyeurs de la région. Mais, en des temps où les camions et les wagons réfrigérés étaient encore inconnus, il fallait gagner très vite la grande ville, afin que poissons et coquillages y arrivent encore frais. Les boulonnais devaient couvrir plus de deux cents kilomètres au départ de Boulogne, de Calais ou de Dunkerque, sans guère prendre de repos.

Et aujourd'hui ?

Comme toutes les races de chevaux de trait, les boulonnais ont vu leurs tâches progressivement transférées aux tracteurs et aux camions. Ils ont cependant bien des atouts pour damer le pion aux machines.

Kit Houghton

LE CHEVAL PÊCHEUR !

Depuis bien longtemps, les pêcheurs de crevettes du Pas-de-Calais se sont arrangés pour se fatiguer au minimum, tout en prenant un maximum de ces crustacés. Aujourd'hui encore, certains d'entre eux pêchent toujours à cheval. Ce qui est simple ! Il leur suffit d'enfourcher leur boulonnais, de le faire entrer dans l'eau jusqu'aux épaules. Puis, arrivés sur le lieu propice à la pêche, ils lui font tirer un filet bien plus large et performant que celui qu'ils pourraient pousser eux-mêmes. Et c'est le plus souvent sans quitter leur monture qu'ils vident ce filet et remplissent leur sac.

Bob Langrish

Les étalons boulonnais – impressionnants ! – du haras de Compiègne.

Le plus important est qu'ils n'écrasent pas le terrain comme les lourdes roues des tracteurs. Certains maraîchers préfèrent toujours biner leurs cultures d'artichauts ou de pommes de terre avec un cheval plutôt que de damer le terrain avec une machine.

LE CHEVAL DES BORDS DE MER

Le boulonnais est né dans le nord de la France, dans le Pas-de-Calais. L'un des plus célèbres élevages de boulonnais fut le haras d'Eterpigny, près d'Arras, où les d'Herlincourt assurèrent le développement de la race pendant plusieurs siècles.

Type et tempérament

En dépit de sa masse, le boulonnais est élégant d'aspect, tout d'harmonie. Et, quelle que soit l'allure, il se déplace avec une sorte de grâce nonchalante. Nonchalance à laquelle il ne faut toutefois pas se fier, car, en cas de nécessité, il sait donner de sérieux coups de collier.

Modèle

La tête du boulonnais est expressive et élégante. Elle dénote l'influence arabe. Son encolure particulièrement puissante est parfaitement attachée à des épaules fortes et à une poitrine large et profonde. Il possède des jambes fortes et musclées, dotées d'articulations solides et plus ou moins recouvertes de longs poils.

Kit Houghton

Taille

De 1,60 m et 1,68 m.

Robe

La robe est généralement grise, mais parfois alezane ou baie.

Caractère

Le boulonnais est remarquablement gentil et docile. Mais, malgré sa placidité, il a hérité, comme le percheron, d'une certaine fougue venue de ses lointains ancêtres orientaux. Son courage est loué par tous les amateurs de la race.

Bob Langrish

L'encolure du boulonnais est étonnamment puissante et massive. Elle ne l'empêche pas de développer un trot actif et rapide – celui-là même qui permettait à la « marée » d'arriver encore fraîche sur les bonnes tables de la capitale.

Bob Langrish

La gentillesse et la docilité du boulonnais ont permis aux hommes de tirer un grand parti de son courage et de sa force.

Kit Houghton

Malgré sa masse, le boulonnais peut montrer une ardeur surprenante.

Traits suédois et finlandais

Le trait suédois ou suédois du Nord et le finlandais ont de nombreuses caractéristiques communes avec les autres traits lourds, mais ils présentent la particularité d'être des trotteurs rapides et de jouir d'un bon influx nerveux malgré leur sang froid.

LE SUÉDOIS DU NORD

Le suédois du Nord, de son vrai nom trotteur suédois du Nord-Hestur, est le produit d'un élevage très sélectif.

UN MÉLANGE DE RACES

Comme son cousin le døle-gudbrandsal, dont il est assez proche, le suédois du Nord descend des anciennes races scandinaves. Les chevaux de trait employés en Suède dans les fermes, pour le transport et le débardage du bois, furent, jusqu'à la fin du XIXe siècle, le résultat de croisements avec de nombreuses races importées.

Le suédois résultait donc d'un mélange de races dont les caractéristiques n'étaient pas bien arrêtées.

LA NAISSANCE DU SUÉDOIS

À la fin du XIXe siècle, toutefois, on créa une société chargée de définir les caractéristiques du cheval suédois et de travailler à obtenir des produits homogènes. Les principaux éleveurs, notamment le très important haras de Wangen, mirent donc au point un programme de sélection très rigoureux reposant sur un certain nombre d'épreuves. Des tests, très sérieux, permettent de juger la puissance et la force de traction de l'animal : il doit haler des grumes sur des pistes défoncées, sa force étant mesurée à l'ergomètre. Le stud-book de la race a été ouvert en 1924.

Gros plan

Les membres des reproducteurs sont systématiquement radiographiés pour éviter la transmission de maladies ou de tares héréditaires – comme un problème d'os naviculaire par exemple.

Sorrel

Le suédois du Nord est de nos jours un animal fort, actif et gai. En le croisant avec le døle, on obtient un modèle plus léger qui donne un trotteur rapide et énergique.

ORIGINE

Originaire de la Suède septentrionale, où il était destiné avant tout au travail en forêt, dans des conditions climatiques assez dures, ce cheval est d'une très grande résistance. Le principal haras de la race se trouve à Wangen.

LE FINLANDAIS

Rapide, fort et agile, le trait finlandais d'aujourd'hui n'a plus de cheval lourd que le nom.

AUTREFOIS...

Avant la création du stud-book, en 1907, il existait déjà deux types de finlandais : le trait et l'universel. Le premier, plus lourd, servait aux travaux des champs et au débardage en forêt. Le second, moins puissant mais plus rapide, était employé à toutes sortes de tâches, attelé ou sous la selle. Les deux types furent inscrits au stud-book et soumis à des tests. Peu à peu, le type léger a été privilégié. Ce cheval actif qui se prête à la selle, au trait léger, à la course de trot et à des travaux plus lourds a été obtenu par croisement des poneys indigènes avec des chevaux à sang chaud et des chevaux à sang froid.

Sorrel

Type et tempérament du suédois

Le suédois est un joli cheval ramassé, actif et rapide, apte à la traction des charges les plus lourdes, qui a sa place aussi bien dans la forêt où il débarde le bois que sur les terrains de compétition d'attelage.

Modèle

La tête est de taille moyenne, un peu lourde mais très expressive, avec un chanfrein rectiligne et un nez plutôt fin. L'encolure est bien plantée, courte et très musclée, portée relativement haut et ornée d'une crinière très abondante. Les épaules musclées et bien inclinées encadrent un thorax très développé. Le dos est droit, parfois un peu long mais fort, avec un garrot effacé et des reins larges, la croupe ample et plutôt oblique. De l'ensemble, planté sur des membres solides et pourvus de fanons abondants, se dégage une impression de rondeur, de force et d'énergie.

Taille

Moyenne : 1,60 m.

Robes

Bai, brun, noir ou isabelle.

Caractère

Le suédois du Nord est réputé pour sa gaieté. Toujours en éveil, il travaille dans le calme mais avec beaucoup de bonne volonté.

Le saviez-vous ?

Le suédois du Nord est connu pour la vigueur de sa santé et son exceptionnelle longévité. C'est une race peu sensible aux maladies.

Résistant, frugal, doté d'une solide constitution, le finlandais jouit, comme le suédois du Nord, d'une longévité exceptionnelle.

Type et tempérament du finlandais

À la fois agile et fort, le finlandais est un cheval universel : on le retrouve aussi bien sous la selle des randonneurs que sous les traits.

Modèle

C'est un cheval de trait léger, avec une avant-main bien développée, un dos assez long et droit et une croupe inclinée qui favorisent une bonne action au trot. L'encolure est courte et musclée, bien plantée, la tête intelligente, avec un chanfrein droit et un front large. Les membres bien faits ne portent pas de fanons (ou peu).

Taille

1,57 m en moyenne.

Robe

Toutes les robes sont admises sauf le pie. L'alezan crins lavés est le plus fréquent – et le plus recherché.

Tempérament

Calme, d'humeur égale, le finlandais est un cheval conciliant, énergique et sûr.

Le breton

Cette race de trait fort ancienne est parmi les plus fameuses du territoire français. Au fil des siècles, le trait breton a toujours fait l'orgueil de ceux qui l'attelaient. Ses fans d'aujourd'hui ne l'admirent pas moins que ceux d'autrefois.

LE TRAIT BRETON ET SON FRÈRE, LE POSTIER

Peut-être à cause de ses origines douteuses et de croisements répétés, le breton est... double ! On distingue en effet chez lui à la fois le trait et le postier.

UN CHEVAL CELTE ?

Vers 50 av. J.-C. un cheval était représenté sur des pièces de monnaie armoricaines. Cela tendrait à prouver que cet animal, sans doute importé par les Celtes migrant vers la Bretagne, avait une grande importance pour le pays.

CROISEMENT APRÈS CROISEMENT

L'élevage se développa en Bretagne. Les chevaux locaux furent croisés avec diverses races au fil des siècles. Les chevaliers, de retour des croisades, ramenèrent de Palestine, dans le but d'améliorer leur cheptel, quelques étalons arabes. Le résultat aurait été la création des «bidets d'allure» qui couvraient de grandes distances au «pas relevé», allure rapide entre pas et trot, parfaitement confortable pour le cavalier. Plus tard, d'autres croisements furent entrepris avec des races du voisinage (le percheron, le boulonnais).

Par la suite, l'apport de sang ardennais permit de produire des sujets plus lourds et plus puissants. Enfin, au XIXe siècle, des croisements avec des trotteurs anglais norfolk donnèrent au breton sa vivacité et son brio.

LE BRETON ET LE TERROIR

Après tous ces croisements, la race s'est révélée peu homogène. Les chevaux produits différaient sensiblement selon qu'ils étaient élevés sur les riches herbages le long des côtes ou sur ceux, plus pauvres, de l'intérieur des terres. On arriva ainsi à distinguer deux types dans la même race. Le trait breton est un animal vigoureux et puissant, mais qui ne fait pas vraiment preuve de vivacité. Le postier breton, un peu moins grand et imposant, est si vif et si allant qu'il a acquis le réputation d'être « le trotteur d'élite des chevaux de trait ». Voilà qui n'est pas un mince compliment si l'on ajoute qu'au siècle dernier ce cheval était réputé faire « la moitié de la valeur de l'artillerie française » – quand les canons étaient encore tirés par des chevaux.

Kit Houghton

La robe alezan brûlé, l'une des plus fréquentes, est souvent ornée de pommelures.

Bob Langrish

Un cheval envié et demandé

Le premier stud-book du cheval breton fut ouvert en 1909. Les deux types y ont été confondus dès 1926. Toujours très populaire en France, le breton est exporté régulièrement vers les Balkans, mais parfois aussi jusqu'au Japon, où il sert à améliorer les races locales. C'est dire qu'il est une valeur sûre !

PRODUIT DU TERROIR

On élève des bretons un peu partout en France et dans bien d'autres pays. Mais, dans des régions trop différentes de leur origine, ces chevaux perdent une partie de leurs qualités. C'est pourquoi des éleveurs étrangers continuent d'importer régulièrement des sujets nés et élevés en Bretagne.

ORIGINE

C'est en Bretagne, d'abord le long des côtes puis à l'intérieur des terres, qu'est né le trait breton. Le cheval élevé à l'intérieur des terres a donné un modèle plus léger et plus vif.

Bob Langrish

La neige est exceptionnelle dans la Bretagne d'origine du trait breton. Néanmoins, ce cheval s'adapte assez bien aux climats rigoureux.

Kit Houghton

En Bretagne, on voit encore parfois le trait breton travailler dans les rangs de poireaux... mais il n'est plus guère utilisé à cet effet.

Bob Langrish

Vif et endurant, le postier breton, « trotteur d'élite des traits français », se distingue à l'attelage.

Type et tempérament

Il est difficile de cerner, chez le breton, ce qu'il doit à chacune des races ayant participé à sa création. Le trait breton tient à coup sûr sa calme puissance de son ancêtre ardennais. Le postier a reçu son énergie de ses grands-pères norfolk. Tous deux doivent à l'évidence au sang arabe leur encolure rouée et leur distinction.

Modèle

Qu'il soit postier ou trait, le breton est un cheval à la silhouette carrée. Sa croupe musclée est ronde, son corps large et ramassé, avec un poitrail très éclaté. Épais et courts, les membres sont dotés de boulets prononcés. Prolongeant une encolure courte et massive, la tête est d'une solide élégance, éclairée par deux yeux bien espacés, doux et intelligents.

Taille

Elle varie de 1,43 m à 1,50 m au plus pour le postier ; le trait dépasse parfois 1,60 m.

Robe

Souvent alezane à crins lavés, la robe peut aussi être baie ou rouanne. La noire est très rare.

Caractère

Le trait breton est aussi placide qu'il est puissant. Il faut vraiment se montrer très injuste à son égard pour qu'il se rebiffe. Quant au postier, en dépit de sa vivacité, c'est un animal aussi doux que calme et docile. Ce qui ne veut pas dire qu'il manque de caractère.

Bob langrish

LES PONEYS

Le dartmoor

Le dartmoor est un poney de selle élégant et polyvalent. Comme il a, de plus, bon caractère, il est devenu, pour l'instruction et la compétition, l'un des poneys les plus appréciés des jeunes cavaliers européens.

PONEY DES LANDES ET DES MARAIS

Le dartmoor vivait à l'origine dans le Sud-Ouest de l'Angleterre sur des terres humides ouvertes aux vents – et aux nombreux visiteurs, qui ne manquèrent pas de croiser leurs chevaux avec ce rustique poney local.

DES ORIGINES MULTIPLES

Le dartmoor qui parcourait la lande n'était pas un poney d'une grande beauté, mais on louait sa rusticité, sa bonne volonté et son épaule bien bâtie qui en faisait un bon sauteur. La région côtière qui était la sienne, ouverte aux échanges, vit passer au cours des siècles des hommes et des chevaux venus de toutes les contrées. Le dartmoor reçut le sang de multiples races, mais son solide capital génétique résista assez bien jusqu'au XIXe siècle.

LE DÉVELOPPEMENT INDUSTRIEL

À cette époque de développement industriel, on tenta de créer un poney petit et solide, destiné au travail dans les mines, en lâchant des étalons shetlands parmi les troupeaux de la lande.

Un peu plus tard, on tenta à l'inverse de croiser des juments dartmoors avec des chevaux plus grands pour créer des animaux de boucherie. Le type du dartmoor faillit disparaître à la suite de ces malheureuses expériences.

Kit Houghton

Gros plan

L'inclinaison des paturons, parfaite, associée à ses allures près du sol, qui fatiguent peu ses articulations, font du dartmoor un poney aux membres solides et résistants.

Sorrel

ENCORE DES CROISEMENTS...

Quelques éleveurs, ainsi que la Dartmoor Pony Society, s'efforcèrent alors de sauver la race par de nouveaux croisements. L'apport du sang très pur du welsh mountain et du fell rapprocha le dartmoor de son type. Un poney de polo, Lord Polo, apporta son ardeur. Et, bien sûr, comme pour beaucoup de races, le sang arabe fut mis à contribution. Jude, le plus célèbre étalon dartmoor, avait pour grand-père l'arabe Darwa et pour père un superbe welsh mountain.

... ET LA GUERRE

Durant la guerre, les solides poneys des landes furent mobilisés pour l'entraînement des troupes. En 1943, il ne restait plus que deux étalons et une douzaine de juments au stud-book de la race. Quelques troupeaux parcouraient encore la lande, mais c'est dans les haras, sous la houlette de la Dartmoor Pony Society, que le dartmoor se reproduisit pour donner le poney de selle

Bob Langrish

On trouve encore quelques chevaux en semi-liberté dans la lande, mais ce sont, en général, des poneys assez petits.

élégant et performant connu aujourd'hui dans toute l'Europe.

LE DARTMOOR AUJOURD'HUI

De nos jours, le poney dartmoor n'est plus en péril : c'est l'une des races les plus présentes en compétition en Angleterre et en Europe. La Belgique organise même des courses de dartmoors ! La France vient au second rang mondial pour l'élevage des dartmoors avec environ 150 poulinières et plus de 35 étalons. Les poneys-clubs ont largement adopté cet animal au tempérament calme qui fait un excellent compagnon pour les enfants.

LA RUSTICITÉ DES INSULAIRES

Comme beaucoup de races de poneys britanniques, le type d'origine possédait une rusticité et une sobriété remarquables. Les croisements dont il a fait l'objet l'ont transformé sans le dénaturer tout à fait.

Kit Houghton

Le dartmoor collectionne les flots sur les terrains de concours poneys. Il y a plusieurs champions de CSO dans sa famille!

Type et tempérament

Le dartmoor dispute au welsh la palme de l'élégance. Il possède de belles allures, allongées mais rasantes, économiques et agréables pour celui qui le monte. Son coup de saut légendaire, encore amélioré par les croisements sélectifs, lui permet de se distinguer en CSO, mais ce poney plein de cœur est assez polyvalent. Parfait en extérieur, où son pied sûr et son équilibre font merveille, il est également très performant en attelage. Le croisement avec le pur-sang anglais ou arabe donne de bons résultats en complet. Le dartmoor peut aussi réussir en dressage, bien que ses allures particulières, amples mais sans levé du genou, ne plaisent pas sur toutes les carrières.

Modèle

La tête du dartmoor est petite et élégante, avec un front large, de grands yeux et des oreilles petites et mobiles. L'encolure est solidement plantée sur une épaule oblique. Le dos, l'arrière-main et la croupe sont puissants et très musclés. La queue fournie est attachée haut. Les membres sont élégants, avec des articulations plates et fortes et des canons courts. L'inclinaison des paturons est parfaite.

Taille

Maximum : 1,27 m au garrot.

Robe

Les plus fréquentes sont le bai brun, le bai et le gris. On trouve aussi des alezans et quelques rouans. Toutes les robes sont admises sauf le pie.

Caractère

Le caractère du dartmoor est sans doute l'un de ses meilleurs atouts pour séduire les jeunes cavaliers – et ceux qui les encadrent : doux, calme, sociable, d'humeur égale, il se montre généreux et courageux sous la selle. Cela en fait un compagnon presque idéal, câlin et facile à manipuler.

Kit Houghton

Équilibré et puissant, le dartmoor convient bien à l'attelage où son tempérament calme est très apprécié.

Sorrel

Le bai brun et le bai dominent. On trouve aussi des gris, des alezans et quelques rouans.

Le new-forest

Ce poney anglais est un compagnon adoré des enfants pour sa douceur et son caractère paisible et docile. En Europe, on le retrouve dans beaucoup de poney-clubs, mais aussi sur les terrains de concours.

DIX SIÈCLES POUR NAÎTRE

L'histoire du new-forest est aussi compliquée qu'elle est ancienne. On le connaissait bien avant l'an 1000, mais ce n'est qu'en 1960 que fut ouvert son stud-book.

UN TERRAIN DE CHASSE POUR PÂTURE

Au temps de Richard-Cœur-de-Lion et de Robin des Bois, des poneys vivaient déjà dans l'immense forêt qui s'étendait au sud-est de Londres. Après la conquête de l'Angleterre par les Normands, le roi Guillaume II décréta que cette zone serait une réserve de chasse royale. Cependant, il permit aux riverains de continuer à faire pâturer leurs animaux dans cette New Forest (c'est le nom du lieu). Les poneys continuèrent donc à vivre là en troupeaux. Les gens du pays prélevaient chaque année les sujets dont ils avaient besoin. Ces animaux ne donnant pas entière satisfaction, on essaya d'améliorer la race en lâchant dans le pays, en 1208, dix-huit juments welsh. C'était le premier des nombreux sangs étrangers que l'on allait introduire dans les troupeaux au fil du temps.

UNE TENTATIVE MANQUÉE

La trace de ces poneys se perd jusqu'en 1765, date à laquelle un fermier acheta un étalon pur-sang, Marske, qui n'avait jamais gagné une course. Pour tenter d'en améliorer la race, l'homme fit saillir des juments new-forest par cet animal. Mais, quatre ans plus tard, Éclipse, un fils de Marske, devint un champion – sans doute le plus grand cheval de course de tous les temps ! De nombreux riches propriétaires firent alors des offres alléchantes pour acquérir Marske, que le fermier revendit pour un bon prix. Cette brève parenthèse dans l'histoire des new-forests fut ainsi close.

Sorrel

NOUVEAUX APPORTS

Un siècle passa, durant lequel on croit savoir qu'une certaine sélection fut opérée parmi les géniteurs. Cependant, les poneys étaient toujours d'une si pauvre conformation qu'en 1852, la reine Victoria prêta un de ses étalons arabes, Zorah, pour tenter à nouveau d'en améliorer les produits. Les résultats obtenus n'étant pas ceux escomptés, en 1889 la reine prêta deux autres étalons, un arabe, Abeyan, et un barbe, Yrassan. Cette fois, le sang nouveau apporta aux poneys de la substance, de l'ossature et de la résistance. Mais la série des croisements n'était pas encore terminée.

UN CURIEUX COCKTAIL

Chaque éleveur continua à chercher à produire des poneys selon ses souhaits. Les petits chevaux de la forêt furent croisés

LE SAVIEZ-VOUS ?

Rustique, tranquille, équilibré, le new-forest est le poney de loisir par excellence. Mais il possède aussi des qualités sportives qui lui permettent de se distinguer en compétition.

Kit Houghton

Bob Langrish

Bête de concours ou poney rustique : malgré les efforts des éleveurs, la race n'est pas encore tout à fait homogène.

Bob Langrish

avec des poneys de l'île de Rum, des highlands, des dales, des fells, des dartmoors, des welshs, et même un basuto, qu'un militaire avait ramené d'Afrique du Sud. Quel cocktail !

DES AVENTURES FORT BIEN TERMINÉES

Finalement, ce serait un poney de polo, Field Marshall, qui apporta enfin à la race – encore quasi inexistante – les caractéristiques et qualités que l'on attendait d'elle. Il fit la monte dans le New Forest en 1918 et 1919. Ensuite, jusqu'après la Seconde Guerre mondiale, les croisements inconsidérés semblèrent cesser. Vers 1950, cinq étalons new-forest étaient particulièrement recherchés : Danny Denny, Goodenough, Brooming Slipon, Brookside David et Knightwood. Ils allaient devenir les fondateurs de la race actuelle, et presque tous les new-forests d'aujourd'hui ont de leur sang dans les veines.

Après plus de mille ans d'aventures, le new-forest devenait enfin une véritable race. En 1960 fut créée la New Forest Breeding and Cattle Society, qui mène depuis une politique d'élevage rigoureuse.

UN BERCEAU MENACÉ

Le poney new-forest est élevé dans les haras de tout le Royaume-Uni et dans bien des pays d'Europe. Cependant, des troupeaux vivent toujours libres aux abords de la forêt de New Forest, dans le sud de l'Angleterre, qui est leur berceau.

Malheureusement, la civilisation grignote sans cesse davantage sur les maigres herbages dont ils disposent.

Type et tempérament

Le stud-book des new-forests s'est appliqué à définir un standard, mais il faut bien reconnaître que la race n'est pas encore vraiment homogène. D'un sujet à l'autre, on retrouve l'influence du pur-sang, celle du barbe ou celle du rustique poney des forêts.

Le café au lait est admis, pourvu que l'œil ne soit pas bleu !

Kit Houghton

Modèle

La tête est plutôt fine, distinguée, assez semblable à celle du cheval. Des yeux intelligents et coquins encadrent un front large et plat. L'encolure, bien greffée, est courte comme le dos. Le poitrail est profond et l'épaule longue et oblique. L'arrière-main puissante est balayée par une queue plantée haut. Les membres sont droits, minces et solides.

Kit Houghton

Taille

Le new-forest mesure de 1,20 m à 1,47 m.

Robe

Toutes les robes sont admises, sauf le pie.

Caractère

Le new-forest possède un caractère doux, aimable et calme. Mais c'est un calme malin et généreux. Il est réputé pour sa docilité et sa grande faculté d'adaptation. Il n'a pratiquement peur de rien et s'adapte avec philosophie au trafic routier et au fracas urbain. Sa gentillesse en fait le compagnon idéal des enfants et des débutants. Les grands poneys sont assez forts pour porter un adulte.

L'exmoor

L'énergique poney d'Exmoor est un sauvageon qui peut devenir un excellent compagnon à l'attelage et sous la selle. Mais cette race encore rare doit être maintenue dans son milieu d'origine et élevée en liberté si on veut qu'elle conserve ses qualités et son exceptionnelle pureté génétique.

UN SURVIVANT

La région d'Exmoor ne connut guère, pendant longtemps, d'activités humaines : le poney du même nom y vécut presque totalement sauvage jusqu'au XIXe siècle.

UN MILIEU PRÉSERVÉ

Chassés, domestiqués, privés de leur habitat naturel par l'agriculture et les activités humaines en général, les poneys archaïques qui peuplaient la Grande-Bretagne ont peu à peu perdu leurs caractéristiques. Les troupeaux sauvages ont en grande partie disparu de leur biotope naturel. Quelques poneys, cependant, ont réussi à se maintenir dans leur milieu : c'est le cas du poney d'Exmoor. La région, à l'écart des réseaux routiers, ne présentant ni ports ni un intérêt commercial particulier, resta préservée. L'exmoor put continuer à vivre et à se reproduire dans la lande et les marais. Les fermiers de la région utilisaient quelques sujets pour l'attelage ou les travaux agricoles: parfois, ils le mettaient sous la selle.

UN TERRITOIRE MENACÉ

Une grande partie du territoire de l'exmoor fut mis en vente en 1818. Heureusement, un éleveur, Thomas Acland, entreprit de sauver une trentaine de poneys et de maintenir de petits troupeaux semi-sauvages dans quelques portions de landes ; l'idée était de préserver les caractéristiques rustiques de la race. Les descendants du cheptel sauvé par Acland paissent toujours dans

Kit Houghton

Sorrel

Le saviez-vous ?

L'exmoor possède un pelage extrêmement fourni, épais, dur et élastique, néanmoins lisse au toucher, très épais en hiver. La différence entre la robe d'été et la robe d'hiver est considérable. Il a également été doté, pour résister au froid et surtout aux abondantes précipitations, de crins étonnamment drus. À la base de la queue, les crins forment un éventail dense qui fait office de gouttière et conduit l'eau de pluie ou la neige fondue de part et d'autre des cuisses – évitant ainsi un écoulement sous la queue et à l'intérieur des cuisses.
Dans le même ordre d'idées, sa paupière supérieure présente un repli charnu : en cas de pluie abondante, l'eau qui ruisselle le long de la face contourne les yeux et ne vient pas troubler la vision. Ce repli lui donne parfois un regard... un peu lourd !

pour sensibiliser l'opinion publique. Enfin, les éleveurs semblèrent comprendre l'intérêt zoologique – et la rareté – de la race. Dans les années 70, on enregistrait une trentaine de naissances par an. En 1990, on comptait environ 1 200 poneys d'Exmoor dans le monde, dont quelques-uns sur le continent américain.

Toutefois, l'espèce semble perdre ses caractéristiques lorsqu'elle n'est plus élevée en liberté. Or, moins de 250 sujets vivent encore dans les Landes. L'exmoor doit donc être encore considéré comme un poney rare et en danger !

ROBUSTE ET INDÉPENDANT

Les poneys d'Exmoor encore élevés dans leur milieu d'origine gardent des caractéristiques très proches du poney primitif dont ils descendent.

ORIGINES

L'Exmoor, situé dans le sud-ouest de l'Angleterre, est une région de landes et de marais. D'abondantes précipitations y font pousser généreusement graminées, ajoncs et bruyères. Les hivers y sont rudes. Le poney d'Exmoor est élevé en semi-liberté dans cet environnement, où l'on s'efforce de préserver autant que possible les caractéristiques primitives de la race.

Type et tempérament

Le poney d'Exmoor est le seul équidé à posséder un vestige de la septième molaire, souvenir de son ancêtre archaïque. Parfaitement adapté à la rudesse de son environnement, c'est un poney fort, énergique et endurant.

Modèle

La tête est équilibrée et expressive, avec un regard parfois un peu lourd, et un chanfrein rectiligne. L'encolure longue est bien attachée à l'épaule plongeante et le poitrail large. Le passage de sangle est remarquablement profond. Le dos est fort, l'arrière-main puissante, les membres solides et courts, munis de pieds très durs. L'abondance des crins et le poil double sont caractéristiques de la race.

Taille

De 1,17 m à 1,35 m, la moyenne se situant autour de 1,27 m.

Robe

Bai, bai brun ou louvet. Aucune marque blanche. Le bout du nez, le tour des yeux, le ventre et l'intérieur des cuisses sont plus clairs.

Caractère

Résistant, plein d'énergie, l'exmoor est aussi un poney au tempérament affirmé. Assez indépendant, il doit être pris en main par un dresseur expérimenté si on veut qu'il devienne une excellente monture d'extérieur ou de loisir. C'est un bon cheval d'attelage, franc et vigoureux.

Kit Houghton

Kit Houghton

Sorrel

Aux mains d'un dresseur compétent, l'exmoor devient un compagnon sûr.

Le poney français de selle

Il est difficile de dresser un portrait type de ce petit cheval dont il existe encore tant de lignées très différentes. Énergique et harmonieux, il semble avoir beaucoup d'avenir tant en compétition que dans le domaine de l'équitation de loisir.

PAS FRANÇAIS, LE PONEY ?

Il y a à peine 50 ans, un jeune cavalier de compétition aurait été bien en peine de trouver un poney français pour s'illustrer sur les terrains. Mais la situation a bien changé.

NÉ AVEC L'ÉQUITATION DE LOISIR

Contrairement aux Britanniques, qui élèvent depuis des siècles des poneys de selle destinés à l'éducation équestre des jeunes enfants, la France ne s'est guère intéressée à la production de petits chevaux avant la deuxième moitié du XXe siècle.

C'est l'avènement de l'équitation de loisir qui a incité quelques éleveurs à créer un poney de loisir et de sport pour permettre aux plus jeunes d'aborder l'équitation et la compétition dans les meilleures conditions possible.

UNE IMPORTATION MASSIVE

Il y a seulement une cinquantaine d'années, le poney n'existait en France que sous la forme de hardes plus ou moins rustiques essentiellement concentrées dans le sud-ouest : le pottok, le merens (devenu, depuis, cheval) et le landais.

Dans les années 1960-1970, pour répondre à la demande croissante des jeunes cavaliers désireux de découvrir les plaisirs de l'équitation et pour remplir les écuries des poneys-clubs qui commencent tout juste à faire leur apparition, il n'y avait qu'une solution : importer. C'est, bien sûr, sur les îles Britanniques qu'on alla chercher le gros du cheptel : connemara, welsh, new-forest, shetland, et bien d'autres encore. Les petits pur-sang arabes furent également mis à contribution.

Hermeline/Cogis

Le coin du pro

La rusticité des souches indigènes qui ont été employées dans les croisements est peu sensible dans les lignées sélectionnées pour la compétition. Mais, du côté des lignées de loisir, on retrouve les caractéristiques d'un poney rustique adapté à la vie de plein air.

Kit Houghton

BON À SAVOIR

Association nationale du poney français de selle

16, rue des Écoles
41210 La Marolle-en-Sologne
Tél. 02 54 83 72 00

Type et tempérament

Poney par la taille, cheval par le modèle, le poney français de selle n'a pas toujours les mêmes qualités : celles-ci varient beaucoup d'une lignée à l'autre.

Modèle

La tête, plutôt légère et élégante, expressive, avec un front large et un chanfrein droit, trahit en général le sang qui domine dans l'arbre généalogique : arabe, connemara, welsh... L'encolure est bien plantée dans des épaules inclinées, le garrot étant bien sorti. Le poitrail est large et le passage de sangle profond. Le modèle doit être harmonieux dans son ensemble et équilibré, avec des membres sains et solides.

Lanceau/Cogis

Taille

1,25 m à 1,48 m.

Robes

Toutes les robes sont admises sauf le crème aux yeux bleus et les albinos aux yeux roses.

Tempérament

La jeunesse de la race n'a pas encore permis d'arrêter un tempérament bien précis. On sélectionne bien sûr les sujets équilibrés, énergiques et sociables. La grande utilisation de races rustiques et saines dans les croisements permet en général d'obtenir un compagnon gai et facile à vivre. Attention toutefois de ne pas destiner un animal très près du sang à un jeune cavalier encore peu rôdé.

CRÉER UN PONEY FRANÇAIS

La Fédération française des éleveurs de poneys s'intéresse dès lors à la création d'un poney de selle français. Les éleveurs fondent l'Association du poney de croisement, qui devient, en 1969, l'Association nationale du poney français de selle. Des étalons de différentes races – connemara, welsh, arabe – sont agréés par l'ANPFS et autorisés à saillir des ponettes. Les croisements cheval/ponette sont également pratiqués. En 1969, 25 poulinières sont inscrites au livre généalogique du poney français de selle: elles sont 2500 en l'an 2000. Un vrai petit cheval de sport

Avec plus de 1400 naissances par an, le poney français se porte bien. En trois décennies, il est devenu un véritable petit cheval de selle, harmonieux et performant. C'est un poney polyvalent, capable de concourir dans les trois disciplines, qui se prête également bien au loisir et à l'attelage.

Le poney français de selle a toutes les caractéristiques d'un petit cheval équilibré et harmonieux. Mais, d'une lignée à l'autre, le modèle peut varier de façon sensible, notamment dans sa légèreté. (Ici, un étalon du haras national de Blois.)

Bob Langrish

Bob Langrish

Combien ça coûte ?

Le prix de revient d'un poney français de selle est aussi variable que ses origines. À titre indicatif, le prix d'un poulain au sevrage devrait se situer entre 610 € et 1 500 €. À trois ans, un PFS coûte déjà au moins 2 290 €. Les jeunes champions qui veulent acquérir les meilleurs poneys sélectionnés à la fin du cycle classique devront débourser au moins 9 160 € – parfois beaucoup plus !

PETIT, MAIS... GRAND

Toute la difficulté a consisté pour les éleveurs à produire une monture de petite taille (maximum 1,48 m) mais qui présente les caractéristiques d'un vrai cheval de sport.

ORIGINE

Le poney français de selle a été élevé dans toute la France à partir de croisements entre les souches indigènes (pottok, landais, merens) et différentes lignées de poneys et chevaux étrangers.

LE SAVIEZ-VOUS ?

Les meilleurs produits du PFS sont présentés en cycle classique poney à 4, 5 et 6 ans. En 1999, parmi les 336 poneys finalistes à la Grande semaine de l'élevage de Fontainebleau, on comptait 195 poneys français de selle.

Le chincoteague

Les chincoteagues, qui sont les seuls poneys « indigènes » des États-Unis, comptent parmi les derniers chevaux vivant à l'état sauvage. De petits troupeaux vivent encore libres sur l'île où on les a découverts au début du XXe siècle.

UNE ADAPTATION IMPARFAITE

On ne sait comment les chincoteagues sont arrivés dans l'île dont ils portent le nom et où, malgré la rudesse du milieu, ils sont parvenus à survivre.

DES ÎLES SAUVAGES

Au large des côtes de Virginie, aux États-Unis, se trouvent deux îles qui portent les noms amérindiens de Chincoteague et d'Assateague. Bien que ces terres salées, à la maigre végétation, soient peu propices à la vie des chevaux, un troupeau semble s'y être installé et développé il y a fort longtemps. Son existence ne fut toutefois vraiment révélée au monde qu'en 1920, lorsque les pompiers responsables de la gestion de l'île s'intéressèrent à lui.

DES ORIGINES MYSTÉRIEUSES

Comme les autres chevaux du continent américain, les chincoteagues sont probablement issus de chevaux de colons espagnols qui ont été abandonnés ou se sont échappés au XVIIe siècle. On ne sait rien de la façon dont les chevaux sont arrivés là. Rien ne permet d'étayer la thèse, souvent évoquée, d'un navire aux cales pleines de chevaux barbes-espagnols s'échouant à proximité de l'île.

Bob Langrish

UNE RACE DÉGÉNÉRÉE

Lorsque leur existence fut révélée à la presse, au début du XXe siècle, les chincoteagues étaient des poneys chétifs (maximum 1,22 m) à la poitrine excessivement étroite, aux membres souvent déformés, à la tête grande et grossière. Il était évident que la consanguinité forcée, jointe à une nourriture très pauvre, avait fait des dégâts. Cependant, on pouvait penser que des animaux qui avaient vécu dans des conditions aussi difficiles devaient posséder des qualités d'endurance, de résistance, de force et, vraisemblablement, un capital génétique bien préservé.

SAUVEZ LE CHINCOTEAGUE

Des éleveurs, désireux d'améliorer la race sans la dénaturer, procédèrent à des croisements avec des chevaux des races les plus proches. Des apports de sang welsh et shetland furent faits avec succès. Plus tard, on entreprit aussi de marier les poneys de l'île à des pintos, qui possédaient sans doute des ancêtres communs avec eux. L'apport des pintos est toujours très visible : la fréquence de la robe pie, notamment, le révèle.

VIE SAUVAGE

Les chincoteagues vivent encore librement sur l'île Chincoteague, où ils font désormais l'objet d'un plan de protection.

ORIGINE

Les chincoteagues se sont développés dans les terres basses et marécageuses des îles Chincoteague et Assateague, où pousse une végétation singulièrement pauvre, sans doute en partie responsable des défauts de conformation des poneys découverts en 1920.

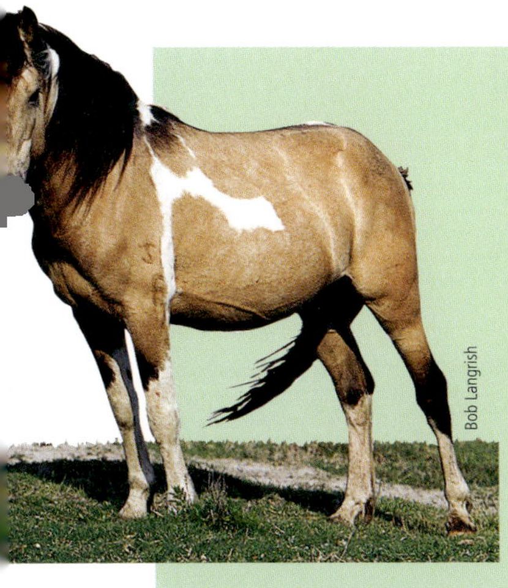

Bob Langrish

Type et tempérament

Bien qu'il soit classé parmi les poneys, à cause de sa petite taille, le chincoteague a beaucoup de caractéristiques du cheval, notamment au niveau de la tête.

Modèle

Les améliorations apportées par les divers croisements ont permis d'obtenir un poney agréable à l'œil, bien proportionné et vigoureux. La tête est souvent grande, voire un peu lourde, avec une expression intelligente et douce. L'encolure est bien plantée et bien portée et l'épaule assez longue. Le poitrail, en revanche, est resté un peu étroit. Le corps est arrondi, comme la croupe qui s'est renforcée mais est encore un peu courte. Les membres sont fins et élégants mais restent le point faible, l'ossature étant légère et les articulations peu marquées.

Taille

1,22 m en moyenne.

Robe

Beaucoup de pies, mais aussi des bais, des gris et des alezans.

Caractère

Le chincoteague n'a pas encore une longue carrière de poney de selle, mais on dit qu'il fait une monture agréable s'il est bien dressé. C'est un animal qui semble présenter un tempérament équilibré, plutôt placide, avec une certaine force de caractère. Très résistant et d'une frugalité exceptionnelle, il possède donc beaucoup de qualités pour faire une bonne monture de loisir.

Le saviez-vous ?

Le chincoteague doit beaucoup à la littérature et au cinéma, qui ont contribué à sa découverte et à son adoption par le grand public. En 1946, l'écrivain Marguerite Henry acheta un tout jeune poulain chincoteague. Un an après, elle publia Misty of Chincoteague, un roman pour les enfants – dont le héros est bien sûr un poney chincoteague – qui connut un grand succès. L'adaptation de cet ouvrage au cinéma, en 1961, sous le titre Misty, acheva de faire connaître ce poney.

Beaucoup de pies témoignent de l'influence des pintos sur le chincoteague, mais les bais, les gris et les alezans ne sont pas rares.

Animals Animals/Sunset

Le saviez-vous ?

Pour résister à l'assaut des moustiques, en été, les poneys se réfugient dans la mer.

Bob Langrish

Environ 200 poneys vivent aujourd'hui dans l'île d'Assateague – où a été créé un parc national – et dans celle de Chincoteague.

Bob Langrish

Le welsh mountain

Le poney welsh de montagne est l'un des plus beaux poneys d'origine britannique. Élevé dans le monde entier, il a conservé la robustesse et l'énergie qui l'ont rendu si populaire. Intelligent et maniable, c'est un excellent compagnon pour les petits et pour les grands.

DISTINGUÉ PAR CÉSAR

Le welsh broutait déjà sur les collines du pays de Galles au temps des Romains. Jules César, frappé par la beauté de ce poney, décida d'en faire l'élevage. Ainsi commença la longue histoire du welsh, fondateur de nombreuses races.

UNE RACE FORTE

Les Romains, séduits par cet animal que César avait qualifié de « plus beau poney des îles Britanniques », installèrent des élevages au pays de Galles. Ils entreprirent d'améliorer encore la race en croisant les sujets des montagnes avec leurs propres montures. Le welsh reçu ainsi un peu de sang oriental.

DE BONS GÈNES

Cette race extraordinairement forte et belle à la fois fut croisée avec de nombreuses autres souches. Son sang coule dans les veines du cob, du hunter, du riding pony, du poney de polo, et même dans celles du pur-sang. Les éleveurs du monde entier ont utilisé le welsh pour améliorer les races. Il transmet son ossature exceptionnelle, sa robustesse et sa trempe.

MERLIN

Le welsh reçut lui aussi des influences extérieures, notamment aux XVIIIe et XIXe siècles. Les influences prédominantes sont sans doute celles de l'arabe et du pur-sang. Un petit pur-sang, Merlin, qui avait été mis au vert dans les montagnes galloises, saillit de nombreuses juments et contribua à modifier la race. À tel point qu'au pays de Galles on appelle les welsh des « merlins ».

PÈRE DE TOUS LES WELSHS

Le welsh mountain était à l'origine plus rustique que l'élégant petit poney que l'on connaît aujourd'hui, dont l'aspect raffiné est tout à fait caractéristique. La souche du welsh mountain permit de créer les welshs B et C et le welsh cob.

DU SANG ARABE

Le modèle du welsh mountain a été sensiblement modifié à partir de 1902. Un apport nouveau de sang arabe et une sélection rigoureuse ont permis d'obtenir le type actuel, moins fortement membré, mais aussi moins puissant. La tête du welsh, avec son chanfrein concave et ses oreilles bien dessinées, indique clairement la forte influence arabe.

LE WELSH TYPE B

Le poney welsh mountain est un poney de type A (maximum 1,22 m). Les qualités de la race intéressèrent les éleveurs britanniques, qui cherchèrent à développer un type de welsh plus grand, donc plus polyvalent. En croisant le welsh avec un petit cob, on obtint un poney de type B (jusqu'à 1,37 m), râblé et fort. Le standard fut affiné, en particulier, grâce au sang arabe et à celui du pur-sang.

Sunset

GROS PLAN

Comme tous les chevaux de montagne, le welsh a acquis une grande robustesse. On perçoit déjà chez ce poulain la force du squelette, la puissance de l'arrière-main et du poitrail ainsi qu'une grande énergie.

Sunset

Sunset

Type et tempérament

Le welsh mountain est le véritable poney des montagnes galloises. Son existence y est attestée depuis l'époque romaine. On en trouve toujours des troupeaux en liberté au pays de Galles, où ce poney joue encore un rôle dans la vie rurale.

Modèle

Le welsh mountain est un poney à la fois rond et fin. L'arrière-main est allongée, avec une queue attachée haut, mais le rein est large et puissant. Le passage de sangle est profond, le poitrail musclé et le garrot marqué et bien dégagé. L'encolure plutôt longue est plantée haut sur une épaule oblique. Les membres sont fins, avec des canons courts, des articulations bien formées, des aplombs droits. La tête du welsh rappelle celle de l'arabe en miniature. Elle est petite, élégante, avec un chanfrein concave et des oreilles fines et bien dessinées.

Taille

Maximum 1,22 m.

Robe

Toutes les robes sont admises sauf le pie.

Caractère

Comme beaucoup de poneys britanniques, le welsh mountain a acquis dans son milieu d'origine un caractère bien trempé. Il est très fort pour sa taille – son ossature d'une grande densité contribue à sa solidité générale. Courageux, intelligent, énergique et de bonne volonté, il fait un compagnon sûr pour les enfants.

Kit Houghton

WELSH COB

Les welshs de type C ont été obtenus en croisant des welshs A ou B avec le welsh cob. Ces grands poneys ont servi au pays de Galles, sous la selle et le harnais et sur les champs de bataille, pendant des siècles. Ce sont des poneys très stables, assez semblables au welsh cob, mais plus petits.

Kit Houghton

Le welsh cob est un poney de type D, de taille supérieure à 1,37 m. Le standard actuel est un poney sûr et puissant, fiable sous le harnais comme sous la selle. Ses allures amples et déliées en font un cheval confortable. Croisé avec le pur-sang, il donne d'excellents sujets de compétition.

Port hiératique, front large, grands yeux, nez fin et oreilles racées : le sang arabe a laissé sa trace…

Bon à savoir

La beauté du welsh n'est pas étrangère à son succès international. Plus qu'un poney, c'est un cheval en miniature, ce qui présente de nombreux avantages pour les jeunes cavaliers. On le trouve dans le monde entier sous la selle des débutants comme sous celle des graines de champions.

Sunset

Les robes grises sont les plus fréquentes, mais on trouve aussi beaucoup de palominos, de bais, d'alezans et de rouans.

Le haflinger

Ce grand poney fait l'orgueil des Autrichiens qui l'élèvent dans les montagnes du Tyrol depuis plusieurs décennies. Plein de douceur et de force, le haflinger a été adopté sur tous les continents pour le travail et pour le loisir.

UN PONEY D'OR ET D'ARGENT

Robe d'or, crins d'argent et œil de biche, le haflinger est un poney magnifique et très séduisant.

UN ANCÊTRE UNIQUE

Les haflingers sont tous issus d'un ancêtre commun, l'étalon arabe El Bedavi, importé au Tyrol en 1874. Croisé avec des juments du pays, ce cheval d'exception n'engendrait que des poneys d'une qualité rare, dont les descendants ont fini par constituer une race. De leur « patriarche » arabe, les petits chevaux de montagne tiennent leur port altier et leur élégance. Quant à leurs arrière-arrière-grand-mères, tyroliennes de pure souche, elles leur ont transmis leur solide rusticité.

L'INFLUENCE D'UN RUDE BERCEAU

Depuis toujours, les Tyroliens ont élevé des poneys sur les alpages. Dans leur pays au surprenant mélange de douceur et de rudesse, les haflingers sont façonnés par des sols, un climat, une géographie et des herbages bien particuliers. Vivant longtemps libres dans la montagne, ils y acquièrent une étonnante robustesse et une endurance sans égale. Et le terrain accidenté, rocailleux, les amène à faire preuve d'une sûreté de pied que la mule pourrait presque leur envier.

UN CHEVAL QUI « PARLE » !

Le cheval est un animal à l'instinct grégaire puissant. Il a toujours besoin de ses congénères, ou au moins de ne pas les quitter du regard, ce qui n'est pas vraiment évident sur les pentes boisées. Aussi, à défaut de se voir à travers futaies et fourrés, les haflingers s'appellent. Ils se « parlent » ! Les amateurs de ce poney affirment en effet qu'il s'exprime dans un registre plus large que celui de ses congénères !

Sorrel

La docilité, le calme et l'équilibre du haflinger lui permettent de bien réussir en équitation western.

Bob Langrish

LE SAVIEZ-VOUS ?
Un proche cousin

L'avelignese italien est un cousin du haflinger : il possède les mêmes origines. Un peu plus lourd et un peu plus grand (1,50 m au garrot), il est élevé dans différentes régions montagneuses d'Italie.

Kit Houghton

Gros plan

L'emblème du haflinger est aussi beau que ce poney lui-même. Il s'agit d'un H placé au centre d'une edelweiss, la merveilleuse petite fleur de la montagne.

Bob Langrish

La farce du haflinger et ses allures souples en font un poney d'attelage recherché dans le monde entier.

D'INNOMBRABLES APTITUDES

Le haflinger traditionnellement élevé au Tyrol naît et vit libre dans les alpages jusqu'à l'âge de quatre ans. Il est alors soustrait à son troupeau. Pour qui a un brin de tact, son débourrage ne pose guère de problèmes. On peut ensuite le destiner à tous les services, ou presque.

Le haflinger est choisi par de nombreux poneys-clubs comme cheval de selle. Étant donné sa force et sa taille, il porte aussi facilement un adulte qu'un enfant. Ceux qui souhaitent se promener dans le calme trouvent dans cette monture paisible et complaisante un compagnon idéal. Le haflinger fait aussi merveille comme animal de bât. Et, bien sûr, il excelle à l'attelage, pour le loisir, le travail ou la compétition.

Kit Houghton

LA FIERTÉ DES ÉLEVEURS TYROLIENS

Le haflinger tient son nom de la ville de Hafling, où la race vit le jour. Mais à la fin de la Seconde Guerre mondiale, l'Autriche perdit cette ville et la province qui l'entoure. On déplaça alors les haflingers vers le Tyrol. Ils sont donc bien tyroliens, mais pas d'origine !

Le saviez-vous ?

S'il était besoin de donner une preuve des exceptionnelles qualités du petit cheval du Tyrol, en voici une : vers 1985, l'armée indienne a acheté 5 500 poneys haflingers pour remonter ses troupes de montagne de l'Himalaya. Cela, après des tests effectués à 5 000 m d'altitude!

Type et tempérament

Le haflinger est une force de la nature. Frugal, il se contente de maigres rations pour abattre un travail de titan – on l'emploie partout dans le monde pour le débardage du bois par exemple. Le sang de son ancêtre arabe a donné de la vivacité à cet animal d'une grande force. Son seul défaut : habitué au climat des montagnes, il s'adapte mal à la chaleur. Les éleveur autrichiens appliquent une politique d'élevage véritablement draconienne : tout jeune étalon qui ne satisfait pas à l'examen de la commission de contrôle des éleveurs doit être castré.

Modèle

La tête est bien dessinée, avec un bout du nez effilé. Le front est large et le regard intelligent et doux. Le corps est très puissant, avec une poitrine profonde et une épaule bien formée qui permet un geste assez ample et souple au pas et au trot. Les reins et la croupe sont charnus, les jambes courtes et solides, sans lourdeur.

Taille

Elle ne doit pas dépasser 1,40 m.

Robe

Elle est toujours palomino ou alezane, avec le ventre et l'intérieur des jambes plus clairs. Queue et crinière sont constituées de crins lavés. Une robe d'or et des crins d'argent, en somme !

Caractère

Gentil, doux, calme, le haflinger se laisse manier avec docilité – il faut néanmoins prendre le soin de bien l'éduquer, car sa force considérable en fait un animal redoutable lorsqu'il désobéit. Il peut faire preuve d'une certaine obstination, servie par une intelligence très efficace.

Maier/Sunset

De jeunes étalons haflinger à l'alpage, en Autriche.

Le fell

Ce poney britannique est doux, fort et résistant. Sa pureté et sa rusticité lui donnent une grande valeur aux yeux des éleveurs, qui l'utilisent pour améliorer les chevaux de sport.

UN ENVIRONNEMENT PLUTÔT RUDE

Comme de nombreux poneys rustiques des îles Britanniques, le fell s'est développé dans un environnement plutôt rude et pauvre, très accidenté, qui a contribué à la force et à la résistance de la race.

LES ROMAINS, ENCORE EUX

Le fell appartient à une race ancienne dont on peut faire remonter les origines fort loin. Il s'est développé sur le versant nord des Pennines, massif de collines escarpées qui divise l'Angleterre dans sa longueur. Les ancêtres du fell furent dès l'époque romaine utilisés comme bêtes de somme et astreints à porter des charges écrasantes (jusqu'à 100 kg). Les Romains les employèrent au transport de minerais et de matériaux destinés à l'édification du mur d'Hadrien. Cette ambitieuse muraille, longue de 120 km et haute de 4 à 6 m, fut élevée entre 122 et 126 ap. J.-C. pour protéger l'Angleterre des « barbares » du Nord.De nombreux mercenaires originaires de Frise furent engagés sous l'empereur Néron. Leurs forts chevaux noirs ont manifestement influencé plusieurs races anglaises, notamment le fell, qui en a hérité, entre autres particularités, sa robe sombre.

Monnier/Cogis

Sorrel

Chez les fells, la crinière se porte très longue. À l'état sauvage, ces crins abondants protègent efficacement le poney contre le froid et le ruissellement des eaux de pluie.

L'INFLUENCE DU GALLOWAY

L'influence la plus sensible est toutefois celle du galloway. Croisés avec ce puissant animal, aussi agile et véloce que solide, les poneys du nord des Pennines, du Cumberland et du Westmorland donnèrent aux Pictes des montures résistantes, au pied sûr, qu'ils utilisèrent lors de leurs redoutables raids guerriers. Plus tard, les poneys des Fells firent bien des métiers : montures des bergers, compagnons discrets des contrebandiers, serviteurs des moines cisterciens pour qui ils transportaient la laine, ils aidaient aussi les fermiers dans leurs multiples travaux, les forestiers dans les coupes, les commerçants dans leurs livraisons et les particuliers dans leurs déplacements.

LE FELL AUJOURD'HUI

Le fell fut menacé, comme beaucoup d'autres races, à la fois par les réquisitions des deux guerres mondiales et par la mécanisation et la motorisation. Mais les éleveurs, bénéficiant du soutien moral et financier du roi George V, purent, dès 1898,

Type et tempérament

Agilité et robustesse sont les premières qualités du fell, représentant typique du vigoureux poney de montagne britannique.

Modèle

Le fell dégage une impression générale de vigueur sans lourdeur. La tête est plutôt petite, expressive, avec un front large encadré de deux yeux très doux. Le chanfrein long s'achève par un nez fin et des naseaux bien ouverts. Les oreilles sont petites et mobiles. L'encolure, portée haut, est attachée sur un garrot parfois un peu noyé. Mais les épaules sont fortes et inclinées, ce qui permet une belle action au pas et au trot. Le corps est solide, cylindrique et profond, l'arrière-main bien musclée et propulsée par d'excellents jarrets. Les membres sont forts, les paturons obliques ornés de fanons abondants et soyeux. Les pieds ronds et noirs sont très solides.

Taille

Entre 1,32 m et 1,42 m.

Robes

Noir, bai-brun, parfois bai ou gris. Les crins sont très abondants, souvent frisés.

Caractère

En bon poney de montagne, le fell est vif, agile, vigilant. Il est actif et de bonne volonté, aussi bien sous la selle qu'à l'attelage ou sous le bât – son premier métier! Sa très grande douceur et sa docilité en font un compagnon sûr pour les enfants, bien que sa taille ne convienne pas aux plus petits. On dit qu'il est très « près de l'homme », car il s'attache à lui un peu à la façon d'un chien.

Monnier/Cogis

Le saviez-vous ?

Quelques poneys sont encore élevés en semi-liberté dans les collines sauvages de leur région d'origine.
Mais les nouvelles réglementations rendent difficile la libre pâture et menacent le maintien de ces troupeaux.

Kit Houghton

donner aux fells leur stud-book. La Fell Pony Society, née quelques décennies plus tard, gère aujourd'hui le registre et organise des concours pour les quelque 9 000 représentants que cette race compte à travers le monde. Le fell, excellent trotteur, actif et d'un tempérament particulièrement doux, est apprécié comme poney d'attelage et de selle. Il excelle en randonnée. Il est souvent utilisé pour améliorer d'autres races auxquelles il apporte vigueur et résistance. Un élevage en plein développement

Très rare en France, le fell est assez populaire en Grande-Bretagne. On commence à l'apprécier et à l'élever ailleurs en Europe (notamment en Allemagne) et sur le continent américain.

ORIGINES

La race a vu le jour sur le versant nord des Pennines : une région escarpée, pauvre et soumise à un climat venteux et rigoureux. Les fells sont encore élevés dans ces collines et dans les landes toutes proches du Westmorland et du Cumberland.

Actif mais calme, gentil, agile et résistant, frugal, le fell est le compagnon idéal du randonneur – et du promeneur!

Bob Langrish

Bob Langrish

Le poney fell a toujours été un excellent « cheval de bétail ». Il est encore parfois utilisé pour rassembler les brebis qui broutent librement dans les collines du nord de l'Angleterre et de l'Écosse.

Le highland

Un costaud au cœur d'or : ainsi pourrait-on présenter ce poney solide au physique comme au mental. Il est encore peu connu et peu répandu. Cependant, le highland est de plus en plus apprécié et recherché pour sa très grande douceur et sa polyvalence.

DES ANCÊTRES PRIMITIFS

Isolés sur des terres à la végétation rase et éparse, soumis au climat rigoureux du nord de l'Écosse, les ancêtres du highland ont conservé beaucoup de caractéristiques des races primitives.

À L'ÂGE DE BRONZE

Przewalski, tarpan et autres ancêtres hantèrent sûrement la Manche du temps ou celle-ci était encore une plaine marécageuse, avant que les îles Britanniques se séparent du continent.

On a retrouvé dans la tourbe des hautes terres écossaises des ossements fossilisés remontant à 800 ans av. J.-C., ossements qui permettent de rattacher le poney highland à une race primitive d'équidé.

Longtemps isolée du fait de son insularité, la race fut, après le Moyen-Âge, croisée avec des chevaux lourds français puis des chevaux espagnols.

L'ARABE, ENCORE ET TOUJOURS

L'influence du sang oriental reste cependant la plus marquante, comme pour beaucoup de races. Le duc d'Atholl employa des étalons orientaux dès le XVIe siècle pour créer des poneys plus grands et plus rapides. Sur l'île de Mull, c'est l'étalon arabe Syrian qui engendra la lignée Calgary.

Sorrel

Étoffé, bien proportionné, campé sur des membres droits, le highland a, de tous les poneys, le plus fort gabarit. Il appartient au type semi-lourd et peut atteindre 550 kg.

Bob langrish

BÂTÉ ET MONTÉ

Les poneys highland servaient à de multiples tâches sous le bât et sous la selle – l'attelage n'était pas concevable sur les raidillons de montagne et dans des terres généralement privées de routes. Ils étaient traditionnellement employés dans les chasses pour transporter les carcasses du gibier dans de grands paniers – ce qui démontre le naturel complaisant de ces poneys, peu de chevaux tolérant la proximité d'un animal mort.

LE HIGHLAND AUJOURD'HUI

Le highland est encore un poney rare : on compte environ 5 000 sujets dans le monde. Son élevage connaît cependant une certaine expansion. Son caractère en or lui vaut un succès grandissant auprès des enfants. C'est un poney très sûr, peu rapide mais actif. Il saute volontiers et bien, s'adapte parfaitement en randonnée, où il peut porter un adulte, et excelle à l'attelage.

Frugal, il se contente de peu et vit dehors toute l'année, résistant sans peine aux rigueurs de l'hiver. Il s'épanouira beaucoup mieux au pré, en compagnie de ses congénères, qu'au box, où il s'éteint.

AIMABLE ET AIMÉ

D'une gentillesse légendaire, joueur et amical, le highland est le poney qui convient le mieux pour la famille.

ORIGINE

Le highland est originaire des Highlands, hautes terres du nord de l'Écosse au climat rigoureux. De là, il s'est répandu dans les îles Hébrides et les Orcades. Les poneys des îles étaient en général plus petits que ceux des hautes terres.

Le saviez-vous ?

Au fil des siècles, les highlands ont porté ces lourds paniers sur les raidillons des hautes terres et sur les sentiers côtiers des îles écossaises. Aujourd'hui encore, on leur fait transporter le gibier lors des chasses traditionnelles.

Modèle

Le highland possède une jolie tête, assez courte, avec un front large encadré de deux yeux intelligents et doux. Le nez est fin, avec des naseaux larges, les oreilles petites et bien écartées. L'encolure puissante et plutôt longue se fond dans une épaule relativement inclinée. Le corps est compact, cylindrique, avec un dos souple, une croupe ronde et une queue attachée haut et bien portée. L'arrière-main est puissante avec une cuisse bien descendue et musclée. L'ossature du highland est forte et sèche, avec des membres droits et durs, ovales plutôt que ronds, et des articulations larges et plates. Le canon est court et le paturon oblique, plutôt bref.

Taille

De 1,32 m à 1,48 m.

Robe

Les plus courantes sont toutes les nuances d'isabelle et de gris, jusqu'au gris souris. On trouve aussi du noir, du bai brun, et plus rarement du bai ou de l'alezan brûlé crins cendrés. La plupart des highlands portent une raie de mulet et des zébrures sur les membres qui rappellent le caractère primitif de la race.

Caractère

Gentil, amical, docile, paisible, le highland est le plus doux des compagnons. Il a néanmoins hérité d'une remarquable intelligence. Attentif, il apprend facilement et deviendra le compagnon de jeux de toute la famille… y compris des animaux !

Sorrel

Kit Houghton

Tous les poulains naissent isabelle.

Bob langrish

Bob langrish

Gros plan

Les extrémités du highland (bout du nez et membres) sont presque toujours noires, les pieds très durs. Le cap de maure, fréquent, est recherché. Les marques blanches ne sont pas acceptées, à l'exception d'une légère marque en tête. Les crins abondants ne sont pas drus mais soyeux.

Le poney des Amériques

Le poney des Amériques est originaire du centre des États-Unis. Né en 1954 du mariage d'une jument appaloosa avec un étalon shetland, il a reçu, depuis, d'autres influences qui ont fait de lui un poney bien bâti et se déplaçant bien, très polyvalent, franc et gentil.

UN MINI-APPALOOSA

La popularité du poney des Amériques, dont l'existence n'a qu'un demi-siècle, ne cesse de croître.

DES ORIGINES RÉCENTES

Le poney des Amériques est dû à la volonté d'un seul homme, un éleveur de l'Iowa, Leslie L. Boomhower, qui décida de créer une race de poneys de selle bien conformés, adaptés à l'équitation western comme à l'équitation classique, se distinguant par leur robe et qui soient un pur produit américain. D'un premier croisement entre une jument appaloosa et un étalon shetland américain nacquit, en 1954, Black Hand, qui allait devenir le père d'une nouvelle race. En 1956, Leslie Boomhower fonda le Pony of Americas Club.

LE SUCCÈS

Black Hand, élevé chez son propriétaire à Manson City, était un poney élégant. Avec sa robe tachetée, il ressemblait à un appaloosa en miniature. Vigoureux, équilibré et doté d'allures franches et libres, il séduisit le public et triompha à maintes reprises lors d'exhibitions équestres. Son succès contribua naturellement à lancer l'élevage du poney des Amériques, et la lignée Black Hand se développa.

Le saviez-vous ?

Le poney des Amériques est doué pour le saut. Aussi, les éleveurs sélectionnent-ils de plus en plus des lignées capables de se distinguer à haut niveau dans les compétitions classiques.

Kit Houghton

Kit Houghton

La race ne tarda pas à avoir un stud-book bien étoffé. Quinze ans plus tard, plus de 12 000 sujets, élevés aux États-Unis et au Canada, y étaient inscrits. En 1995, le cheptel comptait 45 000 têtes !

LE SPORTIF ÉVOLUE

La conformation du poney des Amériques a été peu à peu améliorée. Les éleveurs ont pratiqué des infusions de sang quarter horse et arabe. Le modèle actuel est mieux proportionné que celui des années 1950. L'organisme de tutelle veille sur l'avenir de la race dont les critères de sélection sont très rigoureux.

À la naissance, les poulains sont enregistrés sur une liste provisoire. Ils ne sont définitivement inscrits au stud-book qu'à l'âge de trois ans s'ils correspondent au standard et passent les tests de performance avec succès.

Gros plan

La robe la plus caractéristique est, bien sûr, la robe tachetée – mais, tout comme ses ancêtres appaloosa, le poney des Amériques peut aussi être rouan ou aubère, avec des marques plus ou moins distinctives (cape, blanket, etc.). Les caractéristiques de la robe ajoutent beaucoup au prix de l'animal et à sa valeur en tant que reproducteur.

Kit Houghton

Un poney aimable et intelligent, dont la tête, en outre, est élégante.

oughton

L'AMI DES ENFANTS

Le poney des Amériques est une monture maniable, rapide et franche, destinée aux enfants et aux jeunes cavaliers aussi bien pour le loisir que pour la compétition.

ORIGINE

Originaire de l'Iowa, le poney des Amériques est aujourd'hui élevé dans tous les États-Unis et au Canada. Il rencontre un succès sans cesse grandissant sur le continent américain, mais reste rare en Europe.

Modèle

La tête, au profil légèrement concave, est bien faite, légère et expressive. On y perçoit la double influence du sang arabe et du quarter horse. Les oreilles sont petites, droites et pointues, les yeux grands et souvent cerclés de blanc, les naseaux ouverts. L'encolure est bien proportionnée, le garrot saillant, l'épaule inclinée, la poitrine large et profonde. Le corps doit donner une impression d'harmonie et de solidité, avec une arrière-main plutôt longue et arrondie comme chez les quarters. La queue est attachée haut. Les membres sont robustes et secs, avec de très bons tendons et des canons courts. La corne des sabots est souvent striée. La crinière et la queue sont plus fournies que chez l'appaloosa.

Taille

Entre 1,15 m et 1,35 m environ.

Robe

On accepte les mêmes robes que pour l'appaloosa : blanc tacheté de noir sur tout le corps ou uniquement sur l'arrière-main, ou foncé avec des parties blanches sur la croupe et les postérieurs (blanket, etc.), aubère, rubican ou rouan avec des crins clairs ou sombres.

Kit Houghton

Caractère

Le poney des Amériques, qui est franc et gentil, calme et très maniable, convient parfaitement aux jeunes cavaliers. Il possède de réelles qualités pour l'équitation classique (notamment en CSO), mais s'adapte également fort bien en équitation western. Très vif, il peut se distinguer aux pony-games. Ajoutons à cela une rapidité et une résistance qui lui permettent de participer à toutes les sortes de courses, de l'endurance au trot et au galop. C'est enfin un excellent cheval de randonnée. Bref, si l'on en croit ses éleveurs, c'est le poney parfait !

Le poney islandais

Le poney islandais est fameux pour son tölt, allure qu'il est presque le seul à posséder d'instinct. Ce vaillant poney, cher au cœur des Islandais, est devenu pour eux une sorte de mascotte.

UN SURVIVANT

Comme les redoutables Normands qui l'introduisirent dans l'île, le poney islandais est doté d'une nature vigoureuse qui lui a permis de survivre dans ce pays de glace, d'eau et de feu.

VENU DU NORD

Les Normands ou Vikings envahissent l'Islande à partir du IXe siècle ap. J.-C. Selon la légende, les premiers colons furent deux chefs norvégiens, Ingolfur et Leifur. Plus tard se joignirent à eux des Normands venus des colonies installées en Grande-Bretagne.

Ces peuples conquérants importèrent leurs chevaux sur de grands bateaux découverts. Le poney islandais partage donc ses origines avec les poneys du nord de l'Europe et des îles Britanniques.

UN SANG PUR

Quelques décennies plus tard, on tenta de mêler au sang du poney local un peu de sang oriental.

Le résultat ayant été désastreux, une loi interdisant l'importation de chevaux dans l'île fut promulguée en 930. La population équine islandaise ne reçut plus aucun apport extérieur pendant plus de 800 ans : c'est un exemple unique de pureté génétique.

UNE PLACE IMPORTANTE

Le cheval occupe une place importante dans la culture et la mythologie des peuples qui s'installèrent en Islande à l'aube du Moyen-

Sorrel

Comme beaucoup de races exposées à un climat sévère, le poney islandais possède une crinière très abondante.

Âge. Aussi tient-il un rôle majeur dans de multiples contes et légendes celtes et vikings. Il apparaît aussi, bien sûr, dans de nombreux récits islandais où il est le symbole de la vigueur et du courage.

Maier/Sunset

GROS PLAN
Les cinq allures

Le poney islandais est connu dans le monde entier pour ses allures antiques, l'amble et le tölt, qu'il possède en plus des trois allures de base. L'amble est une sorte de trot dans lequel le poney déplace tour à tour les bipèdes latéraux. C'est une allure régulière et rapide.

Le tölt (ci-contre) est une sorte de pas très rapide à quatre temps au cours duquel le cheval relève fortement les membres. C'est une allure sûre en terrain varié, et qui permet de fortes accélérations.

Sorrel

TOUS LES TRAVAUX

Le poney servait aux travaux des champs, mais aussi à l'attelage, sous le bât et sous la selle. Des troupeaux entiers étaient élevés à seule fin de fournir de la viande, l'île étant trop pauvre en gibier et trop froide pour les bovins. Cet animal si utile s'est beaucoup développé et sa population atteint aujourd'hui des effectifs considérables. Si le poney de travail est moins employé – quoique encore très présent – les courses et les concours se sont largement répandus et font partie de la vie sociale de l'île.

DIFFÉRENTS TYPES

Au fil des siècles, plusieurs types de poneys ont été développés, certains chevaux étant élevés en vue du trait, d'autres pour la selle ou le bât, d'autres encore pour le travail du bétail (moutons). Les deux types principaux sont ceux du cheval de trait et de bât d'une part, du cheval de selle d'autre part. Le cheval destiné à la boucherie constitue un type à part.

À la fin du XIXe siècle, une sélection systématique a été entreprise dans le nord du pays. Les éleveurs de poneys islandais s'attachent aujourd'hui à développer les qualités des cinq allures.

BON PIED, BON ŒIL

Incroyablement vigoureux, résistant et sobre, le poney islandais bat sur le terrain de la rusticité ses congénères britanniques.

Sorrel

Comme chez toutes les races archaïques, on trouve, dans toutes les nuances, beaucoup d'isabelle et de louvets.

Le saviez-vous ?

Les courses font partie intégrante de la vie sociale en Islande. Les premières eurent lieu en 1874 à Akureyri. La saison s'étend d'avril à juin et des réunions hippiques ont lieu tous les week-ends dans les diverses régions de l'île. Il existe des courses de galop, mais aussi des courses d'amble et des concours à quatre allures (trot, galop, amble et tölt).

Type et tempérament

Malgré sa petite taille, le poney islandais est un véritable cheval : il ne viendrait pas à l'idée des Islandais de l'appeler « poney ». Très musclé, il est capable de porter sans fatigue un homme adulte à un train assez rapide. Il est de surcroît d'une frugalité remarquable : il parvient à tirer une grande énergie d'une nourriture peu abondante. Les quelques troupeaux qui vivent encore en semi-liberté dans l'île assurent leur subsistance sans intervention, pratiquement, de l'homme.

Modèle

Court, ramassé, le poney islandais possède un corps très musclé. Son épaule verticale permet les actions relevées de ses allures. Ses membres paraissent un peu légers par rapport à sa masse, mais ils sont parfaitement sains et forts, avec des canons courts et des jarrets bas. Sa tête lourde, grande par rapport au corps, nous paraît sans grâce au regard des races modernes. Mais c'est l'un des atouts des races archaïques : elles possèdent des mâchoires importantes pour manger efficacement!

Taille

Maximum : 1,37 au garrot.

Sorrel

Robe

Toutes les robes sont admises y compris le pie. Les crins blancs ou lavés sont courants. Le haras de Kirkjubaer, situé dans le sud de l'île, a développé une lignée de chevaux alezans aux crins lavés qui sont aujourd'hui connus dans le monde entier.

Caractère

Vaillant, volontaire, toujours énergique et rarement énervé, le poney islandais a conservé un caractère remarquablement équilibré. Il donne le meilleur de lui-même quand il peut vivre dans des conditions assez naturelles, libre de ses mouvements et en contact avec un groupe de chevaux. Il faut préserver ses qualités rustiques par une vie au grand air.

Dans les récits de l'ancienne Islande, il est souvent question de deux étalons qui s'affrontent en des combats sans merci.

Animal Animal/Sunset

Le skyros

Les habitants de l'île de Skyros, dans la mer Égée, affirment que le skyros est un petit cheval, non un poney. Il est vrai que cet animal rustique et résistant présente les proportions d'un cheval. Mais sa taille, qui ne dépasse pas 1,20 m, le classe parmi les poneys.

DES TERRES TROP ARIDES POUR LES CHEVAUX

Les Grecs anciens ont apporté énormément à nos civilisations européennes. Mais leurs terres ne leur ont pas permis de produire des races de chevaux performantes sous la selle.

HERBE MAIGRE ET PETITS CHEVAUX

Les Grecs furent durant l'Antiquité des cavaliers accomplis – l'historien Xénophon (vers 430 – vers 355 av. J.-C.) consacra à notre belle conquête l'un des tout premiers traités d'équitation, qui devait marquer l'histoire du cheval. Malgré cela, la Grèce ne peut être considérée aujourd'hui comme une civilisation du cheval.

Le climat des îles grecques est en effet fort peu propice à l'élevage de cet herbivore exigeant. Au temps de Xénophon, déjà, les cavaliers se plaignaient de devoir se procurer des montures à l'étranger, l'aridité du sol grec ne permettant de produire que des chevaux rustiques de très petite taille.

Bob Langrish

Le skyros est encore peu répandu en Europe. Il est surtout élevé – à la dure – sur l'île dont il a pris le nom.

Bob Langrish

D'un tempérament conciliant, le skyros est un bon poney d'instruction.

Bob Langrish

DES TENTATIVES DIFFICILES

Les Grecs anciens s'efforcèrent, pour améliorer les races locales, de procéder à différents croisements avec des animaux importés. Le ferghana, de type oriental, apportait sa finesse et son feu. Les chevaux scythes permirent d'augmenter un peu la taille des poneys locaux. Le pindos d'aujourd'hui, un excellent poney de travail qui atteint parfois 1,40 m, illustre bien ces efforts. Mais il est clair que les tentatives d'élevage se concentrèrent sur le continent et n'atteignirent guère les îles.

UN INSULAIRE ET UN MONTAGNARD

L'île de Skyros, au sud-est d'Athènes, avec ses 215 km^2, abritait déjà des poneys dans l'Antiquité. Leur origine et la façon dont ils sont parvenus sur l'île restent mystérieuses. Ils n'ont guère été touchés par les croisements avec des races orientales.

Ils semblent avoir d'abord vécu en hardes sauvages dans la partie montagneuse de

Malgré son épaule trop droite qui lui donne des allures assez sèches, le skyros a la réputation d'être un bon sauteur. Énergique et vigoureux, il possède une bonne impulsion naturelle.

l'île. Les habitants se contentaient de capturer et de dompter quelques individus qu'ils employaient à certains travaux agricoles – comme le battage du blé.

Excellent porteur doté d'un pied très sûr, le skyros fut rapidement utilisé sous le bât.

Comme la plupart des races rustiques de montagne, le skyros possède un épais manteau de poil et des crins abondants.

Il tirait également charrettes et charrues. Bien qu'il soit resté essentiellement un cheval de travail, le skyros est également monté et ses amateurs cherchent à faire valoir ses qualités pour l'instruction et le loisir.

UN INSULAIRE

Le skyros – poney ou petit cheval – est essentiellement élevé sur son île d'origine, dans des conditions assez rudes.

ORIGINE

Skyros est une île des Sporades du Nord. Les poneys skyros vécurent d'abord en hardes dans les montagnes qui occupent le sud de l'île – aujourd'hui encore traditionnellement réservé au pâturage, tandis que les cultures se concentrent au Nord.

Bon à savoir

Comme les autres races de poneys grecs, le skyros a tiré de son environnement aride une grande rusticité. Mais la pauvreté des herbages est aussi à l'origine de certains défauts de son squelette, que les éleveurs s'efforcent aujourd'hui de corriger.

Type et tempérament

Rustique avant tout, le skyros est un poney de travail doué de force et de résistance.

Modèle

Le skyros est proportionné comme un cheval plutôt que comme un poney. La tête est petite et agréable, avec un front bien large et des yeux en amande encadrés par deux oreilles bien mobiles. L'encolure est assez longue et plutôt fine, parfois un peu creuse. L'épaule est droite, le garrot souvent noyé, le dos solide, très apte au bât. La croupe est brève, souvent avalée, et manque de puissance. Les membres sont fins et les articulations peu épaisses – l'ossature dans son ensemble manque d'ampleur. Les jarrets sont souvent clos. Les pieds, faits d'une corne noire, sont très durs.

Robe

Alezane tirant parfois sur le louvet ou le baie, la robe du skyros comporte souvent une raie dorsale et des zébrures sur les membres, qui évoquent beaucoup le tarpan.

Taille

1,10 m en moyenne ; les éleveurs cherchent à produire des sujets plus grands (jusqu'à 1,20 m).

Tempérament

Le skyros est un poney placide et soumis, mais énergique et de bonne volonté au travail. C'est un compagnon doux et agréable pour les enfants, qui se plie de bonne grâce aux contraintes de l'instruction.

Le shetland américain

Le shetland américain n'a plus de shetland que le nom et quelques gouttes de sang dans les veines : c'est désormais un poney élégant et souvent cher, plus proche d'un cheval de sport en miniature que du rondouillard et vigoureux poney britannique dont il est issu.

LE SHETLAND REVU ET CORRIGÉ

Le shetland britannique est sans doute le poney le plus populaire au monde. Il a rencontré un grand succès aux États-Unis, où les éleveurs l'ont utilisé pour créer leur propre shetland.

SOIXANTE-QUINZE PIONNIERS

Les ancêtres du shetland américain sont bien les petits shetlands hirsutes qui, déjà avant le xᵉ siècle, parcouraient les collines et les landes des îles dont ils portent le nom. Soixante-quinze de ces animaux remarquablement solides et adaptables furent importés aux Etats-Unis, en 1885, par Eli Eliot. L'American Shetland Poney Club fut fondé trois ans plus tard – dans le but avoué d'améliorer la race par des croisements.

UN PONEY D'ATTELAGE

Les éleveurs américains sélectionnèrent soigneusement les meilleurs shetlands, puis entreprirent de les croiser avec des hackneys pour essayer d'obtenir un poney d'attelage élégant et rapide, mais aussi robuste et résistant. C'est à ses origines hackneys que le shetland américain doit ses brillantes allures relevées et son tempérament affirmé. Le résultat fut une réussite. Le nouveau shetland américain était un petit poney d'attelage actif et solide autant que joli à l'œil, qui avait perdu son pelage laineux mais conservait des crins très abondants.

UN JOLI PONEY DE SELLE

Par la suite, on tenta d'obtenir un modèle plus spécifiquement adapté à une utilisation sous la selle, autant pour le sport que pour le loisir. Des croisements furent entrepris avec quelques pur-sang arabes et même de petits pur-sang. Les éleveurs obtinrent un animal d'un modèle élégant, aux membres plus longs et mieux faits que ceux du shetland, encore fortement marqué par le hackney, aussi à l'aise à l'attelage que dans les différentes disciplines de l'équitation classique ou western.

Bob Langrish

Bon à savoir

Le shetland américain a désormais pris deux voies bien distinctes. Il y a les poneys de selle, qui permettent aux jeunes cavaliers de faire leurs débuts en loisir ou en compétition, et les poneys d'attelage et de show (ci-contre), plus fortement marqués par le hackney et que l'on soumet à des artifices similaires – sabots très longs, fers épais, etc. – pour obtenir les allures relevées caractéristiques de cette race.

Bob Langrish

LE COIN DU PRO

Le shetland américain est un poney de classe et son prix est plutôt élevé, surtout si on le compare à celui du poney shetland, relativement modique. Un étalon a été estimé, en 1970, à 137 400 € !

LE SHETLAND AMÉRICAIN AUJOURD'HUI

La race actuelle est le fruit de croisements hautement sélectifs entrepris depuis le XIXe siècle. Son prix est en conséquence.

ORIGINE

Le shetland américain a vu le jour dans l'Indiana, où Eli Eliot importa les premiers animaux à partir de 1885. Contrairement au shetland européen, il n'est pas le produit d'un environnement spécifique mais bien celui d'un élevage sélectif. Il a rapidement été élevé dans tout le pays.

Sorrel

Le shetland américain « courant », utilisé comme poney de selle et non comme animal de show, a gardé un peu de la hardiesse et de la résistance de ses ancêtres venus d'Europe.

Gissey/Cogis

Monnier/Cogis

Le shetland américain (à gauche) est nettement plus longiligne que le shetland européen (à droite).

Type et tempérament

À la fois agile, fort et élégant, le shetland américain est bien plus proche, par son modèle, d'un hackney miniature que du poney des îles Shetland. La tête est gracieuse, plus ou moins marquée par le sang oriental apporté plus tard, l'encolure est élégante et bien sortie, l'épaule bien inclinée et le garrot très prononcé pour un poney. La poitrine est profonde. Le dos est plutôt long et la croupe inclinée, généralement joliment arrondie. Les membres sont longs et fins, l'influence du hackney et des pur-sang arabe et anglais est sensible à ce niveau. Les crins très fournis rappellent le poney shetland.

Sorrel

Taille

Le shetland américain peut mesurer jusqu'à 1, 17 m (soit 10 cm de plus que le shetland d'origine).

Robe

Toutes les robes unies sont autorisées.

Caractère

Le shetland américain est à la fois moins débonnaire et moins roublard que son cousin européen. C'est en général un compagnon aimable et vif, mais certains sujets peuvent se montrer délicats à manier.

Le saviez-vous ?

Les propriétaires de shetlands américains dûment enregistrés peuvent participer à des compétitions spécifiques à travers tous les États-Unis. Jeunes, amateurs, novices et professionnels peuvent s'inscrire pour des concours de saut, de dressage et d'attelage ainsi que pour des présentations costumées. De nos jours, le shetland américain est exhibé dans les écoles, les parades, dans les fêtes… mais on l'aime aussi en famille et on en voit couramment dans les jardins !

Les poneys slaves

Originaires de Bosnie, de Pologne, de Russie, le bosniaque, le konik, le bashkir (ci-dessous), le viatka, etc., sont des poneys au pied sûr, habitués à vivre dehors en plaine ou en montagne. Ils possèdent les qualités de rusticité et de solidité de bien des races slaves.

LE BOSNIAQUE ET LE POLONAIS

Élevées sur les terres de l'Est aux hivers rigoureux, ces deux races de poneys descendent du rustique tarpan. Elles font de bonnes montures pour les enfants et conviennent au trait léger.

LE BOSNIAQUE OU BOSNIEN

Descendant direct du tarpan forestier, le bosniaque a pour berceau la Bosnie-Herzégovine. Jadis élevé dans les Balkans, ce poney de montagne polyvalent, au modèle harmonieux, fut métissé de pur-sang arabe au temps de l'Empire ottoman. Plus tard, pour accroître sa vigueur, il fut croisé avec de forts demi-sang.

BIEN PLANTÉ

Le bosniaque, haut de 1,30 m en moyenne, possède une tête un peu lourde au profil rectiligne, munie de petites oreilles.

Son encolure courte et musclée est plantée dans de belles épaules inclinées. Sa poitrine est large, son dos assez long derrière un garrot souvent noyé, sa croupe un peu oblique. Ses membres courts, secs et musclés sont pourvus de sabots plutôt larges et durs. Il possède des crins abondants. Les robes les plus courantes sont le bai, le bai brun et l'alezan, avec une raie de mulet et, parfois, des traces de zébrures. Le bosniaque est un poney très intelligent, qui possède de bonne capacités d'apprentissage. On le dresse facilement malgré son caractère parfois têtu. Souple, fort et résistant, il rend encore de nombreux services dans les traits et sous le bât, mais est de plus en plus largement employé comme poney d'instruction et de loisir.

LE KONIK

Ce poney archaïque, mâtiné de sang arabe et polonais (poneys autochtones), a pour nom petit cheval soit konik en Polonais. Résistant, sobre et brave, il a reçu divers apports de races russes et polonaises.

Le saviez-vous ?

Le huçul est natif des Carpates. Il ressemble au konik et, comme lui, descend du tarpan des forêts. Élevé dans les plaines, il a été accouplé, au XIXe siècle, à de petits chevaux locaux ainsi qu'à des étalons arabes. Ses éleveurs l'ont aussi croisé au konik et au fjord pour le faire grandir : il peut atteindre aujourd'hui 1,33 m.

Sa robe, à l'origine fauve, est devenue baie, bai foncé et, parfois, pie. De nature paisible, sage, volontaire, c'est un robuste et habile montagnard au pied sûr. Sobre, d'une grande longévité, il supporte la vie au pré en toute saison. Sa force tranquille lui permet de servir à de multiples activités comme poney de selle, de bât, de somme ou de trait léger. La race est toujours élevée en Pologne, en Roumanie, en Ukraine. Un élevage sélectif se poursuit au haras de Topolcianky en Slovaquie.

Bob Langrish

Bob Langrish

Bob Langrish

LES PONEYS RUSSES

Les poneys bashkir et viatka figurent parmi les plus anciennes races slaves. De nos jours, ils sont sauvegardés dans leur berceau, la Russie.

LE BASHKIR OU BASHKIRSKY

Ce poney slave porte le nom de sa contrée natale, la Bachkirie, située dans le sud de l'Oural. C'est là que, durant des siècles, il a été élevé à l'état semi-sauvage sous deux modèles différents. Le bashkir des steppes sert de monture ; le bashkir des montagnes, de type plus lourd, à la traction des troïkas, comme jadis des malles-poste. Le bashkir possède des caractéristiques très similaires à celles des rustiques poneys polonais, ses voisins. Il est toutefois un peu plus grand, avec une taille moyenne de 1,35 m à 1,40 m. Sa robe est baie, alezane ou isabelle.

À la fois fort et résistant, le bashkir est maniable, obéissant, tranquille. On tisse des étoffes et du feutre à partir de son poil laineux et frisé, et son lait sert à faire le koumis (lait fermenté).

Sa robe baie, souris ou isabelle, marquée d'une raie de mulet et, souvent, de zébrures, rappelle l'influence de son lointain aïeul, le tarpan forestier.

Haut de 1,35 m en moyenne, le konik possède une tête un peu forte mais harmonieuse, avec un regard vif et de petites oreilles pointues qui surgissent de sa crinière bien fournie. Encolure musclée, épaule inclinée, poitrine profonde, dos large et court, membres robustes, le konik possède une silhouette rablée qui évoque la force. Sa queue est attachée bas sur sa croupe oblique. Ses pieds, petits, sont solides.

Ce poney actif est complaisant et maniable. Calme, plutôt doux et de bonne volonté, il sert de trait léger en ville ou aux champs et de monture pour enfants. Sobre, très rustique et d'une grande longévité, il peut vivre au pré toute l'année.

Bob Langrish

LE SAVIEZ-VOUS ?

Natif de Russie, l'endurant et plurivalent yakoute gris est employé sous la selle ainsi que comme animal de bât et de trait. Son lait ainsi que sa peau sont appréciés. En parfait poney slave – rustique, ossature trapue, crins et poils longs et épais, raie de mulet –, il est capable de survivre en pâture sous n'importe quelle latitude et à n'importe quelle température. Pourtant, il ne mesure que 1,32 m au garrot, tout comme son voisin le cheval de Polésie.

Bob Langrish

Les Américains ont adopté le bashkir, dont ils ont favorisé les lignées curly, c'est-à-dire bouclées.

LE VIATKA

Le viatka est issu du croisement entre le klepper et le konik. Il est élevé dans les régions d'Udmurt et de Kirov.

Assez grand, comme le bashkir, il peut être bai, brun, gris, isabelle, souvent avec une raie de mulet et de légères zébrures sur les membres antérieurs.

Calme, énergique, rapide et courageux, il excelle à l'attelage, que ce soit pour le travail ou pour le loisir.

LE COIN DU PRO

Le tarpan est considéré comme étant à l'origine des races légères actuelles. Il vivait à l'état sauvage en Europe (de la Pologne à l'Ukraine) jusqu'en 1879. La race a disparu en 1887.

Un poney, qu'est-ce que c'est ?

À cette question, certains affirment qu'un poney n'est rien d'autre qu'un petit cheval. D'autres, adeptes du welsh, du shetland, du fell ou du dartmoor, sont convaincus que le poney est une race et un modèle. Eh bien, personne n'a tort et tous ont raison !

QUESTION DE POINT DE VUE

Le poney c'est, bien sûr, la monture idéale pour les jeunes cavaliers. Mais quand on dit poney, de quoi parle-t-on ? De la race ? De la taille ? Du modèle ? Rien de tout cela, et de tout cela à la fois. Pour définir le poney, il existe plusieurs points de vue.

LE POINT DE VUE DE LA COMPÉTITION

Pour les fédérations qui organisent les compétitions, un poney, c'est clair, c'est un cheval qui mesure moins de 1,48 m, quelle que soit sa race. Vous pouvez, par exemple, inscrire en compétition poney un petit pur-sang arabe, mais pas un connemara qui a trop grandi ! Les compétitions réservées aux poneys sont réparties en plusieurs catégories, qui dépendent de leur taille (et, bien sûr, ensuite, de leurs qualifications). Ainsi, les fédérations affirment leur point de vue : ce qui qualifie le poney, c'est sa taille !

LE POINT DE VUE DES ÉLEVEURS

Du côté de l'élevage, le point de vue est tout à fait différent. Une race appartient à la catégorie poney ou à la catégorie cheval, de génération en génération, quelle que soit sa taille. Les connemaras appartiennent à la race des poneys. Si vous achetez un poulain connemara et qu'il grandit beaucoup (plus de 1,48 m), vous aurez un poney de race, mais qui n'aura pas le droit de participer aux concours poneys !

LE POIDS DU PÈRE...

Le père détermine l'appartenance à l'espèce poney ou cheval. Un cheval né d'un père selle français et d'une mère connemara sera classé cheval. Il pourra néanmoins participer aux compétitions des poneys s'il ne dépasse pas 1,48 m. À l'inverse, un cheval né d'une mère selle français et d'un père connemara sera classé poney, même s'il est trop grand pour concourir!

... ET CELUI DE LA MÈRE

Pour obtenir un bon poney en croisant un cheval et un poney, il est préférable que la jument soit poney et l'étalon cheval. Une jument petite avec un cheval grand donne plus de poulains petits qu'une jument grande avec un cheval petit. On dit en effet que la taille de l'utérus détermine le déve-

FLPA/Sunset

LE COIN DU PRO
Préserver ou adapter ?

Aujourd'hui, beaucoup de sociétés d'élevage s'efforcent de préserver les qualités du poney et luttent contre la tendance à en faire un «petit cheval». Les races ont déjà subi de nombreuses influences, donnant naissance à de petites merveilles du point de vue de la beauté et des performances, parfois au détriment du type, de la solidité et de la rusticité. (Ici, Edwige Parent sur Bacchus.)

Kit Houghton

Le développement de l'équitation «poney» a permis à de jeunes cavaliers de faire leur premières armes en compétition de très bonne heure. Un atout pour l'avenir.

Kit Houghton

Bob Langrish

L'abondance des crins est une défense indispensable sous nos climats, dits tempérés mais qui sont parfois rudes.

Kit Houghton

De nombreux poneys réussissent très bien à l'attelage. Le puissant haflinger s'y distingue particulièrement.

loppement du poulain ; mais la génétique offre sans doute des explications plus complexes !

EN FONCTION DE QUOI ?

En fonction de quoi, aujourd'hui, attribue-t-on la qualité de poney ou de cheval à une race ? D'un point de vue scientifique, il n'existe pas de différence physiologique. Chevaux et poneys sont une seule et même espèce.

Pour les éleveurs, si la race est vraiment petite, il n'y a pas de doute. Mais dès que l'on s'approche de la taille limite, la distinction semble beaucoup plus aléatoire. Ainsi, le cheval de Camargue – 1,40 m en moyenne, – est bien un cheval. Les gardians ne voudraient pas d'un poney. Le mérens lui, a été cheval, puis poney, puis de nouveau cheval. Quand au poney de polo – 1,27 m lors des débuts de ce sport –, il est resté poney, malgré son 1,60 m et son type proche du pur-sang !

COMMENT DÉFINIR UN PONEY ?

Les « vrais » poneys, ceux qui appartiennent à une race de poneys, présentent, au-delà du simple phénomène de la taille, des caractéristiques propres. La plupart des races occidentales sont originaires des îles Britanniques ou d'autres îles (l'Islande, par exemple) ou d'une région de montagne.

LES VERTUS DE L'ISOLEMENT

Sur les îles comme en montagne, le milieu semble avoir déterminé le développement de races rustiques de taille réduite. Cela s'explique en partie par l'adaptation : un climat tempéré mais humide, ou très froid, une nourriture limitée dans sa variété et sa quantité par l'étendue du territoire ou par le relief, ne sont pas sans conséquences.

L'isolement, particulièrement dans le cas de l'insularité, mais aussi en milieu montagnard, a été déterminant dans l'histoire du poney. Les cheptels subissaient peu l'influence d'autres races. Les caractères de l'espèce les plus propres à assurer sa survie se renforçaient et s'accentuaient au fil des générations.

RUSTIQUES AVANT TOUT

Ainsi, les poneys des régions tempérées présentaient, avant que l'élevage sélectif ne développe des types destinés à la compétition, des caractères commun de rusticité. Frugaux, résistants, endurants, de petite taille, ils possédaient un corps rond plutôt râblé avec des membres courts, solides, ainsi qu'une corne très dure. La tête plutôt grosse abritait une mâchoire importante et efficace. La plupart des races présentaient, dans les souches d'origine, une pilosité très abondante : crins et poils protégeaient des vents forts et de l'humidité du littoral comme du froid des rigoureux hivers montagnards.

BON À SAVOIR

A, B, C ou D ?

Les poneys sont autorisés à s'inscrire dans les différentes compétitions suivant leur taille, depuis la plus petite (poneys A ou B, comme le weslh moutain, ci-dessous) jusqu'à la plus grande (poneys D, comme le connemara) :

– poneys A, jusqu'à 1,07 m
– poneys B, jusqu'à 1,20 m
– poneys C, jusqu'à 1,30 m
– poneys D, jusqu'à 1,48 m

Kit Houghton

Les chevaux miniatures

Ils sont tout petits, les plus petits de tous. Et pourtant, ce sont de véritables chevaux ! Mais gare à celui qui ne les considère comme des grands!

UNE BIZARRERIE DEVENUE UNE MODE

Les chevaux miniatures sont nés de la curiosité d'un éleveur argentin. Les très petits sujets qu'il a fait naître ont émerveillé quelques amateurs, ce qui a provoqué un véritable engouement pour ces chevaux «de poche». D'autres éleveurs se sont alors mis à en produire, principalement aux États-Unis.

UN ÉLEVEUR CURIEUX

C'est dans son estancia Recreo de Roca, proche de Buenos-Aires, qu'un certain monsieur Falabella s'amusait, au début du XXe siècle, à faire d'étranges expériences. On assure qu'il aurait ainsi créé, à force de croisements, une « race » de chevaux bleus et une autre de chevaux géants ! S'agit-il d'une fable ou d'une réalité ? Seule certitude, ce monsieur Falabella a bien créé la race qui porte son nom : celle du plus petit cheval du monde.

NAISSANCE DE LA RACE FALABELLA

Comment cet éleveur, aimant manifestement jouer des tours à mère Nature, est-il parvenu à faire naître des chevaux de moins de soixante-dix centimètres ? La rumeur voudrait qu'il ait possédé un étalon pur-sang de petite taille, qu'il aurait croisé avec les plus petites des ponettes européennes. En fait, l'origine précise de la race, tout comme les premières étapes de son développement, demeurent assez vagues.

LE MINIATURE AMÉRICAIN

Des chevaux miniatures existaient déjà en Angleterre au XVIIe siècle, où on relève leur présence au service des petits princes. Les Britanniques importèrent même, au XIXe siècle, un étalon de 76 cm né au Bengale. Les Américains s'intéressèrent à ces chevaux minuscules dès le XIXe siècle et en importèrent quelques-uns. Les croisements furent nombreux, entre autres avec le falabella. Mais l'engouement véritable pour le miniature apparut bien plus tard. Le studbook du « miniature américain » ne fut créé qu'en 1978. Aujourd'hui, on compte plus de 12 000 chevaux miniatures aux États-Unis – à peine quelques milliers en Europe, où sa mode ne cesse pourtant de se développer.

Sorrel

Bon à savoir

Plus c'est petit, plus c'est cher

Le cheval miniature coûte cher, parfois très cher. Impossible d'en trouver un à moins de 1 500 €, et les prix vont bien au-delà de cette somme. Il ne revient pas cher à l'entretien, mais il demande des soins quotidiens, une parure régulière des pieds et des visites chez le vétérinaire tout comme un vrai cheval. Si vous en faites l'acquisition, sachez que vous vous engagez pour longtemps : son existence se poursuit jusqu'à vingt ans au moins.

Kit Houghton

DE DRÔLES D'EMPLOIS

Comment utilise-t-on ce minuscule cheval ? Vu sa taille, il n'est évidemment pas destiné à la selle – même si certains sujets parviennent à porter des enfants de vingt à trente kilos. Certains amateurs attellent les chevaux miniatures à des voitures miniatures. Ces petits chevaux peuvent travailler en longe ou aux longues rênes et sautent parfois fort bien. Mais c'est, bien évidement, comme cheval de compagnie que les miniatures trouvent leur meilleur emploi.

Peu encombrants, d'un entretien quasi nul, ils se contentent d'une pâture de 1 000 m² et, même, d'un box si on leur octroie des sorties en liberté. Certains amateurs n'hésitent pas à traiter le cheval miniature comme un chien et à le laisser s'installer sur le tapis du salon, ce qui n'est naturellement pas la place d'un cheval, si petit soit-il.

DES ORIGINES VAGUES

Grande-Bretagne, États-Unis et Argentine peuvent revendiquer la création des chevaux miniatures. L'influence des étalons qui sont à l'origine des trois races existantes s'est quelque peu diluée au cours des croisements sélectifs.

Sorrel

Ce sont tous les deux des chevaux...

Type et tempérament

Aujourd'hui, trois races sont reconnues : le falabella, le toy-horse et le mini-horse. Dans tous les cas, on apprécie la vivacité, l'élégance et la puissance de ces mini-chevaux, avant tout recherchés pour leur beauté et l'agrément de leur compagnie.

Modèle

Quelles que soient ses origines et sa race, on demande au cheval miniature d'être sain et équilibré et de présenter toutes les caractéristiques d'un cheval de grande taille. Leur morphologie est assez variable. Cela s'explique, puisqu'ils ont des origines diverses et sont croisés surtout en fonction de leur taille. Toutefois, chacune des trois races reconnues a son standard.

Taille

Moins de 86,5 cm au garrot.

Robe

Toutes les couleurs sont admises, les robes tachetées comparables à celle de l'appaloosa étant très appréciées.

Caractère

Tous les amateurs sont unanimes : le cheval miniature est un compagnon délicieux. Calme et amical, d'une intelligence très vive, il exerce une véritable fascination sur les enfants.

Sorrel

Les robes tachetées, comme celles des appaloosa, sont parmi les plus appréciées.

Kit Houghton

Très robuste, le cheval miniature s'avère excellent à l'attelage. Par contre, la légèreté de son squelette et la minceur de sa musculature n'en font pas, en général, un bon poney de selle.

Lacz / Sunset

Lacz/Sunset

Bon pour le moral

On peut penser qu'un cheval de taille si réduite n'est plus vraiment un cheval. Les chevaux miniatures ont cependant les mêmes réactions et les mêmes besoins que les grands chevaux. Ils ont avant tout besoin d'une vie de cheval : la liberté et la compagnie de leurs congénères. Idéalement, donc, une vie au pré.

Les poneys du Japon

La densité de population est très élevée au Japon. Dans ce pays où chaque mètre carré compte, il n'y a jamais eu beaucoup de place pour un animal aussi encombrant – et exigeant – que le cheval. Pourtant, chacune des trois plus grandes îles a sa propre race.

UN PEUPLE PEU CAVALIER

Le cheval n'a jamais occupé une grande place dans la vie japonaise – mais il jouissait d'un certain prestige.

PONEYS D'ASIE

Le Japon compte principalement trois races de poneys indigènes, qui descendent, selon toute probabilité, des poneys de Mongolie, de Chine et de Corée : le hokkaido, le kiso et le kagoshima.

Les premiers chevaux furent sans doute introduits au Japon par les peuples d'Asie centrale, au IIIe siècle ap. J.-C. Plus tard, les cavaliers de Kubilay Khan firent une incursion au Japon au début du XIIIe siècle. Comme tous les envahisseurs, ils abandonnèrent ou perdirent probablement plusieurs de leurs montures dans les îles japonaises.

MONTER, UN PRIVILÈGE

Au regard des civilisations européennes, ou même de celles, plus voisines, de Chine et de Mongolie, les Japonais n'ont guère été un peuple cavalier.

Pourtant, le cheval y a eu sa place, et non des moindres. Dans le Japon ancien, seuls les guerriers issus de l'aristocratie montaient. De même, dans la société japonaise médiévale, monter était une distinction réservée à une certaine élite – celle des samouraïs, des fonctionnaires et des officiers. On apprenait alors à monter, comme on apprenait à porter les armes, dans la perspective d'un avenir brillant.

Kit Houghton

CHEVAUX DE TRANSPORT ET DE TRAVAIL

Dans les diverses régions, les poneys furent également employés, bien entendu, sous le bât ou le harnais pour transporter les voyageurs et les marchandises. Ils eurent aussi leur part dans le travail agricole et, même, au XIXe siècle, dans les mines de charbon. Enfin, des chevaux issus de croisements avec les poneys indigènes remontèrent la cavalerie jusqu'au début du XIXe siècle. Mais le cheval n'a jamais peuplé la campagne japonaise comme il a habité les campagnes française, anglaise ou allemande.

LES PONEYS DU JAPON AUJOURD'HUI

Le manque d'espace et la pauvreté des herbages limitaient le développement du cheptel équin. Mais, lorsque les Japonais découvrirent, au XIXe siècle, la culture européenne, ils importèrent des chevaux en même temps que l'équitation alors tant à la mode.

Aujourd'hui, le hokkaido, le kiso et le kagoshima sont encore parfois employés dans les campagnes. Mais, même si le gouvernement a décidé de sauver ces races indigènes, les cavaliers utilisent, pour l'équitation, des chevaux et des poneys de sport importés ou élevés sur place à partir de souches d'importation.

DE VRAIS PONEYS RUSTIQUES

Si les poneys du Japon ont eu le mérite de survivre sur des terres où ils n'avaient guère de place, ils ne présentent pas les qualités nécessaires pour faire de bonnes montures de sport ou de loisir.

Le saviez-vous ?

Dans le Japon ancien, le cheval figurait le dieu de l'agriculture. On suspendait des têtes de chevaux à l'entrée des fermes pour s'attirer la clémence des cieux.

Kit Houghton

Au pied du mont Aso, des poneys et de petits chevaux issus de croisements de races diverses avec les poneys locaux sont utilisés pour la randonnée.

ORIGINE

Chaque grande île du Japon a sa race indigène. Le hokkaido, poney de l'île du même nom, tout au nord du pays, est sans doute venu du nord-est de la Chine.

Avec une densité de population légèrement plus faible que le reste du Japon, Hokkaido était sans doute la région la plus propice à l'élevage. Ses pâtures abritent encore de nombreux poneys indigènes. Le kiso, lui, est encore élevé, à toute petite échelle, dans la région montagneuse où il est né, à l'ouest de Tokyo. Le kagoshima, appelé aussi kyushu comme l'île d'où il est originaire, a longtemps été considéré comme un poney sauvage. Le kiso descend sans doute de poneys venus de Corée, de même que le kagoshima. Tous trois ont probablement reçu plus tard, et à plusieurs reprises, du sang mongol.

Kit Houghton

Les poneys lâchés dans les herbages sont marqués à l'encre.

Tempérament

Sans être tout à fait semblables, ces trois poneys ont en commun de nombreuses caractéristiques : une taille petite, un garrot effacé, une épaule courte, des membres plutôt légers mais bien faits, munis de pieds ronds et bien durs, une tête lourde et peu expressive.

Taille

Leur taille moyenne est de 1,30 m.

Robe

Toutes les robes sont acceptées, avec une prédominance des robes classiques – bai, alezan et gris.

Tempérament

Les poneys du Japon sont avant tout des poneys de travail, résistants et de bonne volonté, avec un caractère plutôt calme et conciliant.

Kit Houghton

Les pâturages japonais de Honshu et de Kyushu n'offrent qu'une maigre nourriture aux chevaux. Seul Hokkaido possède des pâtures suffisantes en quantité et en qualité pour permettre un élevage d'une certaine ambition, mais le climat de l'île est rigoureux.

Le saviez-vous ?

La seule survivance de l'équitation traditionnelle japonaise est le yasubame, qui s'est maintenu dans le rituel shinto : le cavalier (autrefois un samouraï), lancé au galop, doit tirer à l'arc sur une cible.

Le fjord et le gotland

Le fjord et le gotland sont deux races de poneys d'origine scandinave. Considérés comme faisant partie des races européennes les plus anciennes, ils ont conservé bien des traits de leurs ancêtres sauvages de l'époque glaciaire.

LE FJORD

Parmi les races actuelles, le fjord est celle qui se rapproche le plus du cheval de Przewalski.

LA MONTURE DES VIKINGS

À l'époque des Vikings, le fjord était utilisé comme cheval de bataille. Les Vikings se plaisaient également à organiser des combats d'étalons qui allaient parfois jusqu'à la mort. Certaines pierres runiques datant de leur époque représentent d'ailleurs des chevaux très similaires aux fjords actuels.

CARACTÉRISTIQUES PRIMITIVES

Pendant des siècles, le fjord a été élevé – en Norvège – sans apport de sang extérieur. C'est ce qui explique qu'il ait si bien conservé les caractères de ses ancêtres sauvages. Il ressemble beaucoup, en effet, au przewalski et au tarpan, dont il possède la vigueur et la robe isabelle.

UNE ROBE ATYPIQUE

La robe du fjord comporte certaines particularités lui venant de ses ancêtres et, notamment, une raie de mulet allant du toupet jusqu'au bout de la queue, ainsi que, parfois, des zébrures sur les membres. Sa crinière dressée est également un trait typique de la race.

Noire à l'intérieur et claire à l'extérieur, cette crinière est traditionnellement tondue en forme de croissant, de manière à faire ressortir les deux couleurs. Exception faite de la raie centrale noire, les crins de la crinière et de la queue sont en général plus clairs que le reste de la robe.

Sorrel

UN PONEY RUSTIQUE

Parfaitement adapté à son environnement, le fjord était autrefois utilisé, en Scandinavie, pour les travaux agricoles et forestiers.

Aujourd'hui, sa vigueur en fait un cheval d'attelage idéal. Il est également très apprécié sous la selle, que ce soit comme cheval de loisir ou de compétition d'endurance. Le fjord est en effet résistant et agile ; il a, de plus, le pied très sûr en terrain accidenté.

LE GOTLAND

Le gotland, que les Suédois appellent aussi skogsruss (petit cheval de bois), est l'une des plus anciennes races de Scandinavie et d'Europe.

DES TRAITS PRIMITIFS

Le gotland a sans doute vécu en liberté, sur son île, depuis les temps préhistoriques. Il conserve quelques traits primitifs de son ancêtre, le tarpan. Un apport de sang oriental a contribué, au XIXe siècle, au développement de cette race, mais les croisements avec des races étrangères ont été peu nombreux.

UNE RACE PEU CONNUE

Utilisé dans le passé pour les travaux agricoles, le gotland est actuellement avant tout un cheval de loisir ou de trait léger. Il possède de bonnes aptitudes pour le saut d'obstacle et les courses de trot. Depuis 1954, le gotland est protégé par l'État suédois, qui tente de favoriser sa reproduction, en particulier sur l'île de Gotland. S'il est aujourd'hui élevé dans toute la Scandinavie, ce cheval est encore peu connu dans le reste de l'Europe.

Type et tempérament du fjord

Modèle

L'aspect général du fjord est celui d'un cheval compact et puissant. La tête, aux petites oreilles, est assez large mais bien proportionnée. L'encolure est courte et épaisse. Quant au dos, il est assez long et les reins sont très forts. Enfin, les membres, courts et solides, ont des sabots durs et bien formés.

Taille

1,30 à 1,42 m au garrot, ce qui classe le fjord parmi les grands poneys.

Bob Langrish

Robe

La principale caractéristique du fjord est sa robe, toujours isabelle (dans toutes les nuances possibles), avec une raie de mulet et, parfois, des zébrures sur les membres.

Caractère

Le fjord est courageux et très endurant. Il peut parfois se montrer têtu, mais sa douceur et sa gentillesse en font un poney agréable à monter qui convient bien aux enfants.

Sorrel

L'une des particularités du fjord est sa belle crinière dressée, faite de crins noirs au centre et de crins clairs à l'extérieur.

Type et tempérament du gotland

Modèle

Le gotland est un poney robuste et réputé pour son endurance. Sa tête est assez grosse et ses oreilles sont petites. Son encolure est courte et musclée, mais son dos est un peu faible. La croupe est oblique, avec une queue attachée très bas. Quant aux membres, ils sont solides et les sabots résistants.

Taille

De 1,22 m à 1,27 m au garrot.

Robe

Principalement isabelle ou louvet à l'origine ; mais, aujourd'hui, les gotlands sont le plus souvent bais ou noirs. Les autres robes (alezan, gris ou souris) sont moins répandues.

Sorrel

Caractère

Comme le fjord, le gotland est doux ; mais il peut de temps à autre se montrer têtu ou rebelle. Cette race ne convient guère à des enfants inexpérimentés car son galop est laborieux et peu agréable.

Kit Houghton

Le fjord peut faire merveille sous la selle. Sa robe particulière lui confère une certaine élégance.

Le connemara

Originaire d'Irlande, le connemara est un poney de selle remarquable. Robuste, courageux, doté d'un bon caractère, il est généralement doué pour le saut et excellent en dressage. Il se taille la part du lion dans les compétitions juniors !

L'HISTOIRE DU CONNEMARA

Le connemara doit beaucoup au cheval espagnol. Une légende voudrait qu'il ait des ancêtres parmi les survivants des chevaux de l'Invincible Armada, qui fit naufrage au large de l'Irlande en 1588. Mais il est plus probable que des négociants irlandais aient acheté des chevaux espagnols pour les croiser avec des sujets locaux.

PASSÉ LOINTAIN

Les îles Britanniques se détachèrent du continent vers 15 000 av. J.-C. Les chevaux qui s'y étaient fixés ne reçurent plus aucun apport de races extérieures pendant 14 000 ans. À partir de l'âge du bronze, les pillards scandinaves introduisirent leurs chevaux dans les îles. Plus tard, ce fut au tour des frisons. Enfin, au XIIIe siècle, le sang oriental des montures phéniciennes vint se croiser avec celui des chevaux britanniques.

Sorrel

Doué d'un tempérament doux et d'une grande force, le connemara est un cheval de selle idéal pour tous les cavaliers de 7 à 77 ans.

Les sujets de robe isabelle, proches du type original, sont en général d'une résistance exceptionnelle.

Sunset

L'IMPORTANCE DU SANG ESPAGNOL

D'abord très similaire aux petits poneys scandinaves, tout comme le shetland, le connemara évolua avec l'apport de sang oriental. L'importation des plus beaux chevaux espagnols en Irlande, au XVIe siècle, influença fortement la race.

MELTING-POT

Avec l'appauvrissement de la vie agraire en Irlande, au XIXe siècle, les qualités du connemara se détériorèrent. Au début du XXe siècle, les éleveurs britanniques décidèrent d'intervenir pour sauvegarder cette race. On chercha à redresser la situation par l'apport de sangs divers : welsh cob, hackney, roadster et pur-sang. Le stud-book du poney connemara fut ouvert en 1926.

LE CONNEMARA AUJOURD'HUI

Comme tous les poneys originaires des îles Britanniques, le connemara se distingue par une grande robustesse, une capacité d'adaptation et une intelligence qui s'expliquent par la rudesse de son milieu d'origine.

UNE INCROYABLE RÉSISTANCE

Originaire d'une région de landes rocailleuses balayées par le vent, le connemara est d'une résistance remarquable. Le premier président de la commission chargée de l'élevage équin en Irlande décrivait le connemara comme un poney « robuste et résistant comme une mule... capable de subsister sur un terrain ou tout autre équidé, aussi résistant soit-il, serait mort de faim ».

LA TREMPE D'UN CHAMPION

À son caractère remarquable sont associées de réelles qualités de cheval de selle. Puissant et bondissant, il est doté d'une amplitude d'action qui lui vaut un talent naturel à l'obstacle et de belles allures. Le connemara semble taillé pour la compétition. On le retrouve sous la selle des jeunes cavaliers – et parfois d'adultes – dans toutes les disciplines. Sa forte charpente le destine également à l'attelage.

Dans sa région d'origine, les prés ne sont pas toujours fleuris... Sobre et solide, le connemara a su s'épanouir dans des conditions difficiles.

NHPA/Sunset

DES DÉFAUTS ?

Un cheval parfait, en somme ? Pas tout à fait. Le connemara est limité par sa taille. La vitesse n'est pas non plus forcément son fort. Sa puissance parfois un peu lourde peut le handicaper dans les disciplines d'endurance, notamment en cross. Il suffit toutefois de lui insuffler du sang arabe ou anglais pour donner naissance à des sujets exceptionnellement performants.

Certains individus font parfois preuve d'obstination... à mettre sur le compte de leur force de caractère !

Caractéristiques

Les différentes influences qu'a reçues la race sont encore sensibles chez le connemara. On retrouve chez lui l'équilibre et l'amplitude des races ibères, l'influx nerveux des chevaux arabes, la puissance du cob, le geste du hackney... Le connemara semble avoir eu le bon goût de prendre chez chacun le meilleur et seulement le meilleur.

Extérieur

Ses aplombs sont droits et stables. Il a des membres secs avec des articulations dures et plates et de bons pieds. À l'arrière, le jarret fort et bien placé permet une grande puissance de saut. La croupe est massive, souvent double, bien formée. La queue est attachée très haut. Le dos court et large contribue à la puissance générale. Les épaules fortes et inclinées déterminent le don pour l'obstacle et l'amplitude du geste. Plus longue que chez les autres poneys de selle, l'encolure assure une grande amplitude de mouvement et contribue elle aussi au talent de ce cheval pour l'obstacle.

Taille

Taille moyenne : maximum 1,47 m.

Robes

Toutes les robes sont admises sauf le pie. Les robes dominantes sont le gris, le noir, le bai-brun, le bai et l'isabelle. Ces dernières années le rouan et l'aubère se développent.

Caractère

Les conditions difficiles de sa région d'origine ont contribué à développer l'intelligence du connemara, capable de s'adapter à toutes les circonstances ou presque. Les apports des différentes races en ont fait un animal au caractère remarquablement équilibré, à la fois éveillé et paisible. Franc, plein d'une énergie sagement distribuée et de courage, il est l'image même de la force tranquille.

La tête intelligente et équilibrée du connemara traduit bien son caractère.

TYPE ET TEMPÉRAMENT

Le connemara est originaire de la région du même nom, située sur la côte ouest de l'Irlande. S'il ne reste plus guère de poneys sauvages, de nombreux connemaras sont encore élevés dans leur milieu d'origine ou dans des conditions similaires : aux abords du littoral, dans des landes désolées, d'où il a tiré sa force et sa résistance.

La croupe puissante, les reins larges, l'épaule oblique... une merveille de poney.

Sorrel

Le pottok et le landais

Originaires le premier du Pays basque, le second des forêts landaises, ces deux poneys sont parfois donnés comme cousins. Mais, si on les considère de près, il est douteux qu'ils le soient vraiment.

DES CHEVAUX SAUVAGES MIS AU PAS PAR LA CIVILISATION

Le pottok et le landais ont été parmi les derniers chevaux sauvages de France. C'était il y a environ un demi-siècle seulement. Depuis, leurs domaines ont été accaparés par l'homme.

LE LANDAIS ET LA GUERRE

Bien avant que Napoléon III ne fasse planter des pins dans les marécages landais, des troupeaux de poneys sauvages vivaient déjà dans cette région. Depuis le Moyen-Âge, les petits chevaux y étaient chassés et capturés, puis dressés pour les services les plus divers. Lors de la Seconde Guerre mondiale, quelques hardes de landais vagabondaient toujours dans les forêts. On raconte qu'elles auraient été exterminées par des soldats allemands à la mitraillette ! Il n'est plus alors resté que des poneys landais domestiques.

SERVICE OBLIGATOIRE

Depuis des temps immémoriaux, des pottokak ont vécu libres dans les montagnes du Pays basque. Comme dans tant d'autres régions de France, pendant des siècles, l'homme a prélevé là, sur les troupeaux sauvages, les animaux dont il avait besoin pour tirer ses voitures, porter des charges, l'aider à cultiver la terre ou faire la guerre. Vers le milieu du xxe siècle, les pottokak n'ont plus eu de véritable utilité. Par tradition, on a pourtant continué à les rassembler à l'occasion de grandes battues annuelles. Mais la question s'est posée : que faire des sujets capturés ? La première solution a été de les vendre, de les exporter en Italie pour faire du salami.

Bob Langrish

Le poney landais élevé aujourd'hui au haras de Pau, dans le Sud-Ouest de la France, est un animal élégant et une monture performante.

Lacz/Sunset

DES EMPLOIS DEVENUS AGRÉABLES

Aujourd'hui, la montagne Basque n'est plus aussi libre qu'autrefois. Les pottokak y vivent dans des parcs, certes souvent immenses, mais clos.

Le saviez-vous ?

L'étalon tacticien

Au XIXe siècle, dans les forêts landaises, vivait une harde de poneys dominée par un étalon appelé le « Napoléon des chevaux ». Lorsqu'une battue s'en prenait à sa troupe, ce grand stratège la conduisait en haut d'une dune escarpée, inaccessible aux chevaux portant le poids d'un homme. Là, d'un coup d'œil, il repérait le point faible des cavaliers qui l'encerclaient et vers lequel il poussait les siens, juments et poulains. Au galop ! Les rabatteurs ne pouvaient résister à une telle charge et la harde filait vers la liberté...

Pourquoi les élève-t-on ? Comme tant d'autres poneys, ils sont devenus des animaux de compagnie, des compagnons de loisirs et, parfois, des champions.

La civilisation leur a ravi leur liberté mais, en revanche, elle leur a offert des « emplois » inattendus et, pour eux, souvent agréables.

LE POTTOK ET LE LANDAIS : ORIGINAIRES DU SUD-OUEST DE LA FRANCE

Il est probable qu'au cours des siècles il y a eu quelques croisements entre les deux races comme avec d'autres poneys de la région, tels ceux de Chalosse ou de Barthe-de-Nesle. Mais que ce soit sur le plan de la morphologie, de la taille ou de la robe, elles ne sont pas comparables.

Bob Langrish

Type et tempérament

Quelle est l'origine des différentes races de poneys du Sud-Ouest ? Nul ne peut vraiment le dire. De tous temps, les petits chevaux ont vécu dans les marais, les forêts et les montagnes, faisant partie du pays et pour certains de la vie des hommes. On sait qu'il y a parfois eu des instillations de sang welsh ou pur-sang, par exemple. Mais, à long terme, leur effet demeure douteux. Forgées par les conditions d'existence de leur berceau, ces races ont conservé leurs caractéristiques.

Modèle

Le landais a tout d'un cheval de selle réduit et costaud. Sa tête expressive au bout d'une encolure droite est généralement balayée par un toupet exubérant. Sa croupe est plus ou moins avalée. Ses membres sont secs et ses sabots souvent larges. On distingue deux types de pottokak : le pottok standard et le double-pottok. Le premier a l'encolure courte et la crinière abondante, des membres puissants et une solide arrière-main. Le double-pottok a une constitution à peu près semblable, mais nettement plus massive. Aujourd'hui s'ajoute à ces deux types le pottok pie.

Taille

Pottok standard : de 1,15 m à 1,32 m
Double-pottok : 1,32 m à 1,47 m
Landais : 1,20 m en moyenne

Kit Houghton

Robe

Pottok : alezan, bai, bai-brun ou pie.
Landais : généralement alezan, bai, bai-brun ou noir.

Caractère

Le landais peut parfois sembler apathique, mais il ne faut pas s'y tromper : il ne manque pas de caractère ! Et, comme tous les poneys, il sait se tirer de bien des situations difficiles avec un grand sens de la survie. Cheval libre de la montagne, le pottok fait preuve d'une grande indépendance. Ce qui ne signifie pas que ce soit un poney difficile. Car qui sait faire preuve de bon sens à son égard devient rapidement son ami. Et son affection est durable.

Les animaux qui vivent encore libres dans les montagnes du pays basque sont proches du type rustique d'origine.

Lacz/Sunset

Bon à savoir

« Pottok » est un mot basque, dont le pluriel est « pottokak ».

Bob Langrish

On dit que les contrebandiers utilisaient autrefois le solide pottok pour passer des marchandises au-delà des Pyrénées – et en ramener.

Le poney australien

C'est sans doute l'un des poneys de sport les plus intéressants. Cette race récente se révèle extraordinairement polyvalente. Mais ce poney de caractère n'est pas à mettre entre toutes les mains.

UN MÉTISSAGE RÉUSSI

C'est un peu le petit dernier des races australiennes. On ne compte plus les races asiatiques, orientales et anglaises dont le sang coule dans les veines du poney australien. Malgré ces nombreux mélanges, le cocktail reste détonant !

UN CONTINENT VIERGE DE CHEVAUX

L'Australie est l'un des rares continents que les chevaux n'ont pas conquis avant l'ère de l'homme. Il n'y a donc jamais eu d'équidés dans cette grande île avant que des humains n'en importent. Les premiers sabots à se poser sur la terre australienne furent ceux de chevaux de type mongol, parfois mâtinés d'arabe, en provenance d'Indonésie. Ces petits chevaux asiatiques devaient constituer la souche locale. Ce sont peut-être eux qui ont donné au poney australien une certaine rusticité et la faculté de supporter un climat très chaud.

UN PONEY MELTING-POT

À partir de 1788, c'est d'Afrique du Sud que furent importés d'autres chevaux, dont le type reste mal déterminé. Puis, les chevaux arabes arrivèrent d'Inde depuis le port de Calcutta. Comme toujours, ceux-ci imprimèrent fortement leur marque. Mais le poney australien est également très marqué par diverses races de poneys anglais que les marins britanniques importèrent en nombre. Ainsi, l'exmoor, le shetland, le new forest, le hackney, mais surtout le welsh montagne apportèrent, eux aussi, leur contribution au poney australien.

Kit Houghton

Le poney australien se prête à la randonnée avec la même grâce et le même talent qu'aux disciplines olympiques.

UN ÉTALON MARQUANT

Au sein du stud-book de la race, l'étalon welsh montagne Dyoll Greylight peut sans doute être considéré comme un des pères fondateurs du poney australien. Ce cheval qui ressemblait, dit-on, à un arabe miniature, fut acheté en 1911 à prix d'or. On retrouve paraît-il son influence dans les poneys australiens contemporains.

Bob Langrish

LE SAVIEZ-VOUS ?

La société qui gère le livre généalogique de tous les poneys en Australie se nomme l'Australian Pony Stud-Book Society. Elle enregistre des poneys de onze races différentes : le poney australien, bien sûr, mais aussi le shetland, le hackney, le connemara, le dartmoor, le highland, le new forest, les welsh A, B, C, et D. Soit près de 27 000 poneys en tout. Cette société mère du poney en Australie compte des branches dans chacun des États du pays.

Kit Houghton

DES ORIGINES TRÈS IMPRÉCISES

Peu de poneys peuvent se vanter d'être les produits d'un tel brassage génétique. Pourtant, l'australien a un physique plutôt classique. Il ressemble à un poney britannique. Il faut le connaître pour apprécier sa personnalité hors du commun, sa rusticité et sa capacité de supporter les climats les plus extrêmes.

La robe palomino est assez fréquente chez le poney australien – moins, toutefois, que la robe grise.

Le coin du pro

Le poney australien est un des poneys de sport les plus polyvalents. Il brille dans chacune des trois disciplines olympiques : le saut d'obstacles, le concours complet et le dressage. Sa taille relativement grande en fait également un poney d'attelage tout à fait convenable. Il existe une autre discipline dans laquelle le poney australien fait des merveilles : il s'agit des pony-games anglais. Merveilleusement réactif, prompt à tourner et rapide à la course, le petit prodige de l'hémisphère sud est sans conteste un surdoué pour tous les jeux équestres.

Type et tempérament

Il ressemble principalement aux poneys anglais dont il est issu, mais il a su prendre le meilleur de chacune des nombreuses races qui ont participé à sa création. C'est devenu un poney de sport particulièrement performant.

Modèle

Il tient du poney welsh de type B et du pur-sang arabe. Son profil est plutôt rectiligne, sa tête racée avec de petites oreilles. Ses naseaux sont ouverts. Il a du coffre et une encolure légèrement en col-de-cygne. Il est un peu plus fin que ses cousins britanniques avec, tout de même, une solide charpente osseuse. Ses canons sont courts et ses pieds excellents. La constitution de son avant-main et l'orientation oblique de son épaule évoquent davantage la conformation d'un cheval que celle d'un poney. Enfin, ses allures souples et étendues le rendent particulièrement confortable malgré sa petite taille.

Taille

Il mesure entre 1,22 et 1,42 m au garrot.

Robes

Toutes les robes sont admises à l'exception du pie. La robe grise est cependant, de loin, la plus fréquente.

Caractère

C'est un poney plein d'allant qui sait faire preuve de personnalité. Le slogan qu'utilisent les éleveurs pour en faire la promotion est : « Il sait tout faire ! Votre cœur en rêve, le poney australien le fait ! » Et il est vrai que ce poney brille aussi bien en pony-games qu'en attelage, en équitation western ou en dressage.

Kit Houghton

Bob Langrish

Le dales

Ce puissant petit cheval noir a fait ses preuves en matière d'endurance et de force. Cette race encore rare a aujourd'hui des amateurs inconditionnels qui cherchent à en développer l'élevage.

BEAU ET FORT

D'abord élevé pour le bât et le trait par les fermiers anglais, le dales est aujourd'hui un poney de loisir qui fait merveille sous la selle et à l'attelage.

UN TRAVAILLEUR INFATIGABLE

Comme la plupart des poneys britanniques, le dales fut d'abord un rustique petit cheval de travail, exploité principalement par les agriculteurs de sa région. Il servait à la fois dans les champs, notamment à l'époque des récoltes, et sur les routes, pour le transport de toutes sortes de marchandises. C'était aussi un cheval de selle rapide et confortable, dont la force et la résistance faisaient merveille lors des interminables chasses à courre.

DES KILOMÈTRES À PIED...

Au XIXe siècle, il fut beaucoup employé pour le transport des minerais – du minerai de plomb, en particulier. De longues files de poneys bâtés, chargés parfois de 100 kg de minerai, menés par un ou deux cavaliers, parcouraient ainsi les quelque 400 km qui séparaient la mine du premier port. Le trajet quotidien comptait souvent 80 km.

Au retour, on chargeait les paniers d'outils et de produits divers pour les mineurs et leurs familles.

Le saviez-vous ?

Les pieds du dales, faits d'une corne noire bleutée caractéristique, sont extrêmement durs.

Kit Houghton

Le dales a de belles allures et, notamment, un trot ample et élégant du plus bel effet en dressage ou à l'attelage.

PORTÉS DISPARUS ?

Leur endurance et leur rapidité attirèrent sur les dales, hélas, pendant la Première Guerre mondiale, l'attention des recruteurs. Plus de 200 de ces solides poneys furent ainsi réquisitionnés – sans espoir de retour. Les dales servirent aussi, dans l'artillerie,

Bob Langrish

LE COIN DU PRO

Le dales est un remarquable compagnon en randonnée : endurant, au pied sûr, avec des allures actives mais confortables, il se montre toujours plein d'énergie et bien disposé.

Kit Houghton

lors de la Seconde Guerre mondiale. Mais un nombre plus impressionnant encore de poneys finirent sous le couteau du boucher, après les années 1950, lorsque la plupart des agriculteurs adoptèrent le tracteur.

En 1955, le stud-book, créé en 1916, n'enregistrait que quatre pouliches.

UN PONEY RARE

La Société pour l'Amélioration du Poney Dales avait envisagé dès 1940 la nécessité d'un plan de sauvegarde de ce poney qui fut classé « en voie d'extinction » jusqu'en 1970 – pour devenir alors une espèce rare. Aujourd'hui, on ne dénombre guère plus de 600 dales dans le monde.

UN ANIMAL PUISSANT

Aimable mais doué de beaucoup de tempérament, le dales est un poney polyvalent, rapide et puissant qui convient mieux aux adultes qu'aux jeunes enfants.

ORIGINE

Le dales est originaire des Pennines, comme le fell, auquel il fait parfois songer. Il est toujours élevé dans sa région d'origine, mais aussi aux États-Unis et au Canada, où il a beaucoup d'amateurs.

La plupart des dales sont noirs ou bruns, mais le gris est admis. En vieillissant, les gris blanchissent et contrastent fortement avec leurs compagnons !

Monnier/Cogis

Kit Houghton

Type et tempérament
Solide, puissant, bien bâti, le dales jouit de surcroît d'allures rapides et élégantes et d'un bon coup de saut.

Modèle
La tête est fine, expressive, parfois un peu longue, avec un chanfrein rectiligne ou à peine busqué. Les oreilles sont petites et bien dessinées, le nez rond. Le corps est bien proportionné, avec une belle encolure, le dos plutôt long et la croupe ronde et puissante. L'épaule est parfois un peu courte. L'ensemble dégage une impression de force. Les membres sont plutôt longs et fins, avec des articulations solides.

Monnier/Cogis

Taille
1,42 m au garrot en moyenne.

Robe
Noire ou brun foncé. Quelques gris. Les crins sont abondants et soyeux. Seules marques blanches admises : étoile en tête, principe de balzane à l'un des postérieurs.

Tempérament
Courageux, équilibré, persévérant, le dales semble toujours bien disposé. Il est toutefois doté d'un fort tempérament à la mesure de sa puissance et de son énergie : il convient donc mieux aux adultes ou aux enfants déjà cavaliers qu'aux débutants.

GROS PLAN

Les marques blanches sont tout juste tolérées : une petite étoile en tête – ce poulain ne sera pas forcément admis au stud-book – et un principe de balzane au maximum à l'un des postérieurs !

Le saviez-vous ?

Le dales est un poney par sa taille, mais il est remarquablement fort : il peut porter jusqu'à 125 kg et tirer une tonne.

Le northland

Ce poney norvégien très rustique a failli disparaître et reste, encore aujourd'hui, rare. Il est employé sous la selle et le bât et semble promis, dans son pays d'origine, à un bel avenir comme poney de loisir et de sport.

UN PONEY VENU DU FROID

Élevé à l'origine au-delà du cercle polaire arctique, le northland est, bien sûr, un poney des pays froids, sobre et remarquablement résistant.

POUSSÉ VERS LE NORD

Les lointaines origines de ce poney restent mal établies : dans l'état actuel des connaissances, il semblerait que ce petit cheval soit venu de l'est, poussé vers le nord-ouest par différentes circonstances (climat, végétation, prédateurs, etc.). Il se serait alors installé dans les pays nordiques, et particulièrement en Norvège, où il s'est développé au fil des siècles et a été largement utilisé comme poney de travail, de selle, de trait ou de bât.

MENACÉ D'EXTINCTION

Comme pour beaucoup d'autres races de chevaux ou de poneys de travail, le cheptel du northland a sérieusement diminué avec l'avènement de la mécanisation et le règne de l'automobile. Les conditions particulières de son pays, où les routes, dans certaines régions, sont encore rares, en faisaient toutefois un compagnon encore utile, parfois même indispensable. Néanmoins, à la fin de la Seconde Guerre mondiale, la race était au bord de l'extinction.

UNE GRANDE DISPARITÉ

Dès la fin de la guerre, des éleveurs regroupèrent leurs efforts pour tenter de sauver le northland : les conditions économiques très difficiles, la rareté des animaux ne rendaient pas aisé ce projet. Un studbook fut ouvert et le standard de la race défini. Toutefois, de grandes disparités persistèrent en fonction des zones d'élevages et des croisements entrepris. Les éleveurs s'efforcent aujourd'hui d'unifier davantage le type pour aller vers un poney de loisir polyvalent et assez léger.

LE TYPE LYNGEN ET LE TYPE LOFOTEN

Aujourd'hui encore, on distingue divers types – comme en témoignent les appellations variées de ce poney selon la région où il vit. Les deux principaux sont :

– le lyngen, élevé près de Tromsø, région de fjords située tout à fait au nord du pays, aux confins de la Laponie et de la Finlande ;

Le saviez-vous ?

Le northland est connu pour sa remarquable fertilité, qui persiste jusqu'à un âge avancé.

Bob Langrish

Bob Langrish

GROS PLAN

Northland horse, nordland, lyngen ou lyngshest, le northland a autant de noms qu'il en existe de types. Les éleveurs tentent d'unifier sa production pour proposer un poney de loisir polyvalent qui, tout en conservant la force et la rusticité caractéristiques de la race, présente des aptitudes pour l'équitation sportive.

– le nordland, plus proche du lofoten – poney originaire des îles du même nom, un peu plus au sud mais néanmoins au-delà du cercle polaire.

Le type lyngen serait plus massif, à la fois plus large et plus grand, presque toujours alezan, tandis que le type lofoten serait plus petit, avec des crins plus fournis et des robes variées.

UN ÉLEVAGE EN PLEIN DÉVELOPPEMENT

Cantonné, à l'origine, aux frontières de la Laponie et de la Finlande, le northland est aujourd'hui élevé dans toute la Norvège.

ORIGINE

Poussé par quelque motif impérieux, le northland serait remonté, des régions de l'est, vers le nord-ouest, où il s'est installé et est encore élevé aujourd'hui. Habitué aux conditions rigoureuses du nord de la Norvège, c'est un animal extrêmement rustique.

Bon à savoir

Habitué aux conditions climatiques les plus rudes, le northland est un poney rustique qui doit vivre dehors. Il s'adapte mal à la chaleur et à la sécheresse.

Type et tempérament

Le northland est un poney bien bâti, doté d'un modèle harmonieux. De grandes variations sont toutefois possibles d'un type à l'autre : on trouve des animaux qui présentent un modèle semi-lourd, parfait pour la randonnée et le bât, et d'autres, qui ont un profil plus léger, mieux adapté au sport.

Modèle

La tête est fine et expressive, le chanfrein droit et le front large. L'encolure est bien plantée, souvent un peu massive, l'épaule correctement inclinée et le garrot moyennement sorti. Le dos est droit et fort, le rein large, la croupe souvent inclinée. Le passage de sangle est assez profond, le poitrail parfois un peu étroit. Les membres sont plus ou moins longs et fins selon les types, mais toujours déliés. Les pieds ronds sont adaptés aux sols humides. Les crins sont abondants et épais.

Taille

La taille est assez variable d'un type à l'autre, la moyenne se situant autour de 1,45 m.

Bob Langrish

Robe

Toutes les robes sont acceptées sauf les robes pie et les robes isabelle.

Caractère

Doué d'un tempérament énergique et aimable, le northland est facile à dresser et se laisse manipuler avec beaucoup de gentillesse. C'est un poney de loisir agréable et infatigable, qui se prête bien sûr fort bien à la randonnée dans les contrées du nord. Certaines lignées ont des aptitudes pour le saut.

Bob Langrish

D'un type à l'autre, le northland est plus ou moins lourd. De nombreux croisements ont été entrepris, et l'on reconnaît parfois chez lui l'influence d'autres races, comme celle du poney suédois.

Bob Langrish

Dagli Orti/Musée du Louvre, Paris

LES CHEVAUX DANS L'HISTOIRE

Le cheval dans l'art préhistorique

Les représentations d'animaux et les figures symboliques trouvées dans de nombreuses grottes, principalement en France et dans le nord de l'Espagne, remontent, pour les plus anciennes, à 30-35 000 ans.

UN ESPRIT ET DU GIBIER

On ne saura probablement jamais dans quel but les peintures, les gravures et les sculptures préhistoriques ont été créées ni ce qu'elles pouvaient signifier.

UNE DÉCOUVERTE STUPÉFIANTE

La première découverte de peintures préhistoriques remonte à 1879. La grotte d'Altamira, dans le nord-est de l'Espagne, livrait alors ses extraordinaires représentations d'animaux.

Mais personne ne s'imaginait qu'il s'agissait là d'œuvres réalisées par des artistes de l'âge de la pierre. Les meilleurs spécialistes crièrent à la supercherie, tant ces œuvres étaient belles, intactes, achevées et techniquement sophistiquées. Le père de la jeune fille qui découvrit Altamira, Marcelino de Santuola, qui était un archéologue amateur, fut même accusé de contrefaçon !

LA DERNIÈRE PÉRIODE GLACIAIRE

Mais dès la fin du XIXe siècle et au cours du XXe, de nouvelles découvertes faites en France (La Mouthe et surtout Lascaux, en 1940) permirent de mieux préciser les origines et l'âge de ces étonnantes peintures exécutées, le plus souvent, en rouge, brun, ocre et noir.

L'analyse des outils et des objets travaillés, des déchets et des ossements retrouvés dans les 230 grottes connues à ce jour montre que cette production artistique couvre une période allant de 35 000 à 12 000 ans avant notre ère. Elle est contemporaine de la dernière période glaciaire. Le climat de l'Europe ressemblait, alors, à celui de la Sibérie actuelle.

CHASSEURS ET SEMI-NOMADES

Les régions du sud-ouest de la France et du nord-est de l'Espagne sont celles où l'on a retrouvé le plus grand nombre de sites préhistoriques décorés. Le rhinocéros laineux et le mammouth, le bison et le renne y étaient chassés par des troupes d'hommes qui suivaient leurs migrations, vivaient l'été dans des campements et, l'hiver, à l'entrée de cavernes ou sous des abris naturels.

RÉALISME OU SYMBOLISME ?

Les savants ont encore de nombreux problèmes à résoudre, beaucoup de questions n'ayant pas, aujourd'hui encore, trouvé de réponse convaincante.

Dagli Orti/IGDA. Reconstitution de la grotte de Lascaux, détail, musée des Antiquités nationales, Saint-Germain-en Laye.

GROS PLAN
Le principe mâle

Nos lointains ancêtres, religieux à leur manière, utilisaient l'image et le signe comme des symboles. Ceux-ci leur permettaient de se représenter le monde réel et d'en évoquer les mystères. On pense aujourd'hui que le cheval (ci-dessous, une tête de cheval en os), souvent associé au bison, devait représenter l'élément mâle dans une cosmologie solidement structurée.

Dagli Orti/IGDA (Musée national, Trente)

Seemuller/IGDA

Le site d'Aspeberget, en Suède, présente de très belles gravures rupestres, comme ce guerrier à cheval qui date d'environ 3 000 ans.

Ainsi : les peintures rupestres ont-elles une valeur scientifique, c'est-à-dire peut-on fonder sur elles l'étude de l'évolution du cheval ? Certains le pensent et décrivent diverses espèces et sous-espèces, tandis que, pour d'autres, il n'y a là que des images symboliques, dont les particularités anatomiques ne sont pas significatives et qui, d'ailleurs, manquent de précision.

LE CHEVAL-GIBIER

L'archéologie montre que les chevaux représentés sur les parois des grottes d'Altamira et de Lascaux n'étaient que des proies pour les hommes de l'époque. On doit, en effet, attendre la fin de l'âge du bronze pour voir apparaître le mors et certaines pièces de harnachement. Il a donc fallu des millénaires aux habitants des steppes asiatiques pour domestiquer les ancêtres du cheval de Prjevalski.

Bon à savoir

Lascaux et Altamira

Parmi les grottes les plus célèbres, Lascaux, près de Montignac, en Dordogne (France, découverte en 1940), et Altamira près de Santander (Espagne, 1879) ont livré les plus extraordinaires chefs-d'œuvre de la préhistoire.

À Lascaux, la plus grande décoration montre de très grands taureaux et des chevaux (le plus grand mesure 5,50 m de longueur), accompagnés de cerfs et de bisons de plus petite taille. Une cellule voisine est consacrée spécialement aux chevaux.

DE LA PEINTURE À LA DOMESTICATION

Si nos ancêtres préhistoriques savaient dessiner, ils n'avaient pas encore les connaissances suffisantes pour domestiquer les animaux. Le cheval, d'ailleurs, a résisté longtemps à la domestication.

LE LIEN ET LA CLÔTURE

Capturer un animal signifie qu'on saura l'attacher et qu'on dispose d'un lieu où l'enfermer. Or, l'homme du paléolithique ne devait pas savoir tresser une corde et les lianes naturelles ne pouvaient retenir que de petits animaux.

D'autre part, il n'était pas encore capable de concevoir un enclos et de l'entourer de palissades suffisamment solides.

LE SAVIEZ-VOUS ?
Des milliers de squelettes

La falaise qui borde la roche de Solutré, près de Mâcon, fut un gigantesque abattoir préhistorique où, par hardes entières, des chevaux ont été précipités au bas des rochers, dépecés et consommés. Les fouilles ont permis de découvrir des milliers de squelettes entassés.

UN PROJET ET DE LA PATIENCE

Domestiquer un animal, c'est aussi le résultat d'un raisonnement : il s'agit d'entreprendre une action sans résultat immédiat, qui présuppose une projection dans l'avenir et une analyse du comportement de l'animal et de son évolution, c'est-à-dire du passage de l'état sauvage à l'état de domestication.

En Afrique du Nord, le cheval fut domestiqué il y a environ 3 000 ans. Ci-dessous, une peinture rupestre découverte dans le massif de l'Akakus, en Libye.

Marchelli/IGDA

Les chevaux des croisés

Huit croisades ont eu lieu entre 1097 et l'an 1300. Les chevaliers qui partaient délivrer ou défendre la Terre sainte emmenaient leur lourd destrier. Sans vraiment savoir à qui ils allaient devoir se mesurer.

LE CHOC DE DEUX CULTURES ÉQUESTRES

Les croisades ont mis en présence des guerriers chrétiens et des guerriers musulmans, qui n'avaient pas la même conception de l'équitation et du combat. Le résultat ena pour ainsi dire été un match nul.

UN VOYAGE SOUVENT ÉPROUVANT

Pour gagner la Terre sainte, les croisés ont suivi deux itinéraires. Certains ont suivi le Danube, puis traversé les territoires correspondant aujourd'hui à la Turquie et au Liban. D'autres ont emprunté la voie maritime, comme ce fut le cas pour Richard Cœur de Lion (3e croisade, 1189-1192) et saint Louis (7e croisade de 1248 à 1254, et 8e croisade, en 1270). Pour les chevaux, le voyage n'était pas du tout le même. Par terre, ils subissaient un entraînement forcé profitable à leur forme – quand ils ne s'épuisaient pas. Par mer, ils souffraient d'une immobilité prolongée dans les cales des bateaux, qui les affaiblissait. Les chevaliers arrivaient donc sur le terrain des opérations avec une cavalerie pas toujours prête au combat.

LE HANDICAP DU CLIMAT

Dès les premiers contacts avec les troupes musulmanes, force fut aux croisés de constater que leurs façons de guerroyer n'étaient pas adaptées au pays chaud dans lequel ils venaient d'arriver. Le port de l'armure ou, même, de la simple cotte de maille était pénible sous le soleil ardent. Sous le poids des armures et de l'armement, les chevaux transpiraient abondamment sans pouvoir s'abreuver autant que nécessaire. De plus, ils devaient progresser sur des terrains souvent sablonneux et mous. Autant dire qu'un croisé en selle était assez peu mobile.

(miniature, bibliothèque de l'Escurial, Espagne, XIIIe s.)

LES CAVALIERS DE L'ISLAM

Ignorant presque totalement l'armure, les Bédouins musulmans portaient des vêtements flottants qui les protégeaient de la chaleur. Leur armement se composait le plus souvent d'un sabre courbe et d'un bouclier de cuir tendu, auxquels s'ajoutait parfois un arc.

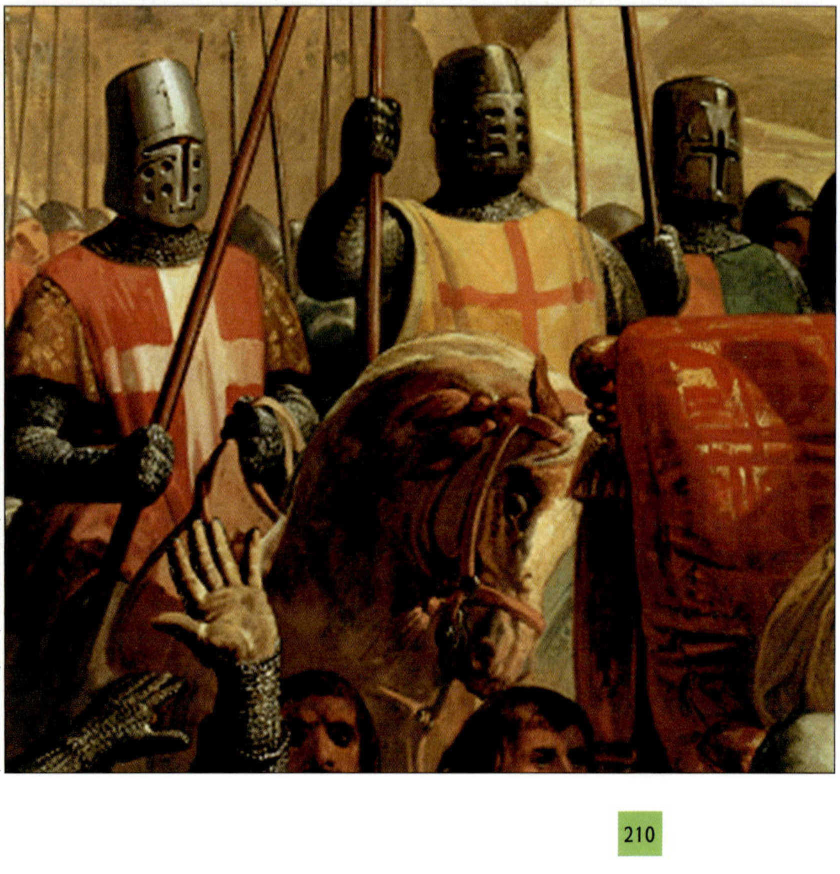

(Bataille d'Ascalona, détail, musée de Versailles)

Bon à savoir

Reconquérir la Terre sainte

Après les invasions des armées de l'Islam, à partir de 700 ap. J.-C., dans différentes parties de l'Europe, notamment en France et en Espagne, les rois et les empereurs occidentaux comprennent qu'il leur faut réagir vivement pour sauvegarder la chrétienté. Charlemagne, champion de la foi chrétienne, se fait couronner empereur en 800. C'est pour défendre la foi chrétienne que les chevaliers, deux siècles plus tard, partiront des différentes parties de son empire avec l'intention de reprendre la Terre sainte aux infidèles. Godefroy de Bouillon mène la première croisade en 1097. Jérusalem est prise par les chrétiens en 1099. Sept autres croisades seront entreprises en deux cents ans.

(S. Tahssin, musée National de Damas)

La reddition des croisés devant Saladin après la bataille de Hattin, en 1187.

Mais surtout, ces cavaliers montaient de vifs chevaux arabes. Leur armement léger et leurs montures rapides leur permettaient d'effectuer des manœuvres rapides et de couvrir des distances importantes en un temps record. Enfin, les Bédouins ne montaient pas la jambe tendue, comme les chevaliers : ils chaussaient court. Dressés sur leur étriers, ils pouvaient asséner de puissants coups d'épée.

Y A-T-IL EU UN HÉRITAGE DES CROISADES ?

Les croisés ont découvert en Terre sainte des cavaliers bien différents. En ont-ils tiré un enseignement ?

À QUI L'AVANTAGE ?

Les chrétiens chargeaient lourdement, alors que les musulmans virevoltaient comme des abeilles. Les uns cherchaient à désarçonner leurs adversaires, les autres voulaient tailler l'ennemi en pièces.

Les chevaliers ne trouvaient pas les cibles auxquelles ils étaient accoutumés, et les Bédouins brisaient leurs lames sur le fer des armures. Personne n'a vraiment gagné car, si les chrétiens ont pris Jérusalem et y ont fondé un éphémère royaume, les musulmans ont fini par les en chasser.

UN PEU D'ENVIE ?

Les chevaliers ont probablement envié les montures plus rapides et plus maniables de leurs adversaires. Ils ont sans doute admiré aussi l'endurance des petits chevaux orientaux. Mais ceux-ci n'auraient pu les porter bien longtemps, eux et leur pesant armement. Ils ont probablement apprécié la liberté de mouvement de leurs adversaires, notant combien la monte genoux fléchis donne de l'aisance en selle.

Mais chevaucher jambes tendues permettait aux chevaliers de prendre appui sur les étriers et d'utiliser la lance. En fait, les chevaliers, attachés à leur tradition, ont tiré peu d'enseignements de leur confrontation avec les Orientaux. Ils n'ont pas modifié leur équitation. Mais ils ont rapporté quelques chevaux arabes, qui devaient, au fil des siècles, influencer progressivement les races européennes.

Cotte de maille, armure, bouclier et pesante épée, les croisés n'étaient pas préparés pour lutter contre des cavaliers légers et mobiles.

(extrait de *Liber Floridus*, université Royale, Leiden)

Au temps des chevaliers

Le chevalier en armure, c'est saint Georges, patron des cavaliers. C'est aussi Bayard, « sans peur et sans reproche », adoubant François Ier sur le champ de bataille. Mais ces images de légende sont-elles fidèles à la réalité ? (En bas, La bataille de San Romano*, de Paolo Uccello.)*

CINQ SIÈCLES DE COURAGE ET DE PANACHE

La chevalerie, institution guerrière teintée de religion, est apparue vers l'an 1000, sous le règne d'Henri Ier. Et elle n'a disparu qu'avec le fameux Bayard, vers 1500.

CHEVALIERS ET CHANSONS DE GESTE

Durant tout le Moyen-Âge, la chevalerie a occupé une place importante dans la société, qu'elle a influencée sur les plans moral, artistique et culturel. Ses héros furent portés aux nues par trouvères et troubadours dans les chansons de geste, qui idéalisaient les faits d'armes des guerriers célèbres.

UNE ÉDUCATION POUR UN TITRE

Qui pouvait devenir chevalier ? Tout d'abord, n'importe quel cavalier s'avérant bon guerrier. Mais, assez rapidement, la noblesse accapara la chevalerie pour en faire une caste fermée et réservée à ses seuls membres.

Exemptée d'impôt, elle s'engageait à verser le sang bleu de ses hommes pour défendre le pays au moindre appel du roi. Le jeune noble destiné au métier des armes n'apprenait guère à lire et à écrire. Toute son éducation était basée sur le maniement de l'épée, de la masse d'arme et de la lance, et sur une équitation sans doute assez simple.

BN, Paris

Le saviez-vous ?

La noblesse – qui au Moyen-Âge était exemptée d'impôt – payait son tribut au roi en sang versé sur les champs de bataille. Les jeunes nobles destinés à la chevalerie, quand ils provenaient d'une famille aux moyens limités, ne pouvaient s'offrir que des haridelles et des « lances » modestes. La plupart d'entre eux trouvaient la mort au combat.

Dagli Orti/Musée du Louvre, Paris

GROS PLAN

Les éperons blessants et les brides redoutables employés au temps de la chevalerie évoquent une équitation plutôt brutale.

Dagli Orti/Bibl. Museo Civico, Padova

Bulloz/BN, Paris

ADOUBEMENT ET RÈGLES DE VIE

Lorsqu'il avait fait ses preuves, après une veillée d'armes – une nuit de prière –, le jeune homme était adoubé par un chevalier en titre, qui lui posait symboliquement son épée sur l'épaule.

Au cours de cette cérémonie, toujours bénie par un prêtre, le nouveau chevalier s'engageait à respecter certaines obligations morales : loyauté, protection des faibles, défense de l'Église, etc.

UN GUERRIER TRÈS ENTOURÉ

Pendant plusieurs siècles, les chevaliers ont constitué l'élément majeur de l'ost royal (armée). À l'appel de leur suzerain, les lances arrivaient sur le lieu fixé pour le rassemblement. Une « lance » réunissait un chevalier et ses gens. C'était d'abord un écuyer, menant de la main droite – la dextre – le « destrier », le cheval de bataille, qu'il fallait garder frais pour le combat. Les sommiers – animaux de bât – portaient l'armure du guerrier, ses biens et ses provisions. Parmi les serviteurs marchant à pied figuraient des coutiliers, chargés d'occire les ennemis tombés à terre – et empêchés par leur armure de se relever…– en les poignardant au « défaut de la cuirasse ». Pour voyager, le chevalier montait un « ronssin », cheval de peu de prix, en oubliant son palefroi de parade laissé au château, à côté de la haquenée de son épouse, confortable monture marchant l'amble.

UNE ÉQUITATION TRÈS SIMPLE

L'équitation des chevaliers n'était guère élaborée. Écrasés par le poids de l'armure, les chevaux n'étaient pas très mobiles, à peine plus que leur cavalier engoncé dans une carapace de métal.

LA DIFFICILE REMONTE

Au Moyen-Âge, l'élevage ne représentait qu'un appoint pour les nobles disposant de terres. Beaucoup de seigneurs laissaient des chevaux se reproduire en liberté, dans les zones impropres à la culture : forêts, landes ou marais. Des animaux étaient prélevés chaque année sur les hardes.

Le saviez-vous ?

On connaît en fait très mal l'équitation des chevaliers. Cela n'a rien d'étonnant, puisque ces jeunes nobles n'apprenaient guère à tenir la plume. Mais il est probable qu'ils se contentaient d'apprendre aux chevaux la « reculade », une esquisse de pirouette lourdement exécutée lorsque le chevalier était en armure, une sorte de levade et une ruade de commande (voir le cheval de droite) qui permettait d'éloigner les attaquants perfides. (Paolo Uccello, La bataille de San Romano, *détail.)*

Le saviez-vous ?

Des jeux guerriers
En temps de guerre, les chevaliers ne manquaient pas d'occasions pour montrer leur bravoure. Et, en temps de paix, les tournois leur permettaient d'étaler leur maîtrise des armes. Ils s'y mesuraient devant les dames, avec la possibilité de défendre les couleurs de l'une d'elles ! Lorsque les joutes étaient des combats « à plaisance », elles demeuraient des jeux. Mais quand elles étaient « à outrance », elles ne prenaient souvent fin qu'avec la mort d'un des deux adversaires !

On recherchait avant tout la force et la solidité nécessaires pour porter le chevalier et son armure pesante. Ces animaux mesuraient souvent moins de 1,40 m. C'est parmi ces « élevages » que le chevalier choisissait le fameux destrier réservé au combat. Les haridelles prédominaient, mais il existait tout de même de beaux et bons chevaux : des sujets exceptionnels réservés aux gens très fortunés.

UNE ÉQUITATION RUDIMENTAIRE

Imaginons un chevalier en armure et à pied. Coincé dans sa protection métallique, il ne parvenait à se déplacer que maladroitement. Chacun de ses pas sonnait la ferraille! Se mettre en selle sans aide lui était difficile. Et, lorsqu'il avait encastré sa culotte de fer dans la selle à piquer, ses mouvements se trouvaient assez limités. Il ne pouvait rien faire d'autre qu'éperonner sa monture surchargée ou tirer sur les rênes pour la ralentir ou l'arrêter. Le tact, l'assiette et, plus généralement, la recherche d'une certaine finesse dans les aides n'étaient pas compatibles avec l'armure.

Nimatallah/Palais des Offices, Florence

Les chevaux de bataille

Les chevaux de bataille sont restés durant de nombreux siècles le fer de lance des armées. Ce n'est que très récemment que les cavaliers ont commencé à disparaître des corps militaires.

DES COMBATTANTS À QUATRE PIEDS

Tout au long de l'histoire, les chevaux de bataille ont eu des qualités fort diverses, celles-ci variant en fonction des tactiques de combat et de l'armement des guerriers.

AVANT L'ÉTRIER

Avant l'invention de l'étrier et, même, avant que celui-ci fût d'un usage courant, les guerriers à cheval avaient principalement recours à une tactique : ils se lançaient vers les rangs ennemis et s'arrêtaient à bonne portée pour décocher une flèche ou lancer un javelot, puis faisaient demi-tour et battaient en retraite au galop. Ils répétaient généralement cette manœuvre un bon nombre de fois au cours d'une même bataille. Ils avaient donc besoin de chevaux maniables et endurants.

LE COMBAT PAR LE CHOC

Au début du Moyen-Âge, l'étrier permit aux cavaliers une stabilité bien plus grande. C'est grâce à lui que le combat à la lance, avec les chocs qu'il implique, devint rapidement le seul pratiqué. Pour s'y livrer, les chevaliers se protégeaient à l'aide d'une pesante armure. Les armes employées étaient elles aussi d'un poids considérable : lance, épée à double tranchant, masse d'arme, etc. Ainsi équipés, ces cavaliers ne pouvaient compter que sur des montures très solides. Les chevaux de bataille de cette époque ressemblaient davantage à un cheval de trait qu'à un fringant coursier. D'ailleurs, ils se déplaçaient le plus souvent au pas.

AKG Photo/Berlin, Coll. Archiv für Kunst und Geschichte

Le clairon des gardes à cheval du Régiment Royal britannique au XIXe siècle. Notez le modèle du cheval, très marqué par le sang ibérique et le sang arabe.

AKG Photo/Moscou, Galerie Tretiakoff

VERS UN ALLÉGEMENT

Au XVe siècle, une nouvelle invention, l'arquebuse, a conduit les chevaliers à choisir différemment leur cheval de bataille. L'apparition de cette arme à feu entraîna l'abandon de l'armure – qui n'arrêtait pas les balles. Libérés de leur encombrante protection, les cavaliers comprirent que leur meilleur atout, en selle, était leur rapidité. Ils abandonnèrent donc les chevaux lourds et recherchèrent des modèles plus légers et plus vifs... auxquels ils durent apprendre à ne pas craindre les détonations !

DE LA GUERRE À L'ART

Les chevaliers, embarrassés par leur « quincaillerie », n'avaient pas développé une équitation élaborée. Pendant des siècles, limités dans leurs gestes, ils s'étaient contentés de s'asseoir sur une monture handicapée par

Le saviez-vous ?

Le choix

Quels que soient les besoins du guerrier, il devait porter son choix sur un animal calme et sans peur. Car un champ de bataille a toujours été un lieu effrayant.

leur poids, qu'ils ne pouvaient que pousser des éperons et arrêter en tirant sur un mors sévère. Une fois dégagés de leur carcan et montés sur des chevaux plus mobiles, les cavaliers se sont préoccupés de développer une équitation plus subtile afin de tirer parti des capacités et des aptitudes du cheval. L'objectif premier était de mettre au point un dressage qui rendrait cavaliers et chevaux plus efficaces au combat. Mais, au fil d'un curieux processus, cette recherche devint une fin en soi et donna naissance à ce qu'on appelle aujourd'hui l'art équestre.

CAVALERIES ET CHEVAUX SPÉCIALISÉS

Après l'abandon de l'armure, les cavaleries se sont diversifiées pour s'adapter aux diverses tâches qu'elles devaient assumer.

TOUJOURS LE POIDS DU CAVALIER

Pour faire un bon éclaireur, un cavalier devait être rapide, donc léger, car le poids limite la vitesse du cheval. Les hussards, par exemple, étaient légèrement armés et dotés de chevaux fins et rapides. À l'inverse, les cuirassiers, dont la principale mission était la charge, portaient une cuirasse – comme leur nom l'indique – et étaient pesamment armés. Ils montaient des chevaux avant tout porteurs.

Le saviez-vous ?

Pénurie, pénurie...

Selon les époques, les techniques de combat et les armes, le cheval de bataille a dû répondre à des critères plus ou moins rigoureux. Mais le guerrier ne trouvait pas toujours la monture dont il avait besoin. Car, au fil des siècles, sauf dans quelques zones d'élevage privilégiées, la production de bons chevaux n'a jamais suffi à la demande des combattants.

AKG photo/Lithographie tirée du *Livre des tournois du duc Guillaume de Bavière*

Un fois équipé et monté, le destrier des chevaliers du Moyen-Âge ne pouvait guère se déplacer avec vivacité !

LE PÈRE DU RÉGIMENT

Au sein d'une unité de cavalerie légère, les cavaliers pouvaient être de corpulence et de poids fort variables.

Fort de cette constatation, Marbot, officier sous l'Empire, veilla à ce que les plus lourds de ses hommes fussent dotés de « chevaux plus grands et plus corsés que ceux affectés d'ordinaire aux hussards ».

L'ÉLITE

Les qualités, la force, l'endurance, la vitesse des chevaux sont évidemment très variables : c'est pourquoi tous les régiments de cavalerie du premier Empire comportaient une compagnie d'élite. Les cavaliers les plus aguerris y étaient dotés des meilleurs chevaux. Lorsqu'une action éprouvante épuisait les montures du régiment, les chevaux de la compagnie d'élite étaient encore aptes à l'action.

IGDA/Défaite et blessure du roi d'Aragon - Rome, Bibliothèque du Vatican

L'invention de l'étrier, au début du Moyen-Âge, donna au cavalier une assise stable qui permettait les affrontements à la lance.

LE SAVIEZ-VOUS ?

Le destrier

Le mot destrier vient de *dextre*, « droite ». On explique cette appellation de deux façons : ces chevaux furent ainsi nommés parce qu'ils devaient galoper sur le pied droit lors des joutes ; ou bien parce que, quand ils n'étaient pas montés, les écuyers – qui tenaient de la main gauche leur propre cheval ou une bête de somme – les conduisaient de la main droite.

Les chevaux royaux : la France

De l'ère mérovingienne à la période napoléonienne, les chevaux royaux jouent un rôle important dans l'histoire de France. Destriers, palefrois, carrossiers, montures de manège servent aux besoins de la cour. Dès le XVIIe siècle, on les améliore et on les allège.

DES CHEVAUX AU SERVICE DE LA COUR

En France, les chevaux deviennent plus brillants, plus souples et plus légers à l'époque du Roi-Soleil. Ils gagnent en qualité suite à la création de haras royaux et d'écoles de dressage.

DU MOYEN ÂGE À LA RENAISSANCE

De la dynastie des Mérovingiens à celle des Valois, les souverains cherchent à acquérir des chevaux épais et puissants. Leurs montures doivent convenir aux préoccupations premières : la chasse, la guerre, le voyage. Il faut que les destriers puissent porter de lourds chevaliers en armure. Au XIVe siècle, le pouvoir suprême souhaite améliorer sa cavalerie et celle des courtisans. Philippe VI de Valois dispose déjà d'un bon haras de cinquante-six reproducteurs à Domfront, en Normandie. Cependant, les chevaux de l'armée royale française ont besoin d'être améliorés.

Des défaites, comme celle de Crécy-en-Ponthieu, soulignent l'insuffisance de la cavalerie.

Sous François Ier, les écuries royales prennent davantage d'importance. La grande écurie rassemble les chevaux de guerre, de parade et de chasse, la petite écurie les chevaux de carrosse et du roi.

UN ÉLEVAGE INSUFFISANT

Sous Louis XIII, les gens de cour se rapprochent du souverain. Les grands seigneurs de province abandonnent domaines et écuries pour s'installer aux Tuileries ou à Saint-Germain-en-Laye. En conséquence, les élevages locaux sont délaissés et certaines races s'éteignent peu à peu. De plus, l'élevage français manque de reproducteurs de qualité, ce qui oblige les grands à acquérir des chevaux dans des pays voisins comme l'Espagne. L'édit royal de 1639, qui recommande la fondation de haras gérés et financés par l'État, n'est pas suivi d'effet.

P. de Sève, Musée du Château de Versailles/Visioars/AKG Paris

L'écuyer du roi tient le cheval de Louis XIV au cours du siège de Tournai, le 21 juin 1667. ***On voit bien ici le type qui était alors prisé : un cheval très puissant, fortement musclé, mais possédant des membres fins et élégants, sur le modèle du napolitain.***

UN HARAS ROYAL SOUS COLBERT

Il faut attendre l'arrêté de Colbert daté du 17 octobre 1665 pour que l'élevage français prenne tournure.

J.-B. F. Carteaux, Louis XVI, Musée du Château de Versailles/AKG Paris

LE SAVIEZ-VOUS ?

Au VIIIe siècle, le cheval royal est surtout synonyme d'aide militaire. En 732, c'est grâce à sa lourde et résistante cavalerie que Charles Martel gagne la bataille de Poitiers.

A. F. van der Meulen, Musée du Château de Versailles/AKG Paris

L'entrée de Louis XIV et de Marie-Thérèse à Arras le 20 juillet 1667. ***Le moindre déplacement de la cour nécessitait une grande quantité de chevaux attelés aux carrosses et de chevaux montés.***

Grâce au surintendant, le premier haras royal voit le jour à Saint-Léger-en-Yvelines. On y héberge trois cents juments et une dizaine d'étalons marqués à la cuisse d'un L coiffé de la couronne royale, emblème de Louis XIV. Des gardes-étalons dirigent l'élevage suivant une stratégie rigoureuse et clairement définie.

LE XVIIIE SIÈCLE : QUALITÉ ET PRESTIGE

Au XVIIIe siècle, les chevaux royaux acquièrent peu à peu une grande renommée. La création de haras, d'écuries et d'écoles joue un rôle décisif.

L'ESSOR DE L'ÉLEVAGE

Louis XIV décide de transférer l'établissement de Saint-Léger-en-Yvelines sur les terres normandes, dont les riches pâturages donnent des chevaux solides.

GROS PLAN

Les jeunes chevaux destinés au manège de Versailles étaient achetés en Normandie et en Limousin par des courtiers des écuries royales. Au bout de deux ans de dressage, ils pouvaient être employés dans un service correspondant à leurs capacités. Ils recevaient les titres de « brides d'argent» et «brides d'or » s'ils étaient affectés au service du roi.

En 1730, les chevaux royaux sont hébergés dans le nouveau haras, créé dans la ville du Pin. L'État s'efforce d'améliorer les différentes souches équines. Il décide d'importer des reproducteurs du Holstein, du Danemark, du Mecklembourg, d'Angleterre et d'Orient.

DES CROISEMENTS HEUREUX

Un plan d'accouplement entre des juments indigènes et des étalons arabes, barbes, espagnols et napolitains porte peu à peu ses fruits.

Le coin du pro

Pendant le règne de Louis XV le Bien-Aimé, la Maison du Roy accueille 4 000 chevaux royaux. Ces derniers sont employés comme postiers ou montures de chasse.

Les sujets engendrés serviront aux grandioses écuries de Versailles. Plus tard, deux autres dépôts royaux voient le jour : dès 1761, dans le Limousin, à Pompadour, et, en 1768, à Rosières, dans le duché de Lorraine. À la veille de la Révolution française, l'État possède 750 reproducteurs royaux. Les chevaux sont répartis dans les quinze haras nationaux, qui sont supprimés par l'Assemblée constituante en 1790.

Bon à savoir

En 1680, à Versailles, Louis XIV décide de faire bâtir deux écuries royales, juste en face de son majestueux château. Les grandes écuries abriteront les montures de guerre, de parade, de chasse et de manège ; les petites écuries les chevaux d'équipage. Au fil du temps, ces luxueux édifices deviennent de plus en plus prestigieux. Sous Louis XV, ils hébergent 2 500 chevaux – au lieu de 1 000 à l'époque du Roi-Soleil.

Le cheval à longtemps eu, pour rôle prééminent, celui de monture de guerre et les écuries royales comptaient toujours une grande quantité de chevaux destinés aux champs de bataille et aux parades militaires.

A. F. Van der Meulen, Promenade de Louis XIV à Vincennes, Galerie Vieux Maître, Dresde/AKG Paris

En Chine

On sait que les Chinois ont inventé la soie et la poudre à canon – sans parler des feux d'artifice. Mais on ignore souvent qu'ils ont beaucoup apporté dans le domaine de l'utilisation du cheval.

DE LA PRÉHISTOIRE AUX CHEVAUX CÉLESTES

Bien qu'ils aient été parmi les premiers à domestiquer des chevaux, les Chinois ne sont devenus cavaliers que fort tard.

PROGRESSION VERS LA CAVALERIE

En 1300 av. J.-C., les Chinois possédaient déjà des véhicules à roues bien plus perfectionnés que ceux des autres peuples du monde. Ils ont sans doute été parmi les premiers à savoir atteler des chevaux, mais il semble qu'ils n'en aient pas fait grand usage.

C'est sous l'influence des peuples nomades qui les harcelaient aux frontières, et pour mieux les combattre, que les Chinois finirent par adopter l'équitation au IIIe siècle av. J.-C. C'est à la même époque que commence la construction de la Grande Muraille (6 000 km de long) destinée à contenir les envahisseurs venus des steppes mongoles.

LA ROUTE DES CHEVAUX

Sous la direction de l'empereur Wudi (140-87 av. J.-C.), les Chinois entreprirent d'améliorer leur élevage afin de mettre sur pied une cavalerie capable de vaincre et de poursuivre les nomades lors des attaques montées. L'empereur envoya des émissaires en Bactriane (actuel Ouzbékistan), pays réputé pour la valeur de ses chevaux. De nombreuses missions furent également envoyées au Turkestan et dans les montagnes du Ferghana – deux grandes régions d'élevage.

Ainsi fut ouverte la « route des chevaux », qui devint pour les Européens la « route de la soie » : en échange de rouleaux de soie, de bijoux de jade et de corail ; les Chinois firent l'acquisition d'étalons et de juments qu'ils croisèrent avec leurs petits chevaux.

W. Forman/AKG Photo (Portugais à cheval en Chine, détail d'un paravent chinois en laque, XVIIe siècle, Christie's)

Les chevaux des cavaliers portugais, qui envahirent Macao en 1577, vinrent mêler leur sang à celui des chevaux chinois.

W. Forman/AKG Photo (Cavalier de la dynastie Tang /720-780 – National Palace Museum, Taipeh)

LA PART DU CHEVAL

La mise sur pied d'une puissante cavalerie permit à Wudi non seulement de repousser les nomades, mais aussi de lancer de nombreuses incursions au-delà de la Grande Muraille. C'est donc grâce au cheval que l'influence de la Chine s'étendit peu à peu vers l'Asie centrale. Le cheptel chinois, au cours des siècles suivants, se développa considérablement. Sous la dynastie Tang, au VIIe siècle, les seuls haras du nord du pays comptaient plus de 750 000 chevaux !

LANGUE DE CHEVAL

En Chine, de nombreuses expressions populaires font référence au cheval. Ainsi, la chaussée, est le « chemin du cheval ». Si l'on est sur le point de passer à l'action, on est déjà « à cheval ». Et quand ça va couci-couça, on dit en chinois qu'on se sent « entre cheval et tigre ».

Le saviez-vous ?

De grandes inventions chinoises

Les Chinois furent les premiers à mettre au point des véhicules à roues perfectionnés. Au fil du temps, de nombreuses innovations améliorèrent le harnachement et l'attelage. On doit aux Chinois, par exemple, l'avaloire, cette courroie qui, placée sous sa fesse, permet au cheval attelé de freiner son chargement. Ils ont aussi créé la bricole, ainsi que le collier d'encolure, grâce auquel le cheval exerce facilement une traction efficace. Quant aux voitures, 1000 ans av. J.-C. on en connaissait plus de 25 modèles. Certaines étaient destinées à la guerre, d'autres à la chasse ou aux cérémonies. Les plus imposantes étaient de véritables maisons sur roues, qui nécessitaient un attelage d'au moins douze chevaux !

LA CHINE MODERNE ET LE CHEVAL

Pour juger de l'importance qu'a de nos jours le cheval en Chine, il suffit de jeter un coup d'œil au symbole du tourisme chinois, qui est un cheval !

DES CHEVAUX PAR MILLIONS

Le cheptel de chevaux chinois est sans doute le plus important du monde (dix millions de têtes en 1995). Ces animaux sont répartis dans tout le pays, à l'exception du Sud-Est. La Chine est un pays immense, où l'altitude et les paysages varient beaucoup. On y compte cinq races différentes et typiques – comprenant quatorze variétés –, plus six autres obtenues par croisement des races locales avec des chevaux étrangers.

Dagli Orti/IGDA (Art chinois de la dynastie Tang, cheval en céramique trois couleurs, Paris, Musée Guimet)

Cette statuette chinoise de la dynastie Tang (VII-IXe siècle) date d'une époque où la Chine comptait déjà un cheptel de plusieurs centaines de milliers de chevaux.

AKG Photo (Cavalier avec chevaux sous la dynastie Qin).

Cette statue de terre cuite qui date de la dynastie des Qin (221-206 av. J.-C.), fait partie d'une armée de statues similaires que l'on a trouvées dans le monument funéraire de l'empereur. Cette armée de terre cuite qui accompagnait le mort prouve l'importance qu'avait déjà pris la cavalerie en Chine.

LE CHEVAL AUXILIAIRE

Vers la moitié du XXe siècle, les chevaux étaient plus utilisés que le tracteur (dans un pays dont l'économie était rurale à 80 % !). Dans les grandes villes, les attelages n'étant généralement pas autorisés à circuler durant le jour, les claquements des sabots des chevaux résonnaient à longueur de nuit. Dans toutes les provinces, on pouvait voir circuler de lourdes charrettes, chargées de vivres et de matériaux divers, tirées par de petits chevaux dociles et infatigables. Naturellement, là comme ailleurs, le progrès élimine peu à peu le cheval au profit des véhicules à moteur. Mais, dans l'immensité de ce pays, certaines contrées reculées vivent encore au rythme des bêtes et des hommes.

Gros plan

Les chevaux célestes

Les coursiers de Bactriane, appelés « chevaux célestes », « chevaux du ciel » ou chevaux « qui suent le sang », avaient la réputation d'accepter de si bon cœur l'effort que, disait-on, « le sang perlait sur leurs flancs ». Cette étrange sueur était-elle réalité ou légende ?

Pour les uns, il s'agissait bien de sang, qui se répandait avec la sueur sur le pelage. Un parasite sous-cutané aurait provoqué, par temps chaud, d'infimes pertes de sang. Selon une autre interprétation, ces chevaux auraient eu une robe truitée qui, avec la transpiration, semblait se moucheter de sang.

Les chevaux perses

Six cents ans avant notre ère, les Perses bâtirent le premier grand empire de l'histoire. Or, il semble bien que le cheval, dont ils maîtrisaient le dressage et l'élevage, les y ait beaucoup aidés.

UN IMPOSANT EMPIRE

Lorsqu'on parle de la Perse aujourd'hui, on la réduit à l'actuel Iran. Mais l'empire bâti six siècles av. J.-C. était autrement plus imposant. Il s'étendait de l'Inde à la Turquie et comprenait tout le Moyen-Orient.

LE CHEVAL NICÉEN

Pour mener à bien leurs conquêtes, les Perses devaient disposer de montures solides, endurantes et relativement rapides. Des chevaux primitifs vivaient dans la région, bien qu'il soit impossible, aujourd'hui, de les identifier avec précision. Tarpans, prjevalski, croisement de diverses souches – on ne peut l'affirmer catégoriquement. On a cependant une certitude : les Perses étaient des éleveurs avisés. Ils se livrèrent donc vraisemblablement à une sélection rigoureuse et nourrissaient sans doute leur cheptel équin sur les plus grasses prairies de leur empire. Il est possible également qu'ils aient eu recours à des suppléments de grain. Ils parvinrent en tout cas à disposer de chevaux mesurant environ 1,50 m au garrot, taille importante pour l'époque. Grâce à ces montures imposantes, les cavaliers perses dominèrent les Assyriens et bien d'autres peuples.

LES UTILISATIONS DU CHEVAL

Monté ou attelé à des chars, le cheval était avant tout, pour les Perses, un instrument de guerre. Mais ils l'utilisaient aussi pour chasser le gibier et, même, des fauves aussi

AKG Paris (Archiv Hrvatske, Zagreb)

Le saviez-vous ?

Les Scythes

Les Scythes sont surtout connus pour la beauté des bijoux que l'on a trouvés dans leurs tombes. Mais ils étaient aussi de redoutables cavaliers, dont les raids ont été fort dommageables à l'Empire perse. Cependant, aucune de leurs actions n'a pu être décisive, car nul Scythe n'est jamais parvenu à rassembler toutes les tribus pour faire de son peuple un peuple de vainqueurs. (Ci-dessous, un cavalier scythe.)

E. Lessing/AKG Paris (musée de l'Ermitage, Saint-Pétersbourg)

Le saviez-vous ?

La poste, déjà

Pour communiquer à travers leur empire, les Perses imaginèrent un système de poste qui fut souvent imité par la suite. Mais les relais étaient trop éloignés – une journée de cheval – pour que les cavaliers puissent aller bien vite. D'autant plus qu'ils ne connaissaient ni la selle ni l'étrier et que le trot ne devait être pour eux qu'une inconfortable allure de transition.

AKG Paris (Archiv Hrvatske, Zagreb)

Pour les Perses, comme pour tant d'autres peuples, le cheval fut avant tout un instrument de guerre.

puissants que le lion. Ils organisaient également des courses sur des distances qui pouvaient atteindre 11 km !

Cela leur permettait probablement de sélectionner des animaux endurants et des reproducteurs de valeur. Pour l'anecdote, on peut ajouter qu'ils jouaient à une forme primitive de polo.

E. Lessing/AKG Paris (musée du Louvre, Paris)

Cavalier parthe, sculpture du IIe siècle.

DES CHEVAUX COMME IMPÔTS

Chaque satrapie – province – de l'Empire était mise à contribution en vue d'élever et d'entretenir le cheptel. La Médie, nord-ouest de l'actuel Iran, était une zone aux riches herbages.

Aussi était-elle tenue de fournir au roi les pâturages nécessaires à cinquante mille chevaux. L'Arménie devait un tribut annuel de vingt mille poulains. La Cilicie – région de l'actuelle Turquie – devait donner un poulain blanc par jour de l'année.

DES FLÈCHES CONTRE L'EMPIRE

Durant plus de trois cents ans, l'Empire perse est demeuré la grande puissance du monde. Mais sa richesse devait immanquablement faire des envieux.

DES CAVALIERS TROUBLE-FÊTE

Les peuples vivant aux frontières de l'Empire ne cessaient de harceler les Perses. Les deux principaux étaient les Scythes, habitants des steppes méridionales de l'actuelle Russie, et les Parthes, dont le royaume était situé au sud de l'Iran. Il s'agissait de peuples nomades, qui se livraient à des incursions rapides, menées par des guerriers montés.

LES PARTHES ET LEURS ARCS

Les Parthes étaient d'étonnants cavaliers qui parvenaient à tirer à l'arc, ce qui nécessite l'emploi des deux mains, alors qu'ils étaient lancés au grand galop. Or, ils ne disposaient pour tout harnachement que d'une bride. Cela signifie qu'ils montaient des chevaux soigneusement éduqués, répondant parfaitement aux indications de la seule assiette. Une de leurs tactiques consistait à feindre la retraite, puis à se retourner pour décocher une ou plusieurs flèches inattendues à leurs adversaires (d'où l'expression « la flèche du Parthe », qui désigne le dernier trait, la dernière raillerie que quelqu'un lance alors que la discussion semble close).

LE SAVIEZ-VOUS ?
Un autre cavalier

Darius fut le dernier roi de Perse. Vers 320 av. J. C., il perdit trois batailles contre le remarquable cavalier qu'était Alexandre le Grand. Le général grec dévasta ensuite l'Empire, provoquant ainsi sa fin.

Gros plan

Chevaux et religion

Les chevaux blancs tenaient un rôle important dans la religion perse et les rites s'y rattachant. En effet, Mithra, dieu de la lumière et « maître des vastes pâturages », ne se déplaçait qu'en tenant les guides d'un char tiré par quatre coursiers blancs. Ces animaux étaient couverts d'or et nourris d'ambroisie, ce qui les rendait immortels. Les adorateurs de Mithra sacrifiaient régulièrement à leur dieu des chevaux blancs.

AKG Paris (Archiv Hrvatske, Zagreb)

Le chemin des pionniers

La longue migration qu'on a appelé « la ruée vers l'Ouest » s'est déroulée approximativement entre 1845 et 1870. Pour gagner la « terre promise », les pionniers devaient traverser presque entièrement le continent nord-américain d'Est en Ouest. Quel rôle les chevaux ont-ils joué lors de ces longs déplacements ?

DU CINÉMA À LA RÉALITÉ

Pour les avoir souvent vus sur le grand ou le petit écran, chacun sait que les pionniers voyageaient avec des chariots bâchés. Mais les films montrant ces « navires de la prairie » sont le plus souvent bien éloignés de la réalité. En effet, ces voitures de légende n'ont jamais été tirées par des chevaux !

LE CHEVAL INAPTE AU TRAIT SUR LA PISTE

Les différentes pistes qui menaient vers le Nouveau-Mexique, la Californie ou l'Oregon s'étendaient sur quatre à cinq mille kilomètres. Couvrir de telles distances, dans des conditions topographiques et climatiques souvent difficiles, était quasiment impossible pour des chevaux tirant un chariot. En effet, durant les six ou huit mois que durait le voyage, ils n'auraient pu se nourrir que d'herbe (emporter du grain aurait représenté un chargement trop important). Et ce régime aurait été trop peu nutritif pour leur donner les forces nécessaires à ce travail pénible et de très longue haleine. De plus, les convois étaient à certaines époques si nombreux que les derniers à se mettre en route ne trouvaient que très peu de fourrage aux haltes et aux étapes, les herbages ayant été littéralement râpés par les attelages de ceux qui les précédaient.

Sorrel

LES CHEVAUX TROP GOURMANDS

À cause de ce problème de nourriture, presque tous les chariots des pionniers en marche vers l'Ouest étaient tractés par des bœufs. On en comptait deux, trois ou quatre paires par attelage. Ceux dont la bourse était suffisamment garnie prévoyaient une paire de rechange, destinée à remplacer les éventuels animaux défaillants. Plus lents que des chevaux, les bovidés étaient cependant plus puissants, plus endurants et surtout plus frugaux. Par ailleurs, détail important, dans les Etats de la côte Est, où se formaient les convois, les bœufs coûtaient beaucoup moins cher que les chevaux. On pouvait en acquérir un pour quinze à trente dollars, alors que le prix d'un cheval atteignait souvent des centaines de dollars. Et les hommes qui partaient vers l'Ouest étaient rarement riches !

Et les mules ?

On peut se demander pourquoi les pionniers ont souvent préféré les bœufs aux mules, elles aussi pourtant endurantes, peu gourmandes et, qui plus est, moins lentes. C'est tout simplement parce que ces animaux aux longues oreilles étaient alors assez rares, et donc coûteux.

Sorrel

LE CHOIX DIFFICILE D'UNE MONTURE

Ceux qui souhaitaient avoir une monture sur la piste n'avaient guère le choix. Ils achetaient le cheval qu'ils pouvaient trouver. Car les chevaux à vendre étaient encore relativement peu répandus.

DES RACES PEU DÉFINIES

Les animaux disponibles n'appartenaient pour la plupart à aucune race précise. À cette époque, l'élevage dans les tout nouveaux États-Unis était encore totalement anarchique et les livres des origines encore inconnus. On croisait entre eux des sujets d'origine anglaise, française, espagnole ou allemande, arrivés là par hasard, en fonction des seules opportunités.

LA PISTE COMME « UN LONG RUBAN SANS FIN »

Si les pionniers choisissaient des bœufs pour limiter les problèmes de fourrage et de nourriture, on peut se demander comment ils parvenaient à maintenir en état leurs quelques chevaux. En fait, ces animaux ne tiraient rien, portaient peu et ne travaillaient vraiment qu'occasionnellement. Ils n'avaient donc pas besoin d'un important apport énergétique quotidien.

PÂTURE ET ASTUCES !

Selon les étapes, les chevaux trouvaient sur la prairie une nourriture fort inégale, parfois pauvre, mais aussi parfois très nutritive. Ainsi, lorsque le convoi s'arrêtait là où poussait de « l'herbe à bisons » montée en graine, ils broutaient en une nuit l'équivalent d'une très sérieuse ration d'orge. Certains de ces chevaux avaient un maître plein de ressource, tel ce Ted Steam qui partit en 1851 pour l'Oregon avec deux barils d'œufs dans son chariot. Pour éviter de les casser, il les enfouit dans de la farine pour le premier tonneau et dans de l'orge pour le second. Les œufs furent mangés par sa famille, tandis que la farine était utilisée pour faire des galettes et que l'orge était distribué – parcimonieusement – à ses deux chevaux.

BON À SAVOIR

Quel Ouest ?

Quand on parle de « l'Ouest américain » , on entend les 24 États situés à l'ouest du Mississippi, un territoire véritablement gigantesque. En 1820, 60 000 Américains débarquent par la mer en Oregon, territoire racheté par les États-Unis à la Russie en 1824. En 1841, la piste terrestre menant à l'Oregon est ouverte : 5000 personnes l'empruntent chaque année, essentiellement d'est en ouest. En 1848, le Nouveau-Mexique cède aux États-Unis les 1 300 000 km2 de territoire qui s'étendent du Texas à l'océan Pacifique : ces territoires sont ouverts à la « conquête ». Les hommes en quête d'une terre où s'installer empruntent les nombreuses pistes qui partent vers l'Ouest.

Quand la pâture était bonne, les animaux parvenaient à brouter une bonne ration en une nuit.

Aux États-Unis, on peut encore suivre la piste des pionniers à cheval ou dans un véritable chariot bâché. Mais, aujourd'hui, on attelle plus volontiers des chevaux ou des mules, car le pas des bœufs n'est plus accordé à la vitesse de notre civilisation !

INDEX